윤석열, **약속을 지키려면**

윤석열, 약속을 지키려면

초판 1쇄 발행 2022년 5월 10일

지은이 | 광화문연구소 편저

펴낸곳 | 북앤피플
대 표 | 김진술
펴낸이 | 김혜숙
디자인 | 박원섭
마케팅 | 박광규

등 록 | 제2016-000006호(2012. 4. 13)
주 소 | 서울시 송파구 성내천로37길 37, 112-302
전 화 | 02-2277-0220
팩 스 | 02-2277-0280
이메일 | jujucc@naver.com

ISBN 978-89-97871-57-1 03340

윤석열

약속을 지키려면

광화문연구소 편저

북앤피플

《윤석열, 약속을 지키려면》 출판 이유

류석춘 (자유통일당 광화문연구소장)

윤석열 후보는 2022년 3월 10일 새벽 득표율 48.6%로 대통령 선거 당선을 확정했다. 대통령 취임은 5월 10일, 임기는 2027년 5월 9일까지다. 이 글을 쓰는 지금은 '대통령 당선인' 신분으로 '대통령직 인수위원회'를 이끌고 있다. 47.8%의 지지를 얻은 여당 후보 이재명을 야당 후보 윤석열이 단지 0.8% 차이로 이겼을 뿐이다. 표 수로는 겨우 25만 표 차이다.

이재명이 승리했을 경우를 생각하면서 가슴을 쓸어내린 사람이 비단 이 글을 쓰는 필자만은 아니었을 것이다. '하나님의 뜻'에 감사한다는 말이 절로 나오는 대목이다. 2차대전이 끝나고 '공산 전체주의'가 유라시아 대륙을 휩쓸 때, 이승만이라는 자유주의 신봉자가 세운 기적의 나라 대한민국이 '자유주의 우파' 대통령 윤석열을 통해 다시 일어날 수 있게 되었으니 어찌 감사하지 않을 수 있겠는가.

당락을 가른 차이가 얇았던 만큼 선거 과정에서 있었던 지지율 부침, 그리고 그 부침을 만들어낸 후보의 발언과 공약을 살피고 점검하는 일은 앞으로 5년간 국정을 이끌어 가는데 가장 중요한 준거다. 그러나 불행히도 당선인을 배출한 '국민의힘' 정당은 눈앞의 현안에 휘둘려 큰 그림을 그릴 생각조차 못 하고 있다.

'청와대 이전' '검수완박(검찰 수사권 완전 박탈)' 등 각각의 현안은 물론 중요한 문제들이다. 그러나 각각의 현안이 차지하는 위상은 5년간의 국정운영이 출발하는 지금의 위치 그리고 목표로 하는 지점을 어떻게 설정하는가에 따라 완전히 달라진다. 물론 이를 정해주는 큰 그림은 대통령으로 당선된 후보가 선거 과정에서 국민과 어떤 약속을 했는가로부터 나온다.

비록 경쟁하는 정당이지만 '자유통일당'은 '국민의힘'과 많은 가치를 공유하고 있다. 단적으로 두 정당 모두 '자유통일'을 지향한다. '자유통일'이란 목표를 당명에 넣은 '자유통일당'도 어렵사리 당선된 '자유주의 우파' 대통령 윤석열이 성공하기를 바라는 마음은 마찬가지다. 그래서 준비한 책이 이 책이다. 자유 대한민국의 성공을 이어가고 싶기 때문이다.

선거에 당선된 사람은 선거 과정에서 국민께 한 약속이 무엇이었길래 자신이 선택될 수 있었는지 살펴야 한다. 선거 국면이 시작될 무렵 문재인의 형편없는 '내로남불(내가 하면 로멘스, 남이 하면 불륜)' 국정 5년 때문에 거대 야당 '국민의힘'이 무난히 정권교체에 성공할 것이란 예측이 일반적이었다. 그럼에도 선거 과정은 평탄치 않았다. 평탄치 않은 정도가 아니라, 나라를 또 한 번 '전체주의 좌파' 여당 후보 이재명에게 빼앗길 뻔했다.

조국과 추미애 덕분에 덩치가 커진 문재인 정부의 검찰총장 윤석열이 자리를 박차고 나와 대통령 선거에 출마할 뜻을 국민께 알린 날은 2021년 6월 29일이다. 그로부터 두 달이 지난 2021년 8월 2일이 되어서야 윤석열은 비로소 '자유주의 우파' 정당인 '국민의힘'에 입당했다. '국민이 불러낸' 윤석열의 입당은 그러나 '절치부심 돌아온' 홍준표와 서로 양보할 수 없는 한판 대결을 치러야 했다.

2021년 9월 3일 마감한 국민의힘 당내 경선에 등록한 후보는 놀랍게도 총 12명이었다(박진, 박찬주, 안상수, 원희룡, 유승민, 윤석열, 장기표, 장성민, 최재형, 하태경, 홍준표, 황교안). 9월 15일 1차 컷오프를 통해 살아남은 사람은 8명이었고(안상수, 원희룡, 유승민, 윤석열, 최재형, 하태경, 홍준표, 황교안), 10월 8일의 2차 컷오프까지 살아남은 사람은 4명이었다(원희룡, 유승민, 윤석열, 홍준표).

당내 최종 경쟁자는 모두 네 명이었지만 실질적인 경쟁은 '윤석열 vs 홍준표'였다. 박빙의 당내 경선은 마침내 11월 5일 결판이 났다. '당심을 업은 윤석열'이 '민심을 업은 홍준표'를 간발의 차로 눌렀다. 경선이 흥행에 성공한 덕분에 이재명과의 본선 출발점에 선 윤석열은 비교적 넉넉한 지지율 격차를 즐길 수 있었다.

그러나 2021년 12월 선대위를 꾸리는 과정에서 드러난 당 대표 이준석과 '윤핵관(윤석열 핵심 관계자)' 그리고 '대선 전문가' 김종인을 둘러싼 잡음은 '자유주의 우파' 후보 윤석열의 노선과 입지를 위태롭게 하며 '전체주의 좌파' 후보 이재명에게 역전당하는 빌미를 제공했다. 좌파 노선 '경제민주화'를 주장하며 여야를 넘나든 김종인은 물론, 정치가 지향하는 이념과 목표에 별 관심이 없는 '윤핵관'과 '당대표' 사이의 부질없는 갈등에 '자유주의 우파' 유권자들은 넌더리를 쳤다. 지지층 결집이 무너지기 시작했다.

그 결과 2021년 11월까지 넉넉한 격차로 1위를 달리던 '자유주의 우파' 후보 윤석열은 2021년 12월 좌파 노선 경제민주화를 상징하는 김종인 선대위가 출범하면서 위기를 만났다. 뒤처진 이재명이 치고 올라와 앞서던 윤석열을 끌어내렸다. 2022년 1월에는 드디어 이재명 지지율이 윤석열을 큰 차로 앞섰다. 심각한 위기였다. 이 위기를 돌파해 승리의 계기를 만들어 낸 힘은 무엇이었나?

〈대선지지율 추이〉

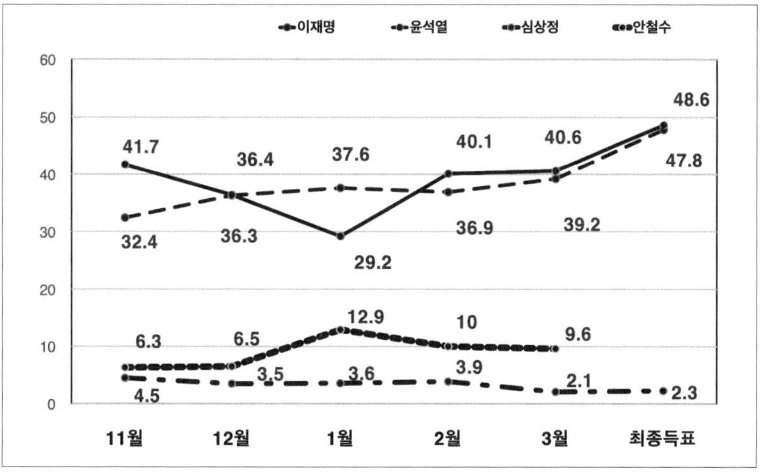

자료: 한국갤럽 정기조사

이 대목에 대한 성찰이야말로 '자유 우파' 윤석열 정권의 성공 열쇠를 찾는 일이다. 이 책의 1부 '약속을 지키려면'에서 김대호 소장이 쓴 글 '윤석열의 말과 인수위'가 자세히 설명하고 있지만, 윤석열을 다시 승리의 흐름으로 끌고 간 힘은 후보 스스로가 경북 안동 국학진흥원에서 2021년 12월 29일 격정적으로 쏟아 낸 '경북을 살리는 선대위 출범식 연설'이었다. 지지층이 식상해하던 김종인 선대본부장의 타협적 노선을 벗어나 '자유주의 우파' 유권자를 결집시키는 사자후(獅子吼)와 같은 명연설을 했기 때문이다.

메모한 종이 한 장 달랑 들고나온 윤석열은 즉흥적으로 그래서 본심이 가감없이 드러난 연설로 지지층을 감동시켰다. "우리가 자유민주주의라는 정신에 입각해, 민주화 운동을 많은 분이 해올 때, 거기 끼어 가지고 좌익혁명 이념 그리고 북한의 주사이론을 배워 민주화운동 대열에 낑겨, 마치 민주투사인 것처럼 지금까지 끼리끼리 서로 도와가며 살아온 그 집단이 이번 문재인 정권 들어서서 국가와 국민을 약탈하고 있다"고 목소리를 높였다.

이어 "국민 재산 뺏고, 세금 약탈하고, 자기들끼리 갈라 먹고, 거기에 대해 문제 제기하는 반대편은 사찰하고, 사이버 전사들 소위 대깨문이라고 하는 사람 모아 가지고, 인격 말살하고 머리를 들 수 없도록 만든다. 웬만한 뱃심과 용기 없으면 이 무도한 집단에 대해 대응 못 하도록 시스템을 만들어 놓았다"고 비판했다.

'자유주의 우파' 지지층의 가슴에 불이 붙었다. 동시에 표를 줄까 말까 망설이던 중도층 마음의 문도 활짝 열렸다. 이 연설로 선거의 흐름은 또다시 바뀌었다. 지지층은 결집했고, 중도는 끌려왔다. 본색을 털린 상대진영은 변명하기에 급급하며 분열했다. 문재인 '전체주의 좌파'가 중용한 윤석열은 이 연설로 완전히 다시 태어나 이승만·박정희를 잇는 '자유주의 우파' 대선 후보로 변신했다. 그리고 윤석열은 마침내 대한민국 대통령으로 당선되었다.

이 책은 윤석열 후보가 선거 과정에서 대통령에 당선되기 위해 국민을 설득하며 약속한 말들을 정리한 책이다. 시간상으로는 2021년 6월 29일 '출마선언문'부터 2022년 3월 10일 '당선인사'까지 약 9개월 동안 후보가 한 말을 책의 2부에서 '윤석열의 약속'이란 제목을 달고 정리했다. 정리한 순서는 시간을 거꾸로 달렸다. 즉 가장 최근에 한 말이 먼저 나오고, 가장 과거에 한 말이 뒤에 나오도록 배열했다.

책의 1부는 윤석열이 국민과의 '약속을 지키려면' 무엇을 어떻게 해야 하는지를 분석한 두 편의 글을 실었다. 1부의 첫 번째 글은 전광훈 목사의 글이다. "윤석열 집권 초반 성공전략"을 제시하고 있다. 1부의 두 번째 글은 "윤석열의 말과 인수위"를 분석한 김대호 소장의 글이다. 두 글 모두 귀에 담아 들을 내용이 많다.

책의 2부는 선거 과정에서 후보가 국민에게 드렸던 '윤석열의 약속'을 다음과 같이 구성해 정리했다.

2부의 첫 번째는 '당선인의 약속'이란 제목을 단 2022년 3월 10일 '당선인사'다. 이 글은 선거결과를 주시하며 밤을 새운 당선인의 소감을 짧게 밝힌 말이라 대단한 내용이 없다. 그러나 빼놓을 수 없는 약속이라 판단해 책에 넣었다.

2부의 두 번째는 '본선 토론 약속'이란 제목을 단 윤석열 후보의 TV토론 중 발언들이다. 대통령 선거 과정은 온갖 매체가 생중계하는 '본선 토론회'를 5번 개최한다. 선거관리위원회가 3번 그리고 방송사와 신문사가 각 1번씩이다. 날짜로는 2022년 2월 3일, 11일, 21일, 25일, 3월 2일이다. 토론 중 나온 윤석열 후보의 발언을 온전히 이해하기 위해서는 상대방이 무슨 말을 했기에 그런 말이 나왔는지도 알아야 한다. 발언의 맥락을 독자들이 이해할 수 있도록 윤석열 당선자의 말을 이끌어 낸 토론 상대방의 말도 최소한으로 같이 정리했다. 윤석열 후보와 관계없는 후보들 간의 발언은 전부 건너뛰었다.

2부의 세 번째는 '본선 연설 약속'이란 제목을 단 공식선거운동 기간의 유세 중 한 연설이다. 당선자는 이 기간에 전국을 순회하면서 유권자들이 모인 자리를 찾아가 수많은 연설을 했다. 2022년 2월 15일 청계광장 '출정식'에서부터 3월 8일 홍대 앞 '피날레 유세'까지 약 한 달간 윤석열 후보는 전국을 누비며 총 74회의 연설을 했다. 이 연설에서는 지역 특성에 맞는 공약이 빈번히 등장한다. 그러나 이를 모두 정리하는 것은 불필요하고 또 바람직하지도 않다. 첫 번째 '출정식' 연설과 마지막 '피날레' 연설로 제한해 정리하여 분위기를 전하는 방식이 오히려 윤석열의 대국민 약속을 효과적으로 확인하는 생산적 방법이라 판단했다.

2부의 네 번째는 '국민의힘 당내 경선 약속'이란 제목을 단 내용이다. 이 부분에서는 당내 경선 과정에서 윤석열 후보가 상대 후보와 토론하며 당원과 국민에게 전한 말이 정리의 대상이다. 그러나 당내 경선 후보는 많을 때 12명, 적을 때 4명이었다. 따라서 이 과정에서 있었던 윤석열 후보의 토론은 대부분 상대를 바꿔가며 짧게 토론한 내용들 뿐이다. 그렇기 때문에 말의 초점을 정리하기가 쉽지 않다. 또한, 정리하더라도 그 내용을 독자들이 이해하기도 쉽지 않다. 그래서 이 과정에서는 윤석열 후보와 '1:1' 맞수토론을 한 홍준표(2021. 10. 15), 유승민(2021. 10. 22), 원희룡(2021. 10. 29)과의 논쟁을 중심으로 정리했다. 두 사람 간의 일대일 토론은 논쟁의 초점이 분명할뿐더러 심지어 재미도 있다. 이 과정을 거쳐 마침내 국민의힘 당의 대통령 후보로 선출된 윤석열은 2021년 11월 5일 '후보 수락 연설'을 했다. 이어서 2021년 12월 6일 윤석열 후보는 당의 '중앙선대위 출범식 연설'도 했다. 그러나 이때는 앞서 설명한 혼선으로 인해 이미 지지율이 역전되는 국면에 들어선 때였다. 이 흐름을 반전시킨 연설이 2021년 12월 29일 안동에서 있었던 '경북을 살리는 선대위 출범식 연설'이다. 각각을 모두 정리했다.

2부의 다섯 번째 마지막 글은 2021년 6월 29일 정치에 입문하며 발표한 '대선출마선언'이다. 길지 않은 연설이지만 '자유주의 우파' 정치인 윤석열의 정체성이 잘 드러난 연설이다. 이 연설로 윤석열은 '자유주의 우파' 유권자를 결집시키기 시작했다. 당시 많은 사람들이 윤석열의 정체성을 의심하고 있었지만, 이 연설을 통해 그는 불필요한 의심을 상당한 수준으로 잠재울 수 있었다.

《정치란 무엇인가?》(에이치 프레스, 2021)를 쓴 함재봉 교수는 여러 준거를 들면서 '말'이야말로 정치의 본질이라 정의한다. 정치인이 지지자를 열광시키고 또한 반대자를 끌어들이는 방법으로 사용할 수 있는 유일한 합법적 수단이 '말'뿐이기 때문이다. 정치인의 말은 지지자를 웃고 울게 만들고 또 화나게 만들 수도 있다. 반대자를 자기편으로 만드는 수단 중 정치인이 자유롭게 쓸 수 있는 것은 오직 '말'이 유일하다. 그러므로 정치의 알파와 오메가는 '말'이다.

1부의 첫 글을 쓴 전광훈 목사도 똑같은 이야기를 한다. "권력자의 말 한마디가 국민을 울고 웃게 만들 수 있습니다. 이것은 권력자만이 할 수 있습니다. 그렇기 때문에 정치를 하는 대통령은 대중과 말로 소통하는 정치심리학에 정통해야 합니다. '아, 내가 이렇게 중요하구나. 전 국민이 밥 안 먹어도 기분 좋게 만들 수 있는 능력이 나에게 있구나.' 이걸 정치인은 깨달아야 합니다. 대통령이 깨달아야 합니다."

앞으로 5년간 국정을 책임질 대통령은 후보 시절 무슨 '말'을 어떻게 했길래 선거에서 승리할 수 있었는가? 또한 그 '말'을 통해 국민에게 한 약속은 어떻게 지켜질 수 있는가? 이 책은 이를 파악해 '자유 우파' 정치가 성공할 수 있는 기초를 제공하도록 만든 책이다.

이 작업을 '국민의힘 여의도연구소'가 아닌 '자유통일당 광화문연구소'가 한 이유는 여러 가지다. 앞서 밝혔지만 우선 국민의힘당은 지금 이런 작업을 할 여유가 전혀 없어 보인다. 현안에 묻혀 산은커녕 나무 하나 살펴볼 여유가 없다. 딱하다. 다음, 정권의 밑그림을 그려야 할 인수위 역시 마찬가지 모습이다. 추구해야 할 가치를 기준으로 5년간 펼쳐질 국정의 의제를 나열하고 그 각각에 우선순위를 부여하면서 구체적인 방법을 검토해야 할 인수위가 지금 전혀 그런 모습을 보이지 못하고 있다. 역시 딱한 일이다.

다행히도 전광훈 목사와 김대호 사회디자인연구소 소장이 당선자가 약속을 실천하려면 무엇을 어떻게 해야 하는지 찬찬히 그러면서도 단호히 설명하는 좋은 글을 썼다. 부디 참고가 되어 '자유 우파' 대통령의 국정이 반석 위에 서기를 소망한다. 책을 기획하고 준비하는 일에 지원을 아끼지 않은 이동호 사무총장, 그리고 원고 준비와 책의 구성을 도와준 연구소의 서상범, 차선호 두 연구위원께 감사한다. 또한 방송으로 녹화된 영상의 속기록 정리 및 편집실무를 담당한 김은수 연구원과 고현형 PD, 두 사람에게도 감사한다. 당 차원의 관심과 지원을 아끼지 않았을 뿐만 아니라 좋은 글까지 써주신 전광훈 이사장께는 무슨 말로 감사를 표해야 할지 알 수가 없다. 마지막으로 촉박한 일정에도 불구하고 좋은 책을 만든 북앤피플 김진술 대표께도 감사한다.

2022년 4월 30일

"우리의 미래를 짊어질 청년들이.
국가를 위해 희생한 분들이,
산업화에 일생을 바친 분들이,
민주화에 헌신하고도 묵묵히 살아가는 분들이,
그리고 세금을 내는 분들이,
분노하지 않는 나라를 만들겠습니다."

–대선 출마 선언문 중 (2021년 6월 29일)

차례

2부. 윤석열의 약속

1부

약속을 지키려면

1 윤석열 집권 초반 성공전략

전광훈 목사

2 윤석열의 말과 인수위

김대호 (사회디자인연구소 소장)

1
윤석열 집권 초반 성공전략

전광훈 목사

1. '통합·화합' 주문에 넘어가면 안 됩니다

대선이 끝나고 정가에서는 윤석열 새 대통령에게 '통합·화합'을 주문하고 있습니다. 선거 과정에서는 후보들 간에 서로 비판하고 경쟁했지만, 당선되는 순간부터 대통령은 지지자와 반대자를 모두 아우르는 대통령이 되어야 한다는 논리입니다. 겉으로 보기에는 그럴듯한 말입니다.

그러나 이 주문에는 매우 중요한 함정이 숨어 있습니다. 선거에 진 후보와 그 지지층이 선거결과에 순응하지 않고 반격을 준비하는데 필요한 시간과 공간을 벌고 나아가서 반격의 꼬투리를 잡기 위한 전략이 될 수 있기 때문입니다.

예컨대 윤석열 대통령이 선거공약으로 내세운 '대통령 집무실 이전'을 실천하는데 '비용이 생각보다 많이 든다' 혹은 '안보공백이 우려된다' 등의 핑계를 대며 이전을 유보하라는 요구를 하고 있습니다. 그리고 이 요구를 수용하지 않으면 '화합과 통합'에 관심이 없다는 공격을 합니다.

그러나 다른 사람도 아니고 문재인 대통령의 후계자인 이재명 지지층이 이런 요구를 하면서 '통합·화합'을 요구하는 모습은 자가당착이 너무 심해 그 저의를 의심하지 않을 수 없습니다. 문재인 정부 초반부터 반대하는 사람들의 목소리는 물론 절차도 무시하고 밀어붙인 '탈원전' 정책이 가져온 경제적·기술적 손실을 생각하면, '비용'을 핑계로 통합과 화합을 요구하는 모습이 얼마나 위선적인지 바로 확인할 수 있습니다.

또한, 북한의 눈치 때문에 매년 해오던 '한미훈련'마저 안 하던 세력이 '안보공백'을 내세우며 대통령 집무실 이전에 반대하는 모습도 냉소를 자아내게 만들기는 마찬가지입니다. 북한의 비위 맞추기에 급급했던 집단이 '안보공백' 이란 단어를 활용하는 것 자체가 무언가 다른 저의가 숨어 있음을 짐작케 합니다.

2. 이승만 건국 대통령 경우를 알아야 합니다

패배한 진영이 '통합과 화합'을 들고나오는 저의를 꿰뚫어 보고, 적극적인 대처를 한 대표적인 지도자는 이승만 대통령입니다. 이승만이 꿰뚫어 본 당시 상황을 윤석열 대통령은 '타산지석'으로 삼아 헷갈리지 말아야 합니다.

2차 대전이 끝나고 동구의 여러 국가, 예컨대 체코슬로바키아, 유고슬라비아, 폴란드 등이 독립할 때, 소련은 이 나라들을 사회주의 국가로 만들기 위해 사회주의를 지향하는 시민단체, 그리고 정당을 만들어서 독립의 과정에서 일정한 역할을 하도록 뒤에서 조정했습니다. 그리고 2차대전의 승리에 결정적 역할을 한 미국과 영국, 프랑스를 설득해 동구의 여러 나라들이 새 나라를 건국할 때 '통합과 화합'이란 명분을 내걸고 사회주의 단체들을 포함한 좌우합작 정부가 들어서도록 만들었습니다. 그런데, 그 나라들 나중에 어떻게 되었는지 아시지요? 전부 소련의 위성국으로 공산화되었습니다. '통합과 화합'은 패자 혹은 약자가 승자 혹은 강자를 상대로 상황을 역전시키려고 사용하는 전략, 전술의 기본 중의 기본입니다.

동구에서 벌어지던 일을 꿰뚫어 보던 이승만은 한반도에서도 같은 일이 벌어졌을 때 단호한 대처를 했습니다. 태평양의 2차대전이 끝나자 미국과 소련은 한반도에서도 좌우합작을 추진했습니다. 미소공동위원회를 통해 신탁통치를 추진했습니다. 태평양 전쟁 승리의 결정적 역할을 한 미국과 비교하면 소련은 극동의 전투에서 아무런 역할도 할 수 없었던 패자나 다름없는 처지였습니다.

그 패자가 승자를 먹으려고 한반도에서도 좌우합작을 추진했는데 미국은 동구에서와같이 소련의 전략에 속아 넘어갑니다. 북한은 이미 소련의 위성국가가 되었고, 남한도 넘어갈 뻔했습니다. 이 상황에서 이승만이 주도하며 신탁통치에 반대했습니다. 그는 신탁통치를 할 거면 미국도 나가라고까지 하며 남한만의 단독정부라도 세워야 한다고 말했습니다. 이승만의 혜안으로 대한민국은 미국과의 갈등을 무릅쓰면서 자유민주주의 국가로 세워질 수 있었습니다.

이승만이 없었다면 한반도도 동구와 같이 적화되었을 것입니다. 이승만이 없었다면 자유 대한민국은 탄생하지 못했을 겁니다. 패자의 '통합·화합' 요구가 무엇을 노리고 있는지를 꿰뚫어 본 이승만의 지도력을 우리가 평가하지 않을 수 없는 이유입니다.

지금 '통합과 화합'을 외치고 있는 세력이 누구입니까? 주사파 아닙니까? 주사파는 공산주의 전략전술을 그대로 사용하는 집단입니다. 지금 그들은 일단 졌습니다. 진 사람이 이긴 사람을 상대로 역전을 이룰 수 있는 유일한 길은 합작을 통해서입니다. 그래서 '통합과 화합'을 말하는 겁니다. 장개석이 다 이긴 국공내전에서 일본과의 싸움을 위해 국공합작이 필요하다고 주장한 모택동 노선에 동의하면서 중국 대륙은 결국 적화되었습니다.

3. 윤석열 정부에 대책은 있는가?

지금 윤석열 캠프는 같은 딜레마에 직면해 있습니다. '화합과 통합'이란 좌우합작이 앞으로 어떤 결과를 가져올지 제대로 알아보는 사람이 없습니다. 지금 이승만 같은 지도자가 나와야 하는데, 전혀 그럴 기미가 없습니다. "아, 이게 쟤들이 우리를 먹으려고 이러는구나." 이걸 깨달아야 하는데, 윤석열 주변 사람들은 이걸 전혀 눈치채지 못하고 있습니다. 이걸 모르면 어떻게 되느냐?`

첫째, 국회를 장악한 야당은 장관 후보자 동의를 놓고 최소 6개월을 끌고 갈 겁니다. 아마도 10월까지는 끌고 갈 것입니다. 그러면 윤석열 정부는 6개월 동안 식물 정부가 됩니다. 국회를 장악한 저들이 벼르고 있는 일입니다. 이럴 때 윤석열 정부는 어떻게 대처해야 합니까?

사실 장관 자리는 국회 동의가 없어도 임명하면 그만입니다.

문재인 정부가 그리 한 가장 대표적인 정권입니다. 나아가서 국회의 동의가 전혀 필요 없는 장관 바로 아래 차관 자리를 선제적으로 임명할 수 있습니다. 그 아래 1급 자리도 마찬가지입니다. 그리고 배짱을 부리는 겁니다. "국정운영에 국회의 장관 동의 필요 없어. 당신들이 1년 후에 하든지 말든지 맘대로 해. 총리 동의도 필요 없어." 이렇게 해야 합니다. 이렇게 하면 저들의 작전은 성공할 수 없게 됩니다.

둘째, 저들이 10월까지 내각 동의 문제를 계속 쟁점으로 삼는 이유는, 그 사이에 결국 "봐라, 월등히 이긴 것도 아니고 겨우 25만 표 차이로 이겼으니까 이렇게 되는 거 아니냐?"고 하면서 혼란을 핑계 삼아 촛불시위 하러 나올 생각뿐이기 때문입니다. 자기들이 선거는 졌지만, 최후의 목표 즉 '촛불시위를 통한 뒤집기'는 이룰 수 있다고 생각하고 있습니다.

민주노총은 이미 작년에 예행연습까지 마쳤습니다. 보통 민주노총이 집회하고 시위하는 걸 보면 노동조건, 근로시간, 근로환경, 처우개선 등 실질적인 문제들을 주된 관심사로 내세웠습니다. 그러나 작년에는 대선에서 질 걸 예측한 건지 집회의 주제가 '체제대전환'이었습니다. 체제를 대전환하자, 이게 무슨 말입니까?

대한민국을 해체하고 북한의 연방제로 가지는 것입니다. 우리나라 공기업을 전부 국유화하고, 대한민국 부동산 전체의 50%를 국가가 소유하도록 하자는 게 바로 '체제대전환'입니다. 이걸 하기 위해서 이미 저쪽은 예행연습을 다 했고, 조직적 뒷받침도 마무리가 다 되어 있습니다.

이제 남은 것은 이를 실천할 결정적인 계기를 찾는 일입니다. 아마도 5월 10일 취임식이 끝나면 바로 그 다음 주부터 시작하겠지요. 전주곡은 이미 시작됐습니다. 이미 토요일마다 미국 대사관 앞에서 몇 십 명이 모여서 '미군철수' 외치고 있습니다. 앞으로 모이는 숫자가 조금씩 늘어날 것입니다. 만악의 근원이 미군이라는 주장은 이미 시작되었습니다.

이상의 상황이 말해 주듯이 선거에서 진 세력이 주장하는 '통합과 화합'은 진 세력이 이긴 세력을 갈아엎기 위해 필요한 시간과 공간 그리고 꼬투리를 만들기 위한 전략인 경우가 대부분입니다. 이들의 요구에 신경 쓰다 보면 정작 선거에서 자신을 지지한 세력이 원하는 것에는 소홀하기 쉽습니다.

지지층이 외면하는 정치를 하면 그 정치는 공중에 붕 뜨는 정치가 되고 맙니다. 배가 닻을 잃고 여기저기 표류하며 떠다니는 상황과 다를 바 없게 됩니다. 그러다가 지지층마저 떠나면 무슨 수로 5년을 버틸 수 있겠습니까? 지지층이 원하는 '공정과 상식'을 버리고 저들이 원하는 '통합과 화합'으로 나가는 순간 권력은 무너지기 시작합니다.

4. 윤석열 지지한 1,700만 유권자가 누구이고 무엇을 원하는지 알고 있는가요?

윤석열 주변의 이른바 '윤핵관'들은 체제를 지키는 문제에 대한 감수성이 전혀 없습니다. 그들은 그때그때 벌어지는 상황에 대처하기 바쁠 뿐, 윤석열을 지지한 1,700만 국민이 무엇을 원하는지, 이들을 어떻게 만족시켜야 하는지 전혀 관심을 가지고 있지 않습니다. 자신의 지지자들이 누구이고 무엇을 원하는지에 관한 분석을 한 적이 없으니 당연한 결과일 것입니다.

그들은 자기들이 잘해서 윤석열이 대통령 된 줄 압니다. 여당이 된 이준석이 대표로 있는 국힘당도 마찬가지입니다. 당이 잘해서 윤석열 대통령이 만들어진 것으로 생각합니다. 그러나 사실이 사람들은 오히려 방해를 많이 했습니다. 그럼에도 이들은 자신들 때문에 윤석열이 대통령에 당선되었다고 생각합니다.

전혀 그렇지 않습니다. 윤석열은 1,700만 자유 우파 시민들이 적극적으로 윤석열을 선택했기 때문에 대통령에 당선된 것입니다. 문재인 치하를 겪으며 또다시 이런 대통령을 만나면 '나라도 완전히 망하고 나도 완전히 망하는구나' 하고 깨달은 분들입니다. 이들의 적극적 선택 덕분에 윤석열 대통령이 탄생한 겁니다. '윤핵관'이나 '당 대표' 말 듣고 선택한 결과가 아닙니다. 그러나 우리 쪽이 권력을 잡으면, 이 문제에 대한 이해가 전혀 없는 게 사실입니다.

1,700만 지지자 중 가장 큰 역할을 한 세력은 광화문 운동에 참여한 사람들입니다. 광화문에 한 번이라도 나왔던 사람을 다 합하면 1,150만 명입니다. 이 숫자는 그냥 아무렇게나 말하는 것이 아니라 각종 서명 등을 통한 DB를 가지고 말하는 숫자입니다. 이 사람들 중 단 한 사람도, 단 한 표도, 이재명 찍은 사람 없습니다. 그러므로 이들이 윤석열 당선에 가장 큰 역할을 한 사람들입니다.

그 다음으로 중요한 분들은 선거 막판에 안철수와 단일화를 압박한 분들입니다. 특히 많은 시청자를 가지고 있는 유튜브 채널 운영자 예컨대 신혜식, 이봉규, 고성국 등으로 대표되는 분들과 이들의 방송을 시청하면서 윤석열을 지지한 자유 우파 시민들입니다. 이 분들은 원래 웬만해서는 광화문 광장에 잘 나오지 않는 분들인데, 선거 막판에 다들 나와서 단일화 압박에 동참해 주었습니다.

그러면 당선자 측에서는 이 분들에게 전화해서 물어보아야 합니다. "왜 나를 찍었습니까?" 지지층이 무엇을 원하는지를 알아야 다음 단계로 갈 플랜을 짤 수 있을 거 아닙니까? 그런데, 전화왔습니까? 문제는 여기에 있습니다. 지지층이 왜 자신을 지지하는지 이해를 못 하고, 또 이해할 노력도 하지 않으니 문제가 발생하는 겁니다. 집권 초에 무슨 일을 해야 하는 가를 결정하는 데는 이 분들의 입장과 의견이 가장 중요합니다.

5. 김영삼 집권 초반의 상황을 참고해야

김영삼 대통령이 집권하자마자 6개월 동안 한 것, 이것을 벤치마킹해야 합니다. 왜냐구요? 당시 지지율이 83%까지 치솟았습니다. 그러니까 선거 때 김영삼의 경쟁자였던 김대중과 정주영 그리고 박찬종 찍은 사람도 3개월 후에는 모두 김영삼을 지지한 셈입니다. 그래서 지지율이 83%까지 나올 수 있었던 겁니다.

이런 결과는 독재 정권도 누리기 어려운 성과입니다. 전체주의 국가 이상으로 김영삼 대통령은 초반에 높은 지지율을 누렸습니다. 이것이 어떻게 가능했느냐? 이걸 알아야 합니다.

첫째, '하나회' 해체입니다. 육사 중심의 하나회를 해체하니까 김대중 찍은 사람들까지도 모두 김영삼 지지로 돌아섰습니다. 집권 후반기 김영삼 대통령이 경제 정책을 잘못해서 나중에는 거의 탄핵당하는 수준으로 지지율이 폭락하면서 결국 IMF 위기를 맞았지만, 집권 초반 6개월 동안은 역대 대통령 중에서 최고의 지지율을 누린 대통령이 바로 김영삼 대통령입니다.

둘째, '전두환·노태우 비자금' 추적입니다. 이걸 통해서 두 전직 대통령을 모두 감옥에 넣어버렸습니다. 당시 국민 모두가 열광했습니다. 이 선택도 경쟁자 지지층을 흡수해 자신의 지지층으로 바꾼 탁월한 전략이었습니다. 선거에서 다른 후보를 지지하던 유권자들을 집권하고 나서 완전히 돌려놓는 데 성공한 전략입니다. 새 대통령의 공격적 선택이 국민의 환호를 받은 대표적 사례입니다.

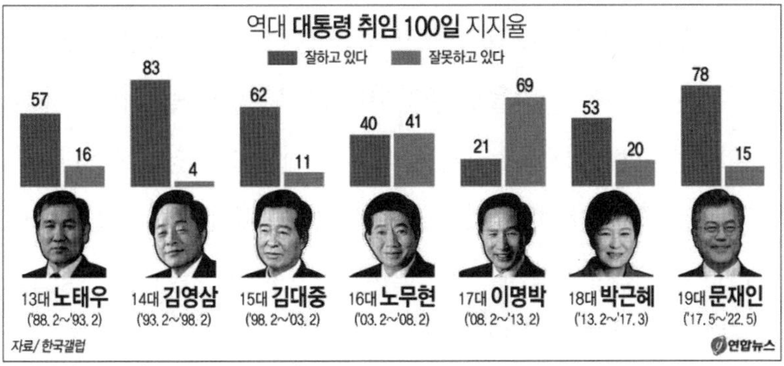

김토일 기자 / 20170818 / 페이스북 tuney.kr/LeYN1, 트위터 @yonhap_graphics

셋째, '권위주의 청산'입니다. 유권자들의 권위주의에 대한 반감을 읽고 이를 뒷받침하던 군사문화에 대한 공격을 하면서 '칼국수 점심' '안가 철거' 등으로 인기를 누렸습니다. 부패문화를 제

거하기 위한 '금융실명제'도 집권 초반 김영삼 정부가 인기를 누릴 수 있었던 정책수단이었습니다.

김영삼은 이 세 가지를 해서 지지율이 83%까지 올라가게 만들었습니다. 그렇다면 지금도 똑같이 하면 되지 않겠습니까? 더구나, 윤석열 대통령이 어떻게 대통령이 되었습니까? 검찰총장에서 대통령까지 되는 과정을 살펴보면 사실 윤석열은 크게 돋보이는 정치 이력이 없습니다. 김영삼의 민주투사와 같은 결정적 이력을 발견할 수 없습니다.

그러나 딱 한 가지 확실히 한 게 하나 있습니다. 그게 뭐냐고요? 문재인한테 들이댄 겁니다. 문재인에게 대든 것이 그를 대통령으로 만들었습니다. 그걸 보고 광화문 시민들이 열광했습니다. "야, 저 사람 대통령 만들면 좋겠다! 왜? 우리 소원을 시원하게 해결해 줄 것 같으니까. 우리가 원하는 문재인·이재명 집단의 비리, 예컨대 조국 집안 비리 그리고 울산 선거 비리, 이런 거 깨끗이 정리할 수 있지 않을까?" 윤석열은 바로 이런 기대를 배경으로 대통령이 될 수 있었습니다.

그런데 대통령 되고 나서부터 '통합과 화합'으로 간다고요? 그러니 벌써 윤석열 찍은 사람들 중 일부가 저에게 개인적으로 연락해서 이렇게 말합니다. "목사님 우리 잘못 찍은 거 아닙니까?"

벌써 이렇게 나온단 말입니다. 그러니까 윤석열 주위에 있는 '윤핵관' 여러 사람들, 정신 똑바로 차려야 합니다. 그 사람들은 원래부터 50점짜리 수준밖에 안 되는 사람들입니다. 그런데 자기들이 보좌를 잘해서 대통령 만든 것처럼 착각하고 있습니다.

〈**14대 대선** (1992년 12월, 김영삼 당선)〉

	득표수	투표자 대비 득표율	유권자 대비 득표율	국민대비 득표율
김영삼	9,977,332	41.4 %	33.9 %	22.4 %
김대중	8,041,284	33.4 %	27.3 %	18.1 %
정주영	3,880,067	16.1 %	13.2 %	8.7 %
박찬종	1,516,047	6.3 %	5.2 %	3.4 %
기타	360,679	1.5 %	1.2 %	0.8 %
투표자 (투표율 81.9 %)	24,095,170	100.0 %		
유권자	29,422,658		100.0 %	
인구수	44,503,200			100.0 %

기타: 이병호(대한정의당), 김옥선(무소속), 백기완(무소속)

〈**20대 대선** (2022년 3월, 윤석열 당선)〉

	득표수	투표자 대비 득표율	유권자 대비 득표율	국민대비 득표율
윤석열	16,394,815	48.6 %	37.1 %	31.8 %
이재명	16,147,738	47.8 %	36.5 %	31.3 %
심상정	803,358	7.9 %	1.8 %	1.6 %
기타	414,400	4.1 %	0.9 %	0.8 %
투표자 (투표율 77.1 %)	34,067,853	100.0 %		
유권자	44,197,692		100.0 %	
인구수	51,610,695			100.0 %

기타: 허경영(국가혁명당), 노동당(이백윤), 옥은호(새누리당), 김경재(신자유민주연합), 조원진(우리공화당), 김재연(진보당), 이경희(통일한국당), 김민찬(한류연합당)

그 사람들 지금부터라도 '김영삼 6개월' 그걸 빨리 공부해야 합니다. YS가 '하나회 척결'을 했다면, 윤석열 당선인은 '586 주사파 척결'을 해야 한다는 것을 알아야 합니다. 586 주사파들은 이미 사법처리 직전까지 간 사람들이 대부분입니다. 울산시장 선거 농단 사건의 공범들이 모두 586 주사파 출신들입니다. 윤석열 당선인이 검찰총장 시절에 거기까지 다 수사해 놓고 나왔으니 지금부터 다시 그거 처리하면 되는 겁니다.

다음, YS가 '전두환·노태우 비자금' 문제를 처리했으니, 윤석열 당선인은 '문재인·이재명 비자금' 문제 정리하면 됩니다. 문재인의 비리가 얼마나 많습니까? 멀쩡한 원전 해체하고 태양광으로 전국을 뒤덮으면서 수많은 비리가 만들어졌습니다. 한국전력이라는 멀쩡한 공기업을 지금 완전히 부도 직전의 회사로 만들어 놓았잖아요. 또 이재명은 대장동을 자신이 설계한 거라 자랑까지 하지 않았습니까? 문재인·이재명 비리를 공정과 상식에 맞게 정리하면 국민 지지가 하늘 높은 줄 모르고 올라갈 겁니다.

마지막으로, YS가 '권위주의 문화'를 청산해서 인기를 누렸듯이 윤석열 대통령은 '종북 주사파 문화'를 청산해서 국민의 인기를 누릴 수 있습니다. 해수부 공무원이 북한군에 의해서 무참히 살해당하고 시신이 불태워지는 패륜적 만행이 저질러졌는데 대통령 문재인은 그때 뭐하고 있었냐고 따져야 합니다. 그래서 수사받아야 한다고 말해야 합니다. 해수부 공무원도 분명 대한민국 국민입니다. 국민 한 사람 한 사람의 생명과 안전을 보호하는 것이 대통령의 의무 아닙니까? 이렇게 들이대야 합니다. 그걸 소홀히 했으면 당연히 죄를 받아야 한다고 말해야 합니다.

서해교전 용사에 대한 대우도 마찬가지입니다. 북한에 굴종적인 대통령의 태도에 넌더리를 치는 국민이 얼마나 많습니까. 이들의 기대를 배경으로 적극적인 '종북 주사파 문화' 청산을 시도하면 매우 좋은 반응을 얻을 수 있습니다. 이재명 찍은 사람들까지 끌어들여 90% 지지율 얼마든지 만들 수 있습니다.

지금 종북 주사파 진지들이 얼마나 많습니까? 노조는 말할 것도 없고 언론계, 교회, 학교 등등 이루 말할 수 없습니다. 시민단체 얼마나 많습니까? 이런 진지들을 전반적으로 정리하기 위해서는 윤미향의 정의기억연대와 같은 회계부정을 저지르는 단체들에 철퇴를 가하는 싸움을 선포해야 합니다.

이 세 가지를 적극 추진하면 90퍼센트 이상 지지율 분명히 나옵니다. 문재인이가 판문점에서 남북정상회담 하면서 USB를 통해 김정은에게 넘긴 거, 그 안에 원자력 발전소 설계도가 있었냐, 없었냐? 이런 거를 다 따져야 합니다. 그렇게 하면 문재인 찍은 1,600만 그 사람들이 반란을 일으키며 문재인을 처벌하는 데 앞장설 것입니다.

그쪽 사람들도 사실을 확인하게 되면, 문재인 처벌에 동의할 것으로 나는 확신합니다. “내 이럴 줄은 몰랐다. 이렇게까지 개판인 줄 몰랐다”라는 말이 나오도록 해야 합니다. 이렇게 만들기만 하면, 문재인 지지가가 문재인을 타격하는 정치가 가능해집니다. 이게 진짜 정치입니다. 그리고 이는 복잡한 일이 아닙니다. 매우 단순한 일입니다. 사실만 확인하면 가능한 일입니다.

6. 안철수 대우는?

안철수가 마지막에 단일화에 응해서 지지율에 3% 정도 기여한 것은 사실입니다. 안철수 후보가 자유 우파 지지층에 엄청 좋은 일을 했다고 받아들여야 합니다. 지난번 서울시장 보궐 선거에서도 그런 이유로 오세훈 시장이 부시장 자리를 안철수 사람에게 양보했습니다. 이번에도 마찬가지입니다. 내각의 상당한 비율을 안철수에게 양보해야 한다고 저는 생각합니다.

그렇게 하지 않으면 다음에 선거를 또 할 때 문제가 생길 수 있습니다. 안철수 대접을 잘해야 하는 까닭입니다. 특히 안철수 자신이 원하는 자리를 선택하도록 해야 합니다. 본인이 총리를 원하면 총리, 당 대표를 원하면 당 대표를 하도록 해야 합니다. 윤석열 대통령 쪽에서 선택지를 만들지 말고, 안철수 본인이 선택하도록 하는 것이 좋습니다.

7. 집권 20일 후 치루는 지방선거 대책은?

지방선거가 대통령 취임하고 20일 후에 치러집니다. 지방선거에서 지면 윤석열은 20일 동안 대통령 하다가 식물 대통령으로 바로 전락할 수 있습니다. 그렇기 때문에 지방선거는 매우 중요합니다.

그러나 지방선거 대책을 따로 마련할 필요는 없습니다. 이미 앞에서 말씀드린 전략, 전술을 잘 시행하면 지방선거는 걱정할 필요가 없습니다. 다시 말해서, 김영삼 전법으로 국민의 90%를 지지세력으로 만들면 지방선거 준비를 따로 할 것이 무엇이 있겠습니까? 싹쓸이해서 이길 수 있습니다.

그러기 위해서는 당선인 시절에 보여준 행보를 성찰적으로 돌아보며 대통령으로서의 행보를 제대로 준비해야 합니다. 대통령으로 해야 할 첫 번째 일은 당연히 국립묘지 참배입니다. 그리고 나서는 유권자를 만나는 모습을 보여주기 위해 당선자 시절에는 시장통에 가서 국밥을 먹곤 했는데, 이보다는 좀 더 고단수 모습을 보여야 합니다.

대한민국에는 여러 분야의 국가 원로들이 많습니다. 이 분들을 50명에서 100명 정도 한 자리에 초청해서 쓴소리를 듣는 자리를 마련하는 일이 시장에 가서 국밥 먹는 거보다 훨씬 중요하고 효과적입니다. 이분들 모시고 "제가 덜컥 대통령이 됐는데 앞으로 어떻게 해야할지 잘 모르겠습니다. 우리 원로들께서 깊이 자문해주시고 도와주시면 좋겠습니다." 이런 행사를 하면 국민들 보기에 "아, 윤석열은 점령군 아니네, 국가 원로들 말을 경청할 준비가 되어 있는 대통령이구나." 이렇게 보게 됩니다.

그런데 당선인 시절에는 과거 그대로 점령군처럼 행세했어요. 당사자는 절대 그렇지 않다고 부인할지 모르지만, 밖에서 보는 느낌은 다릅니다. 점령군 같습니다. 그렇게 하면 안 되는 겁니다. 저쪽도 점령군 행세해서 망했습니다. 또한 이명박, 박근혜 정권도 마찬가지였습니다. 점령군식으로 가면 표를 주었던 국민이 속된 말로 뭐라 그러냐 하면 "또 지들끼리 다 해 먹으려고 그러네" 이렇게 받아들입니다. 그런 느낌을 유권자한테 주면 안 됩니다. 오히려 거꾸로 유권자의 자존심을 살리는 방식을 찾아야 합니다.

원로들 다음에는 '시민단체 대표들'을 모아서 "앞으로 국정운영하는 데 많이 도와주십시오." 이런 이벤트도 해야 합니다. 그다음에는 정말 일등 공신인 '광화문 집회 참가자 대표, 자유 우파 유튜버 대표' 등을 불러서 역시 도와달라는 말씀을 해야 합니다. 감사를 표하면서.

과거에 이명박을 대통령으로 만든 결정적 사건은 정말 처절했던 노무현 치하 아스팔트 집회였습니다. 그리고 박근혜 대통령을 만든 결정적 힘은 종편의 토론프로로부터 나왔었습니다. 그리고 이번에 윤석열을 대통령으로 만든 힘은 정치 유튜브 문화로부터 나왔습니다.

그런데, 우파 정권은 자신을 세운 진정한 힘이 무엇인지 파악을 못 해서 늘 실패한 정권이 되고 말았습니다. 그러니 이번 윤석열 정권은 최소한 메이저 유튜브 채널을 모아서 위로하면서 “그동안에 중간에 있는 사람들 눈치 보느라 전화도 못 드리고 출연도 못 했습니다. 그러나 내가 대통령을 어떻게 혼자 하겠습니까? 앞으로 유튜브가 많이 도와주십시오.” 이렇게 겸손한 자세로 말해야 합니다. 그렇게 하면 95점 얻을 수 있습니다.

그다음, 저 같은 종교인 입장에서는 3대 종단을 반드시 먼저 만나야 한다고 말씀드리고 싶습니다. 우선, 조계종 가고, 그다음 한기총, 그다음 명동성당 가야 합니다. 이것이 기본 예의입니다. 이걸 먼저 해야 하는데, 밑에서 스케줄 짜는 사람들이 멋대로 만들어 놓은 데로 따라 다니니까 문제입니다.

유튜버 개인이 중요한 게 아니고 그러니까 신혜식, 이봉규, 고성국 등이 중요한 게 아니고, 그 유튜브에 모여 있는 자유 우파 시민들이 중요한 겁니다. 그 유튜브에 영향을 받는 유권자 숫자를 합하면 이번에 윤석열 찍은 1,700만 숫자가 됩니다. 이걸 모르고 앞으로 정치를 어떻게 할까 걱정됩니다.

막상 나중에 또 촛불시위 나고 무장폭동 나면 그때 가서 유튜버한테 "좀 도와주세요. 불 좀 꺼주세요" 이렇게 말할 거 아닙니까? 그렇게 도와달라고 징징거리기 전에, 자신을 뽑아준 유권자와 함께 가야 합니다.

새 대통령으로서 대한민국을 이끌어 온 수많은 원로, 또 사회 지도자들과 함께하는 모습은 국민 보기에 편안하고 즐겁고 좋습니다. 이런 걸 '쇼'라고 치부하면 안 됩니다. 대통령의 행위는 모든 게 상징적인 통치행위입니다. 국민 5,200만을 어떻게 일일이 다 만납니까? 그중에 몇몇을 상징적으로 만나면 충분합니다.

8. 국민을 행복하게 만드는 것이야말로 정치의 모든 것입니다

정치에는 정치심리학적 접근이 반드시 필요합니다. 정치심리학적 접근은 사실 성경에도 나와 있는 전략입니다. 인간은 밥만 먹고 살지 못하기 때문입니다. 그래서 미국 같은 선진국에서는 '3S'라고 알려진 산업이 발달했습니다. 스포츠(Sports), 스크린(Screen), 성(Sex) 산업입니다. 이 산업은 모두 인간에게 행복을 제공하는 영역의 비즈니스입니다.

첫째, 스포츠입니다. 미국에서는 많은 국민이 자신과 직접적으로는 아무런 이해관계가 없는 야구팀, 농구팀, 미식축구팀 등의 승패에 울고 웃으며 한 해를 보냅니다. 자신이 사는 지역 연고를 가진 팀이 이기면 펄펄 뛰고 좋아서 난리가 납니다. 스포츠를 통해 만족감 즉 행복을 느끼기 때문입니다.

둘째, 스크린 즉 영화입니다. 역시 미국에서는 영화를 가지고 국민을 행복하게 만듭니다. 영화는 감독이 만든 가상현실이지만, 그 가상현실을 보며 관객들은 웃고 울며 만족감 즉 행복을 느끼게 됩니다. 어떻게 보면 속임수에 넘어가는 거지만, 영화를 보는 관객 입장에선 어찌됐든 행복을 느낍니다.

셋째, 섹스입니다. 에로스에 기반한 성은 인간에게 최고로 강렬한 행복감을 제공하는 영역입니다. 성적 자극에 인간은 울고 웃으며 만족합니다. 행복의 영역에서 성적 자극은 빠질 수 없는 조건입니다.

3S 산업에 관한 이야기를 왜 목사인 제가 여기서 하느냐? 정치

도 마찬가지이기 때문입니다. 정치는 국민을 행복하게 만들기 위해 존재하는 비즈니스입니다. 정치의 본질은 국민의 행복입니다. 그렇다면 정치가 어떻게 국민을 행복하게 만들 수 있느냐? 앞의 세 가지보다 사람을 더 황홀하게 만드는 게 하나 있습니다.

권력자와의 소통입니다. 인간은 자기를 다스리는 정치 지도자, 그것이 왕이면 왕, 수상이면 수상, 대통령이면 대통령하고 개인적 교감을 가지면 엄청난 희열을 느낍니다. 밥 안 먹어도 행복할 수 있습니다. 그렇다면 정치인과의 교감은 어떻게 이루어지는가? 말을 통해서 이루어질 수밖에 없습니다. 그래서 정치인들은 말을 잘해야 합니다. 말은 정치의 모든 것입니다. 정치는 말로 국민을 행복하게 만드는 비즈니스입니다.

권력자의 말 한마디가 국민을 울고 웃게 만들 수 있습니다. 이것은 권력자만이 할 수 있습니다. 그렇기 때문에 정치를 하는 대통령은 대중과 말로 소통하는 정치심리학에 정통해야 합니다. "아, 내가 이렇게 중요하구나. 전 국민이 밥 안 먹어도 기분 좋게 만들 수 있는 능력이 나에게 있구나." 이걸 정치인은 깨달아야 합니다. 대통령이 깨달아야 합니다.

깨닫고 나서는? 국민을 말로 행복하게 만들 수 있는 전문가들을 모아서 소통을 전담하도록 해야 합니다. 학계를 포함한 최고의 전문가 그룹을 조직해 "오늘 내가 무슨 말을 해야 하나? 무슨 말을 해야 국민이 행복할까?" 이것만을 위한 전문가 그룹이 반드시 가동되어야 합니다.

그런데 윤석열 캠프에는 이런 집단은커녕 소통 전문가 한 사람도 없습니다. 윤석열 당선인 혹은 대통령 주위에 있는 사람들이 반드시 곱씹어 보아야 할 대목입니다. 안 그러면, 6개월 동안 거기 있는 안목없는 사람들이 짜놓은 스케줄 따라 쫓아다니다 완전히 지쳐서 나가떨어져 버릴 겁니다.

그래서 결국 상황이 어려워지면 나서서 싸울 사람은 또 저 같은 아스팔트 자유 우파 시민들과 유튜버들뿐일 겁니다. 부디 이런 상황으로 내몰리기 전에 대책을 마련하기 바랍니다. 윤석열 대통령과 윤석열 대통령을 돕고 있는 사람들에게 오늘 준비한 이 글이 성찰의 계기가 되기를 간절히 바랍니다.

2

윤석열의 말과 인수위

김대호 (사회디자인연구소 소장)

1. 제20대 대통령직 인수위 중요한 것을 빠뜨려

-늦었다고 생각할 때가 오히려 빠른 때-

제20대 대통령직 인수위에서 해야 할 일은 크게 4가지다. 일의 선후로 말하면 공약·철학·인사·100일 플랜과 지방선거 준비 순이다.

1) 공약 취합 및 정리

① 정부 각 부처, 현장(기업 등) 전문가, 대학교수 등으로부터 차기 정부가 결정·대응해야 할 시급한 정책·인사·예산 현안 파악 작업이다.

② 당선인과 국민의힘이 연설과 공약 형태로 공언한 내용에 대해 각 부처와 분야별 전문가들의 검토의견을 취합하는 작업이다. 한마디로 공약 정리정돈, 수정보완, 구체화 혹은 폐기 작업이다.

③ 선거 전략(정무적 판단)상 공약화하지 않았으나, 차기 정부가 받아 안아 해결해야 할 중요한 현안과 과제를 정부 100일 플랜이나 5개년 계획에 포함시키는 작업이다.

④ 선거캠프나 선대위 인력, 조직, 시간상의 한계로 인해 미처 담아내지 못한 국민의 요구, 불만과 정책 아이디어 등을 취합 정리하는 작업이다. 당내 경선 탈락 후보의 좋은 공약은 말할 것도 없고, 본선 탈락 후보(이재명, 안철수, 심상정 등)의 좋은 공약도 취합 정리해야 한다.

2) 국정철학과 취임사

① '비전하우스' 건립 작업이다. 당선인의 소신과 소속 정당의 강령, 그리고 선거 과정에서 한 연설과 공약 등을 총화해야 한다. 지난 150년을 관통하는 시대인식을 토대로, 즉 개화-독립-건국-산업화-민주화(변질) 이후의 시대정신을 규정하고, 국가비전, 국정목표와 지표(전략과제), 국정운영원칙(실천규범) 등 국정철학을 체계적으로 정리하는 작업이다. 이 과정에서는 이전 정부(김대중, 노

무현, 박근혜, 문재인)의 주요 정책과 부처의 성과, 한계, 오류에 대한 평가도 필요하다. '비전하우스'는 이 모든 것의 집약과 단순화이기에 그림 한 장으로 표현되지만, 실은 그림 한 장이 아니다. 책 목차가 책이 아닌 것처럼.

② 대통령 취임사 작성 작업이다. 당연히 이는 시대인식과 국정철학이라는 모태에서 나와야 한다. 시대인식과 국정철학이 체계적으로 정리되지 않으면 대통령의 말도, 정부의 정책과 인사도, 집권여당의 정치행위도 도통 앞뒤도 맞지 않고, 손발도 맞지 않게 된다. 야당과의 협치는 말할 것도 없고, 정부와 여당 간의 협치(협력)도, 정부 각 부처간 협치(협력)도 이뤄질 수가 없다. 시대인식과 국정철학을 체계화한 것이 바로 이념이다. 숙성된 이념 없이 성공적인 정부는 있을 수 없다. 탈이념, 중도실용은 체계적인 국정철학 부재의 자인이다.

3) 주요 공직인사

① 주요 부처와 공공기관의 미션(소명)과 과제를 정리하여 이를 이행할 경력 및 능력(조직 통솔력 등)을 갖추고, 가능하면 감동적인 서사(story)까지 있는 인물을 발굴하고 기용하는 작업이다. 다시 말해 윤석열 정부가 중시하는 가치; 즉 공정, 상식, 법치 등을 구현하기 위해 몸부림을 쳐왔고, 그 과정에서 적지 않은 고초를 겪

었으나, 꺾이지 않은 사람을 발굴, 기용해야 한다는 얘기다. 한동훈 법무장관 지명자의 파장이 큰 것은 드물게도 많은 국민이 아는 감동적인 서사를 가지고 있기 때문이다.

시대인식과 국정철학과 부처·기관의 미션과 과제가 정리되지 않으면 인재 풀(pool)도 매우 좁아지고, 공직인사에서도 개념과 감동이 사라진다. 대체로 당선인과 안면 있는 사람과 스펙 좋은 사람, 즉 이전 정부 고위 관료 경험자, 전현직 의원, 교수·박사 위주로 갈 수밖에 없다.

4) 100일 플랜과 지방선거

① 국민들로 하여금 대한민국이 확실히 좋은 방향으로 변화와 개혁이 될 수 있을 것 같은 희망과 기대에 부풀게 하는 작업이다. 정부 출범 불과 20여 일 뒤에 치러지는 지방선거에서 크게 실패하면 역사상 최초로 '취임 덕'이 올 수도 있기에 선대위적 안목과 감각으로 인수위를 운영할 필요가 있다.

예컨대 헌법이나 법률 개정 사항이라 하더라도 국민적 공감대가 크기만 하면 과감하게 새로운 가치, 비전, 정책, 방침 등을 제시해야 한다. 한마디로 국민들의 가려운 곳을 확실히 긁어주고, 답답한 속을 시원하게 뚫어주어야 한다. 아니 뚫어 줄 것처럼 보여야 한다.

② 문 정권 인사들이 저지른 부정비리를 법과 원칙에 따라 수사하여 단죄하는 것은 정치보복도 아니요, 국민통합이나 협치 포기도 아님을 명확히 해야 한다. 인수위가 선대위가 되면 안 되지만, 선대위와 비슷한 안목, 감각, 전략을 갖춘 단위에 의해 통할되어야 한다.

③ 5월 10일~8월 16일까지 윤석열 정부 100일 플랜 수립 작업이다. 국정운영 5개년 계획은 7월까지는 내놓아야 한다.

5) 총평

제20대 대통령직 인수위는 '1. 공약 취합 및 정리'의 ①과 ②를 좀 하다가 '3. 주요 공직 인사'로 건너뛰어 버렸다. 공직인사가 이슈화되면, 일종의 블랙홀이 되면서 모든 것이 묻히거나 뒤로 밀리기 마련이다. 역대 정부 인수위도 기본을 건너뛰긴 했지만 이번 인수위처럼 심하지는 않았다. 아마 윤 당선인의 짧은 정치경력과 캠프, 선대위, 인수위 등에 참여한 주요 구성원들이 끼리끼리, 또 윤 당선인과 호흡을 맞출 시간이 절대적으로 부족했기 때문일 것이다.

문제가 더 악화된 것은 부족하나마 역량 있는 선수들 상당수가 지방선거전(공천과 당선)에 올인하거나, 당직(원내대표 등)이나 자리 사냥에 올인하기 때문이다. 사람은 자리에 연연하면 시야가 좁아진다. 긁어 부스럼 만들지 않기 위해 복지부동(伏地不動)이 아니라 복지안동(伏地眼動)을 하게 된다. 그 외에도 안철수 인수위원장과 인수위 설계운영자들의 경험, 안목의 한계와 분과위원, 전문위원, 실무위원으로 참여한 교수나 관료들의 특성 즉 좁은 관심 영역과 취약한 정무적 판단력 때문이다. 세상사는 대체로 늦었다고 생각할 때가 빠른 때다. 공직인사 관련 논란과 갈등이 국민적 관심의 블랙홀로 변하더라도 놓치면 안 될 일은 있다.

2. 메시지 총괄 기획·관리 단위(Control Tower)가 있어야

-있어야 할 것이 너무 없다-

윤 당선인과 인수위발 메시지가 새로운 대한민국에 대한 기대와 희망을 부풀게 하지도 않고, 권력형 부정비리나 정책 실패의 후과를 폭로하는 메시지도 너무 적은 것 같아서, 인수위 홈페이지(https://20insu.go.kr/)로부터 4월14일 오후 현재 브리핑 자료 24개, 보도자료 123개, 공지사항 6개를 리스트업하여 주제(이슈)와 주체(발화자 등)를 분석하였다. 인수위 메시지의 핵심은 브리핑 자료 24개인데 그 내역은 다음과 같다.

〈제20대 대통령직 인수위 브리핑 리스트〉 (2022. 01. 14. 13시 현재)

순	날짜	메시지 원천	제목
24	2022-04-13	디지털플랫폼정부TF	대통령직인수위원회, 「디지털플랫폼정부 TF」 활동 중간 브리핑
23	2022-04-13	인수위 대변인실	행정안전부 기부금 단체 국민참여확인제도 도입 관련
22	2022-04-13	코로나비상대응특위	코로나비상대응특별위원회 현안
21	2022-04-13	정무사법행정분과	이른바 '검수완박' 추진에 대한 인수위 정무사법행정분과 입장문
20	2022-04-12	경제2분과	반도체 초격차 확보방안
19	2022-04-12	인수위 대변인실	감사원 시민단체 모니터링 관련 인수위 브리핑
18	2022-04-11	코로나비상대응특위	코로나비상대응특별위원회 관련
17	2022-04-08	코로나비상대응특위	코로나비상대응특별위원회 관련 발표문
16	2022-04-08	법무부 업무보고	아동학대 방지 시스템 구축 관련 인수위 브리핑
15	2022-04-07	부동산TF	문재인 정부 부동산 통계 엉터리...부동산 세금 로드맵 새로 짠다
14	2022-04-07	법무부 업무보고	스토킹 처벌법 반의사불벌죄 폐지 관련 인수위 브리핑
13	2022-04-06	기획조정/경제1분과	물가 관련
12	2022-04-06	경제2분과	해외자원 확보방안
11	2022-04-05	법무부 업무보고	법무부의 불법 공매도 등 처벌 강화 계획 관련 서면브리핑
10	2022-04-05	디지털플랫폼정부TF	대통령직인수위원회, 「디지털플랫폼정부 TF」 1차 회의 개최
9	2022-04-04	법무부 업무보고	권력형 성범죄 은폐 방지 3법에 대한 인수위 브리핑
8	2022-04-02	인수위 대변인실	안철수 대통령직인수위원장 하이브 방문 간담회 서면브리핑
7	2022-04-01	법무부 업무보고	특별감찰관제도 재가동에 대한 인수위 브리핑
6	2022-04-01	법무부 업무보고	법무부'임대차법 전면 재검토'에 대한 인수위 브리핑

순	날짜	메시지 원천	제목
5	2022-03-31	인수위 대변인실	임기말 부실 공기업 알박기 인사 강행에 대한 인수위 입장
4	2022-03-26	인수위 대변인실	제20대 대통령직인수위원회 워크숍 결과 서면브리핑
3	2022-03-18	인수위 대변인	인수위원장, 부위원장, 기획위원장 차담회 관련 서면브리핑(추가)
2	2022-03-18	인수위 대변인	인수위원장, 부위원장, 기획위원장 차담회 관련 서면브리핑
1	2022-03-17	인수위 대변인	김한길·박주선·김병준 위원장 오찬 관련 서면브리핑

24개 브리핑 자료를 보면 법무부 업무보고를 인용한 정책 메시지가 무려 6개다. 법무부가 공약 실행상의 문제점과 조건 등을 검토하여 부정적인 의사를 피력하기도 하고, 실행 방안을 보고하기도 하였다. 물론 모든 부처와 공공기관이 마땅히 해야 할 작업이다. 문제는 이런 작업을 다른 부처들도 했을텐데, 유독 법무부 검토의견을 토대로 한 브리핑이 많다는 것이다.

정부 부처와 주요 공공기관이 수십 개고, 공약집도 무려 340쪽이며, 선거 전략상 공약화하지는 않았으나 윤 정부가 받아 안지 않으면 안 될 중차대한 개혁과제들도 부지기수다. 그런데 윤 정부의 가치·비전·정책 관련 메시지를 브리핑 형식으로 발산한 주체는 법무부, 코로나 비상대응특위, 부동산 TF, 디지털플랫폼정부TF, 경제1분과, 경제2분과, 정무사법행정분과 정도이다.

그런데 왜 법무부 업무보고를 원용한 정책(공약검토) 메시지만 자주 브리핑하고, 다른 부처발 브리핑은 없을까? 이는 당선인이 관심도 많고, 잘 아는 문제이기 때문일 것이다. 그런데 수많은 인수위원, 장관 후보, 비서관 후보들이 당선인의 경험과 관심사 내에 스스로를 가뒀다면 심각한 문제이다. 더 큰 문제는 브리핑이나 보도자료 형태로 발산한 정책 메시지의 대부분이 윤 정부에 대한 기대와 희망을 불러일으키기에는 너무 지엽말단적이거나 뻔한(상식적인) 얘기라는 것이다.

결론적으로 윤 당선인과 인수위발 메시지의 내용상의 문제는 다음과 같다.

① 자유, 공정, 상식, 법치, 통합 혹은 '기회의 나라' '세금을 내는 분들이 분노하지 않는 나라' 등 지난 1년 동안 발산한 가치와 비전을 구체화한 후속 메시지가 거의 없다는 것이다. 게다가 가치, 비전과 정책, 이슈를 맛있게 버무리지도 않았다.

② 문 정권이 저지른 무수히 많은 부정비리와 실패한 정책의 후과를 폭로하는 메시지도 거의 없다는 것이다. 예컨대 윤 당선인은 후보수락연설(2021. 11. 5)에서 "소득주도성장과 부동산 폭등은 재산 약탈, 악성 포퓰리즘은 세금 약탈, 1천조 넘는 국가채무는 미래 약탈"이라고 질타했는데, 인수위는 이를 받아 안아 문제를 더 적나라하게 드러내면서 대안의 개념 정도는 제시할 수가 있고, 제시해야 한다. 예컨대 지자체장에게 위임된 토지주택 규제권을 오남용하여 벌인 이재명의 대장동, 백현동, 정자동 부정

비리와 공공기관 채용비리, 법인카드를 활용한 횡령비리 등은 행안부나 국토부 관련 업무보고에서 다룰 수 있다. 정부 부처나 공공기관으로 하여금 문제점과 재발 방지책을 마련하여 보고하도록 할 수 있다. 아니면 지방균형발전특별위원회 주도로 현재 지방자치분권의 문제점과 윤 정부의 비전을 언급하면서 폭로할 수도 있다. 지방선거를 앞두고 있기에 윤 정부와 국민의힘에 정치적으로 도움되는 균형발전특위발 메시지는 매우 많다. 예컨대 문 정부의 지방균형발전 정책의 성과가 너무나 초라하고, 말의 성찬일 뿐이었다는 얘기, 윤 정부는 어떻게 다르게 할 것인지 등에 대한 얘기가 그것이다. 지방자치분권 문제를 다룰 때는 허술한 견제 감시에 따른 지자체장의 소황제화와 지방공무원의 양반화 등도 얘기하면서 지방자치분권 비전을 얘기할 수 있다.

이재명은 성남시장 취임 12일째인 2010년 7월 12일 모라토리엄(채무지급유예) 선언을 하여 전국적 주목을 받았다. 이재명은 아무도 갚으라고 하지 않았는데, 성남시 채무 5,200억 원을 일시상환하면 파산한다고 엄살을 떨었다. 이재명 식으로 하면 모든 지자체, 모든 국가가 언제든지 모라토리엄 선언을 할 수 있다. 무엇보다도 이재명의 행태가 가증스러운 것은, 성남시는 그때나 지금이나 전국 지자체 중에서 재정자립도가 최상위권이라는 것이다. 모라토리엄 선언하고 나서 푼돈만 절감했을 뿐인데, 성남시 재정자립도는 2011년부터 줄곧 1위였다. 결국 이재명은 성남시가 파산 위기에 처했다고 선전하여 전국적 주목을 받고, 전임 지자체장도 공격하고, 그 이후로는 자신이 파산 위기 성남시를 구한 일 잘하는 지자체장이라고 또 한번 전국적 주목을 끌겠다고 벌인 일인 것이다. 그 외에도 이재명은 성남시나 경기도 예산을 가지고 정치도의에 맞지 않는 언론플레이를 무수히 많이 하였다. 인수위나 윤 정부는 이재명에게서 배울 것은 배워야 한다.

그 외에도 탈원전으로 인한 석유와 가스 도입량의 증대 및 도입가격 상승으로 인한 무역수지와 수입에너지 비용 상승+태양광 풍력 전력 고가 매입+나주 에너지 공대 설립 등에 따른 한전 부실과 전기요금 상승 압력 등도 얼마든지 폭로할 수 있다. 공무원과 공공기관 고용을 크게 팽창시킨 후과, 즉 인력 과잉, 경영악화, 연금수지 악화 등도 폭로할 수 있다. 그 외에도 모순이 폭발적으로 터져 나오는 최저임금 문제, 주52시간제 문제, 중대재해처벌법 문제, 노조 문제, 교육재정 운용 문제(초중고는 예산 홍수, 대학과 평생교육과 대안교육은 가뭄) 등의 현황(심각성), 원인, 대안을 핵심 가치와 버무려 얘기할 수 있다.

③ 메시지에 촌철살인의 날카로움이나 참신함(공감과 쾌감)이 없다는 것이다. 좋은 메시지는 물수제비처럼 대중의 뇌리를 통통 튀면서 돌아다닌다. 그런데 널리 회자되는 인수위발 메시지는 거의 없었다. 윤 당선인과 인수위발 메시지는 막힌 속을 시원하게

뚫어주거나, 가려운 곳을 시원하게 긁어주는 메시지도 별로 없고, 새로운 대한민국에 대한 기대와 희망을 부풀게 하는 메시지도 별로 없었다. 아니 분과위원이나 대변인단이 그런 메시지를 생산해야 한다는 압박도 별로 받지 않는 것처럼 보인다.

인수위나 정부출범 초기의 메시지는 현실(고통, 불만, 부조리 등)을 정확하게 짚어 공감해주고, 중장기적 해결 방향만 제시해도 된다. 서사는 스토리고, 비전은 미래상이기에 정부출범 초기에는 한두 마디 말이나 한두 줄의 입장표명으로 지지층과 국민들의 마음을 설레게 만들 수 있고 만들어야 한다. 인수위 각 분과나 위원회들은 국민으로 하여금 기대와 희망을 갖게 하는 금, 은, 옥, 진주 같은 비전과 정책도 생산하고, 잘못 건드리면 폭탄(지뢰) 같은 정책이나 메시지도 생산한다. 하지만 인수위 고위직이 충분히 정제되지 않은 메시지를 발산하면 정부의 이미지를 구기는 설화로 발전한다. 단적으로 이명박 정부 인수위원장 이경숙(1994~2008년 숙명여대 총장)이 2008년 1월 인수위 출범 초기 영어 공교육 강화와 한글 영어 표기법 변경, 예를 들어 orange를 오렌지가 아니라 '어륀지'로 표기해야 한다고 하다가 조롱거리가 된 적이 있다. 지엽말단적인 사안이자 충분히 숙의 검토되지 않는 발언들은 인수위와 이명박 정부를 민생문제의 시급성과 어려움을 모르는 존재로 비치게 하였다.

윤석열 인수위는 사소한 말실수를 침소봉대하거나, 별문제 없는 말이라 할지라도 악의적으로 비틀고, 거두절미하여 공격하는 적대적 언론환경과 국회환경 속에 놓여있다. 당연히 모든 인수위 관계자와 유력한 공직 후보자들은 설화의 주인공이 되면, 독이 오른 민주당과 편향된 언론의 집중 공격을 받아 큰 불이익을 당할 수 있다. 그래서 인수위 출범 직후 열린 전체회의에서 윤 당선인은 안철수 인수위원장을 통해 "인수위원들은 개별적인 의견을 자제해 달라" "위원들이 검토된다고 말만 해도 정책이 변경·폐기되거나 사회 혼란이 많이 온다"면서 발언을 통제하였다. 과거 정부에서 인수위 참여 경험이 있는 위원들도 "개별 의견과 인수위 의견을 구분해 혼란을 막는 게 중요하다"고 거들었다.

문제는 옥석을 가려 옥(가치와 메시지)을 잘 다듬고 꿰어 판매마케팅하는 기능, 즉 메시지 컨트롤 타워가 부재 내지 부실하다는 것이다. 결과적으로 3.9 이후 크게 이슈화시켰거나 의도와 다르게 크게 이슈화된 것은 압도적으로 집무실 용산 이전과 청와대 개방 관련 시비였다. 그 외에 장애인단체의 지하철 운행 방해와 페미니즘 관련 논란이다. 4월 중순에는 민주당이 무리하게 '검수완박' 법안을 당론 추진을 결정하면서, 이례적으로 민주당에 불리한 논란거리를 만들었다. 그럼에도 불구하고 정부 출범일(5월 10일)이 다가오면 공직인사 관련 시비가 이슈의 블랙홀이 되기 마련이다. 그러면 공직 후보의 결함이나 추문이 언론에 도배될 수밖에 없고, 민주당과 언론의 검증 공세에 의해 이 논란은 점점 커지고, 개인적 허물들은 점점 침소봉대되게 되어 있다. 인수위는 점수를 딸 수 있을 때 한참 따 놓고(지지율 70%~80%까지 올려놓고), 인사청문회를 전후하여 점수를 잃는 법인데, 이번 인수위는 출범 후 한 달 정도 점수를 많이 딸 수 있는 기간에 점수를 너무 못 땄다고 보아야 한다.

결론적으로 메시지 컨트롤 타워가 절실히 필요하다. 이는 선거캠프나 인수위에서만 필요한 것이 아니라, 성공적인 국정운영을 위해서 꼭 필요하다. 성공의 관건은 머리에 속속 들어오게, 잔잔한 감동을 불러일으키게 말과 글을 잘 다루는 사람, 그리고 메시지를 대중이 어떻게 받아들일지, 언론이나 야당이 어떻게 나올지 등 정무적 판단이 좋은 사람, 실물 현장에서 정책의 반향과 위험을 잘 아는 사람 들의 협업이 잘 되게 팀을 구성하는 것이다. 이는 대변인의 수완에만 의존할 수는 없다.

사실 정책 마케팅이나 홍보이벤트는 문재인 정부가 유일하게 잘하는 일이었다. 하지만 팔 물건(가치, 비전, 정책)을 잘 모르면서, 말재간만 좋거나, 광고이벤트 기교만 좋은 전문가들로 팀을 구성하였기에, 시간이 가면서 결국 앞뒤가 맞지 않는 말을 무수히 내뱉고, 쇼만 잘하는 정부로 각인 되었다. 문재인 정부는 타산지석의 보고다.

3. 메시지, 국정비전, 국정과제와 주요 공직인사는 서사(敍事) 정립에서부터!

-성찰, 통찰, 감동이 있는 서사에 뿌리 박은 국가비전이 윤석열 정부 성공의 관건-

1) 3.9 대선과 정치인 및 정치세력의 서사

문 정권의 무수한 폭정과 실정에도 불구하고, 부정비리와 위선거짓의 백화점이나 다름없는 이재명 후보가 무려 47.83%(16,147,738표)의 득표율로 윤석열 당선인의 48.56% (16,394,815표)와 불과 0.73%(247,077표) 차라는 것은 충격이 아닐 수 없다. 치적도 거의 없고, 역대급 위선, 비겁, 얍삽, 무능을 보여준 문재인 대통령의 지지율(잘한다+잘하는 편이다)이 임기 종료시까지 40% 내외라는 것도 그 못지않은 충격이다.

이재명과 문재인의 견고한 지지율의 양대 축은 기본적으로 핵심 지지층인 호남, 40대, 화석586에 대한 이념적 정서적 동조자들의 이해와 요구를 철저히, 그것도 몰염치하게 대변한 정치전략에 있다. 또 하나는 민주진보가 거의 100년에 걸쳐 개발, 확산한 서사(敍事)에 있다. 이 서사의 결론은 "아무리 이재명이 문제 있다고 해도 어떻게 국힘당 후보를 찍을 수 있냐?"이다. 한마디로 국민의힘은 설명도 확인도 필요 없는 최악이요 거악이라는 것이다.

① 문 정부와 민주진보의 서사

문재인 정부는 민주진보의 전통적 서사에 촛불혁명 서사를 이어 붙였다. 서사는 줄거리, 즉 과거-현재-미래를 관통하는 어떤 흐름 내지 방향성이 느껴지는 감동적인 이야기다. 소설에 주인공이 있듯이 서사에도 대체로 주체가 있다. 마르크스주의가 내세우던 역사 서사의 주인공은 부르주아와 프롤레타리아트이다. 이것이 1970~80년대부터는 피압박 민중이 되었다.

아무튼 민주진보의 서사는 이렇다. 개혁군주(?) 정조 사후 60여 년간의 노론 세도정치로 도탄에 빠진 민중들이 일으킨 농민봉기(1811년 홍경래의 난, 1862년 단성·진주 민란 등)를 반봉건의 봉화로 본다. 척양척왜(斥洋斥倭)의 기치를 들고 폐정개혁안까지 갖춘 1894년 동학농민운동은 반외세반봉건의 기념비로 본다. 실학의 발생, 농업생산방식과 농업기술의 발전, 상공업발달, 서양문물의 수입 등도 언급하지만, 역사 발전의 주된 동력은 정치운동과 폭력·무력투쟁으로 본다.

그래서 서사의 줄거리에는 구한말 의병운동, 3·1운동과 독립운동이 주인공처럼 취급된다. 대한민국 정부수립 이후에는 4·19의거, 반유신투쟁, 부마항쟁, 5·18광주항쟁, 6월항쟁으로 이어지는 민주화투쟁이 반외세·반봉건·반독재로 이어지는 정맥을 계승하여 마침내 김대중·노무현 정권을 출범시켰고, 이명박, 박근혜의 정부의 일시적 반동을 겪고, 2016년 촛불혁명을 통해 문재인 정권이 탄생하여 새로운 시대를 열어가고 있다는 것이다.

이해찬 전민주당 대표는 2019년 4월 김대중·노무현 대통령 서거 10주기, 판문점 선언 1주년 기념 '행동하는 양심과 깨어 있는 시민' 학술회의에 참석하여 "정조 사망 이후 219년 동안, 김·노 대통령 10년과 문 대통령 2년 등 12년을 빼놓고 전부 일제강점기거나 독재거나 아주 극우적인 세력에 의해 이 나라가 통치돼 왔다"면서 "운동장이 기울어져 있는 게 아니라, 벼랑 끝에 평화·민주 세력이 겨우 손만 잡고 있는 형상"이라 하였다. 평화·민주세력이 정조 사후 219년 중 불과 12년만 집권했으니, 어떻게 든 장기집권을 해야 하고, 성과가 적어도 짧은 집권기간을 감안하여 인내하며 기다려 달라는 얘기일 것이다.

2022. 3. 28 발간된 문재인 대통령 연설문 모음집(396쪽) 《아무도 흔들 수 없는 나라》에서 언급된 빈도를 보면 (구한말)의병 12번, 김구 11번, 김대중 3번, 박정희, 노무현, 안창호, 김원봉이 각 1번인데 반해, 이명박과 박근혜는 단 한번도 언급되지 않았다. 독립 275번, 평화 150번이 언급되는데 반해, 자유민주주의, 시장경제는 각 2번만 언급된다. 연설에서는 3·1운동-5·18-6월 항쟁-촛불혁명을 연결시키고 심지어 프랑스 혁명과 촛불혁명을 연결시

킨다.

"촛불혁명은 3·1운동 정신을 이은 명예로운 시민혁명이었습니다" (3·1운동 및 대한민국임시정부 수립 100주년 기념사업추진위원회 출범식 2018. 7. 3)

"5월 광주는 지난겨울 전국을 밝힌 위대한 촛불혁명으로 부활했습니다" (제37주년 5·18민주화운동 기념식 2017. 5. 13)

"부산과 마산에서, 5월 광주에서, 6월의 광장과 촛불혁명까지 민주주의를 지켜 낸 것도 평범한 국민들의 힘이었습니다" (제103주년 3·1절 기념식 2022. 3. 1)

"우리는 엘리제궁 곳곳을 걸으며 민주주의와 공화정을 이야기했습니다. 프랑스 혁명과 광화문 촛불이 시공간을 뛰어넘어 깊이 연결되어 있음을 느꼈습니다" (프랑스 마크롱 대통령과 찍은 사진 설명, 2018. 10. 16)

19세기 말부터 1945년 해방까지 개화(開化)=근대화=서구화와 독립운동 과정에서 일어난 엄청난 변화, 운동, 갈등 중에서, 동학운동-의병운동-독립운동 등 반일 정치운동만 주로 기억하고 기리는 것은 반독재민주화운동의 정통성을 튼실하게 하기 위함일텐데, 역사를 지극히 편협하게 보는 자폐적 행위가 아닐 수 없다. 역사를 이렇게 바라보면 조선은 자력 근대화를 위해 내달리던, 별문제가 없는 평화애호 국가가 되고, 동학군(우금치) 학살, 명성황후 살해, 항일 의병 학살 등을 저지르고, 끝내 조선을 병합한 일본은 그야말로 극악무도한 국가가 된다. 따라서 1905년부터 1945년까지 최소 40년간 일본이 창조한 수많은 개화=근대화의 유산은 치욕의 기념비로 간주하여, 무차별 파괴 후 조선의 유산이나 풍광을 되살리는 짓을 하게 된다. 예컨대 고종이 20세기 전후한 시기 건립한 덕수궁은 문화유산으로 관리하고, 1912년에 설계착수하여 1926년에 완공한 중앙청(조선총독부 청사)은 1995년에 폭파해 버렸다. 중앙청은 한국 개화의 유산이자 대한민국 건국의 현장임에도 불구하고!

제주 4·3에 대해서는 1970~80년대에는 무고한 희생자의 신원(伸冤)과 연좌제 폐지를 고창해왔는데, 민주진보가 힘을 얻자 슬금슬금 분단(단독선거 단독정부)을 막고 통일 정부를 수립하려는 정의로운 민중항쟁이라면서 뒤늦게 역사의 정맥에 밀어넣으려 한다.

2020년 4월 3일 4·3 희생자 추도식 추념사에서 문재인 대통령은 이렇게 말했다.

"누구보다 먼저 꿈을 꾸었다는 이유로 제주는 처참한 죽음과 마주했고, 통일 정부 수립이라는 간절한 요구는 이념의 덫으로 돌아와 우리를 분열시켰습니다… 제주 4·3이라는 원점으로 돌아가 그날, 그 학살의 현장에서 무엇이 날조되고, 무엇이 우리에게 굴레를 씌우고, 또 무엇이 제주를 죽음에 이르게 했는지 낱낱이 밝혀내야 합니다… 평화를 위해 동백꽃처럼 쓰러져간 제주가 평화를 완성하는 제주로 부활하길 희망합니다."

하지만 민주진보는 북중러 3국 합작 침략전쟁이라 불러야 마땅한 6·25는 없었던 일처럼 외면하거나, 아니면 미국과 소련이라는 외세에 우리 민족이 놀아난 부끄러운 동족상잔의 비극이라고 말한다. 결과적으로 대한민국 건국을 부끄럽게 여기게 하거나, 호국영령에 대한 감사의 마음을 뭉개려 한다. 단적으로 한국전쟁의 영웅인 백선엽 장군을 친일파라면서 격하하였다.

민주진보는 억울하게 박해받고 죽음을 당한 피해자와 패배자에 대한 분노와 연민을 배경으로 역사를 선악, 정사(正邪), 도덕-부도덕 프레임으로 재단해왔다. 외세·분단·전쟁·독재에 스러진 착하고 힘없는 민주진보세력과 힘센 악당 보수세력(이승만 박정희 박근혜 검찰 보수 등)의 대립 구도를 대중의 뇌리에 각인시켜 왔다. 민족사의 정통은 전봉준-김구-전태일-김근태-김대중-노무현-문재인으로 만들고, 사악하고 부도덕한 권력은 이승만-박정희-전두환-노태우-이명박-박근혜와 보수, 수구, 기득권, 친일, 분단(전쟁), 재벌, 검찰 등으로 규정하였다. 민주진보의 외침은 역사의 모든 희생자, 피해자, 패배자, 비주류들이 단결하여, 국민의힘으로 대표되는 저 수구 보수 기득권 주류 가해 세력을 청산, 척결, 궤멸시키자는 것이다.

민주진보 서사의 소구력 내지 견고함은 길게 이어진 죽음에 대한 대중적 연민과 죄의식을 부추기는 데서 나온다. 김구와 노무현은 기독교로 치면 대속을 위해 십자가에 매달린 예수처럼 여긴다. 세월호 참사 피해자들, 5·18 희생자들, 이한열, 전태일 등 수많은 민주, 노동 열사들, 인혁당 8인 사형수들, 일제하에서 독립운동이나 의병운동을 하다가 스러진 열사·의사·지사들, 동학농민운동 과정에서 스러진 농민들도 이 반열에 올리고, 최근에는 4·3 폭동의 희생자는 물론 주모자들까지 이 반열에 올렸거나 올리려 한다.

이 서사에 감동감화 받은 대중은 우금치(동학군 전몰지), 북만주(김일성 허구의 신화의 무대), 한라산(4·3의 무대), 지리산(빨치산의 무대), 금남로(5·18의 무대)에서 흘린 피를 마시고, 칭송하고, 세례를 받아왔다고 해도 과언이 아니다. 사실 금남로의 피는 기본적으로 자유민주주의를 지키려다 흘린 피지만, 북만주의 피는 허구이고, 한라산과 지리산의 피는 기본적으로 반역의 피와 무고한 피해자의 피가 섞여 있는데, 민주진보는 대한민국 건국과 산업화를 주도한 보수 우파의 무도한 범죄로 규정한다. 그러면서도 금남로의 피는 특권특혜의 도구 정도로 활용한다.

586운동권 교육문화선전일꾼들(?)이 교육 문화 예술계로 진출하면서 길게 열거한 불운한 희생자, 패배자의 피와 눈물을 소재로 한 시, 노래, 소설, 드라마, 다큐멘터리, 영화 등이 무수히 많이 생산되었다. 세상에는 승리자보다는 패배자가, 가해자보다는 피해자가 많기에 불운한 피해자나 패배자의 죽음을 애도하고 안타까워하는 사람이 많은 법이다. 이는 아마 동서고금의 보편적 현상일 것이다. 1871년 빠리 꼼뮨 희생자들과 일본의 사카모토 료마, 그리고 일본의 유신 3걸로서 나중에 각각 반란군과 정부군을 이끌던 사이고 다카모리(패자)와 오쿠보 도시미치(승자)에 대한 사람들의 태도를 보면 알 수 있다. 당연히 사이고 다카모리에 대한 헌화가 훨씬 많다.

그런 점에서 정치세력의 서사에 관한한 한국은 민주진보 쪽으로 확 기울어진 운동장이다. 자유보수가 노력하면 어느 정도 바로잡을 수는 있겠지만, 평평한 운동장은 가능하지 않다고 보아야 한다. 하지만 자유보수는 작은 노력조차 기울이지 않았다. 그 결과가 제헌국회의원의 압도적 다수가 지지하여 당선된 건국 대통령 이승만보다 대한민국 건국을 반대하고 김일성에게 아부한 김구가 압도적으로 존경받는 현상이다.

2007년 여의도통신이 국회의원 299명을 대상으로 '가장 존경하는 인물은 누구입니까?'(답변 263명, 미답변 36명)라는 설문 조사를 했는데, 백범 김구가 압도적인 1위를 차지하였다. 하지만 이승만을 선택한 의원은 단 한 명도 없었다. 당시 김구를 1순위로 선택한 의원은 79명인데, 2순위와 3순위까지 합치면 모두 89명. 김구는 모든 정당, 성별, 지역, 연령의 지지를 골고루 받았다. 이 조사에서 존경하는 인물 1순위 선택자는 이순신(31명), 정약용(16명), 세종대왕(10명), 아버지(8명), 링컨(7명), 간디(6명), 안창호, 전태일, 장준하, 안중근, 루스벨트(이상 4명), 문익환, 박정희, 신채호, 김대중, 정조대왕, 만델라, 대처(이상 3명) 등 순이었다. 2007년 8월 한국은행 화폐도안자문위원회가 여론조사로 2009년 발행 예정이었던 10만 원권 지폐 인물을 선정하는 작업을 한 적이 있는데, 김구, 김정희, 신사임당, 안창호, 유관순, 장보고, 장영실, 정약용, 주시경, 한용운(가나다순) 중에서 김구를 선택한 사람이 압도적으로 많았다. 2017년 4월 세계일보의 조사에 따르면 15~18대 유력 대선후보를 상대로 조사를 했을 때도 김구가 가장 많이 나왔다.

조선 중기 이후 선비들의 사표가 개국 공신들이 아니라 조광조가 되고, 2007년 당시 의원들의 사표가 이승만이 아닌 김구가 된 것은 이승만의 고난과 업적에 대한 무지와 박정희 정부 이래 정치적 격하와 더불어 안두희 저격으로 사망한 비운의 패자에 대한 연민이 두텁기 때문일 것이다. 이 외에도 정치에서 결과(책임) 윤리가 아니라 동기 윤리를 중시하는, 조선적 습속도 저변에 깔려 있기 때문일 것이다.

박태준이 2000년대 초 박정희 대통령으로부터 받은 시가 10

억 원 상당의 아현동 집을 박원순의 아름다운재단에 기부하고, 이명박 전 대통령이 서울시장(2002~2006년) 시절 월급 전액을 아름다운재단에 기부하여 '등불기금(4억 1,370만 원)'을 조성하여 환경미화원과 그 가족 생계비 지원한 것은 당시까지는 탈이념적 시민운동을 한 박원순의 매력과 더불어 민주진보의 서사의 힘, 즉 보수에 부과한 죄의식이나 부채의식을 빼놓고는 설명할 수 없다. 이는 이명박 대통령이 집권 초기에 일어난 대규모 광우병 시위에 유화적으로 대처하고, 중도실용 노선과 공정 사회를 외친 배경이기도 할 것이다. 전교조나 민노총 등이 교육 현장과 산업 현장을 장악해 나가는 것을 방치한 것 역시 민주진보의 서사의 힘을 빼놓고는 설명할 수가 없다.

그러므로 윤석열 정부는 교육부, 문화체육부, 방송통신위, 행안부 등을 통해 서사를 바로잡고, 확인된 사실과 축적된 세계 역사학의 성과를 바탕으로 선진국에 걸맞은 서사를 정립해야 한다.

② 대한민국 헌법 전문과 5·18

선진국 중에서 관점에 따라 해석을 크게 달리하는 역사적 사건이나 내전(영국의 명예혁명, 미국 남북전쟁, 일본의 서남전쟁 등)을 헌법전문에 명기한 나라는 없다. 외세의 침략전쟁을 이겨내지 않고 성립된 나라는 별로 없지만, 그런 전쟁조차 헌법전문에 언급한 나라는 거의 없다. 한국, 북한, 중국의 헌법에는 정권의 정통성을 뒷받침하는 역사적 사건(운동, 전쟁, 혁명 등)이 언급되어 있지만, 주요 선진국 헌법전문에는 보편타당한 가치와 정신만 서술되어 있다.

단적으로 혁명의 나라 프랑스 헌법전문에는 프랑스의 여러 혁명(1789년, 1830년, 1848년 혁명 등)이 언급되어 있지 않다. 헌법전문은 이렇게 시작된다. "프랑스 국민은 1789년 인권선언에서 정의되고 1946년 헌법전문에서 확인 및 보완된 인권과 국민주권의 원리, 그리고 2004년 환경헌장에 정의된 권리와 의무를 준수할 것을 엄숙히 선언한다."

미국, 스위스, 독일 등 연방국가의 헌법은 연방정부와 주정부의 계약이자, 연방정부 및 주정부와 국민의 계약이다. 실제 이들 헌법은 계약서라는 느낌이 강하다. 스위스 연방헌법이 그 전형이다. 스위스 연방헌법 전문에는 '천지만물에 대한 책임' '세계에 대한 연대와 개방 속에서 자유와 민주주의, 독립과 평화' '통합 속에서 다양성 존중과 배려' '미래세대에 대한 책임' '자유' '약자의 복리' 등 주로 인류 보편적 가치를 역설한다.

"유구한 역사[1]와 전통에 빛나는 우리 대한국민은 3·1운동으로

---

1) 중국 헌법 서언에도 나온다. "중국은 세계에서 가장 유구한 역사를 가진 나라의 하나이다. 중국의 각 민족인민들은 휘황찬란한 문화… 훌륭한 혁명의 전통을 가지고 있다"

건립된 대한민국임시정부의 법통과 불의에 항거한 4·19 민주이념"으로 시작되는 대한민국 헌법 전문은 개화=근대화를 철저히 가로막고, 어리석은 외치와 내치로 결국 나라를 팔아먹은 조선왕조를 "유구한 역사와 전통"의 하나로 뭉뚱그려 버렸다.

대한민국임시정부는 3·1운동에 감동 감화받아 수립된 것은 맞지만, 3·1운동은 그 전 수십 수백 년에 걸쳐 진행된 전지구적 차원의 근대화 물결; 즉 개인과 천부인권의 발견, 자유·자립·자치 정신, 만민평등(신분과 여성 차별 철폐), 공화(전제 군주정 철폐), 법치(인치 철폐와 근대적 재판제도 확립), 재산권 확립, 산업화, 보통교육, 민족자결, 기독교 복음화, 세계관의 확장(전지구적 시야) 등이 조선에 상륙한 결과이다. 정확하게 말하면 개화파로 불린 김홍집, 유길준, 서재필, 이상재, 윤치호, 이승만, 안창호 등 선각자들과 이국땅에 생명을 바친 서양선교사들과 기독교인, 천도교인 등과 조선왕조의 부패와 무능에 피눈물을 흘리던 피압박 민중이 근대화 물결을 적극적, 창조적으로 수용하여 이루어진 대각성, 대전환의 중간 결실이다.

사실 거족적인 만세시위운동보다 훨씬 의의가 큰 것은 20세기 전후한 수십 년간 일어난 사상적, 문화적, 제도적, 정치적 대변혁인데, 헌법전문이 3·1운동의 가치나 정신보다는 거족적 만세시위운동을 부각시키다 보니, 3·1운동의 모태가 되는 문명사적 대전환(개화)에 따른 민족적 대각성이 뒷전으로 가버렸다. 뿐만아니라 행동(시위운동이나 폭탄투척 등)을 강조하다 보니, 상하이 대한민국 임시정부와 거의 같은 시기인 1919년 4월 14일~16일 미국 필라델피아에서 열려 엄청난 사상적 각성과 대한민국의 밑그림을 보여준 한인총대표회의(The First Korean Congress) 등이 폭력과 죽음이 없어서인지 너무 무시되었다. 행동을 강조하다 보니, 더 강경한 행동인 만주 일대 무장독립투쟁과 윤봉길 등 의사·열사들의 의거(테러)가 심리적으로 더 높은 곳에 위치하게 되었다. 이는 변방의 초소 정도를 습격한 수준의 항일유격대 활동을 했다는 북한이 남한에 대해 민족적 정통성을 주장하는 근거이다. 이런 역사관에 따라 북한은 3·1운동과 임시정부를 별로 높이 평가하지 않는다.

또한 수백만 명이 다양한 동기에서 참여한만큼 다양한 성격을 가진 시위운동인 3·1운동과 4·19가 헌법전문에 들어가 일종의 신성(神聖)을 획득하자, 3·1운동을 비판적으로 바라본, 다른 방식의 독립운동을 한 선각자 윤치호 등은 매장되어 버렸다고 해도 과언이 아니다. 또한 신성을 획득하기 위해 부마항쟁, 5·18, 6월항쟁, 촛불혁명 등이 헌법전문을 계속 두드리게 되었고, 그 중 5·18은 어느 정도 성공을 거두었다고 할 수 있다. 윤 당선인이 5·18정신을 헌법전문에 삽입하겠다고 공언했기 때문이다.

현재 대한민국 헌법 전문은 또한 19세기 말부터 해방까지 70~80년 간 인류 보편적 가치 내지 근대적 문물의 수용과 확산 과정에서 일어난 엄청난 정치, 경제, 사회, 사상, 문화적 대전환, 대각성들을 3·1운동과 대한민국임시정부로 덮어 버렸다고 해도 과언이 아니다. 또한 기미독립선언문에 명기된 자주, 자유, 평등, 정의, 인도(人道) 등 보편적 가치들도 뒷전으로 밀어내고, 선각자들의 고뇌, 민주 선거(5·10), 의회의 숙의의 중요성도 뒷전으로 밀어내었다. 또한 4·19는 이승만의 분노, 고뇌, 결단, 치적을 가림으로써 대한민국 건국의 의의를 가린다고 보아야 한다.

헌법전문은 3·1, 4·19에 5·18, 6월항쟁, 6·25, 조국근대화, 새마을정신 등을 추가한다고 해서 선진화되는 것이 아니라, 오히려 역사적 사건을 다 들어내고, 국가와 국민 간의 계약의 목적인 인류 보편적 가치를 넣어야 비로소 선진문명국가의 헌법이 된다는 얘기다.

2) 대통령의 메시지는 서사 위에 서야

① 대통령의 메시지는 서사를 배경으로 핵심 가치를 담아야

대통령은 말할 것도 없고, 정치인은 그 메시지와 행보에 개인의 서사와 진영의 서사(역사·시대인식)와 자신의 철학, 즉 가치, 비전, 국정운영원리(실천규범) 등을 담아야 한다. 대통령의 국정철학과 연설은 기본적으로 서사(敍事)에 단단히 뿌리를 박고 있거나, 서사라는 꽂이에 꿰어져 있어야 한다. 정부가 서사에 뿌리 박지 않으면, 여기저기서 튀어나오는 두더지 잡기, 즉 정신없이 방망이 두드리기가 된다. 문제의 뿌리와 구조가 아니라 증상 치료에만 매달리게 된다는 얘기다. 그러면 결국 포퓰리즘적 대증요법과 불법 엄단이 핵심 국정과제가 된다. 수명을 다한 법제도를 개폐하여 새로운 시스템(패러다임)을 정착(setup)시킨다는 생각은 온데간데 없어진다.

개인의 서사는 감동적인 줄거리가 있는 라이프 스토리(life story)다. 국가나 진영의 서사 역시 감동적인 줄거리가 있는 대하드라마(大河drama)다. 아니 대하드라마여야 한다. 감동은 역경을 딛고 고귀한 가치를 질기게 추구하는 데서 나온다. 서사는 자기 자신이나 소속 정당, 진영, 국가의 과거(역사)와 현재(현실)를 흐름과 방향이 보이도록 과거 사건을 편집하고 해석한 것이다. 서사의 핵심은 과거에 대한 설명이다. 한마디로 역사관(역사인식) 내지 시대인식이다. 조선의 처절한 당쟁사를 들춰보지 않아도, "과거를 지배하는 자가 미래를 지배하고, 현재를 지배하는 자가 과거를 지배한다"는 '조지 오웰'의 통찰[2]은 상식이다. 서사는 해석과

2) 소설 《1984》에서 가상의 국가 "오세아니아" 진실부(眞實部, Ministry of Truth) 기록 관리원 윈스턴(Winston)이 고문을 당하며 되뇌인 영국사회당 "잉쏙(Insoc)"의 구호다.

편집을 거친 기억이기에 정치투쟁의 핵심 대상이다. 또한 정치세력(정당 및 진영)과 국가 및 국민통합의 토대이다.

서사는 역사와 현실을 망원경(거시적)으로도 보고, 현미경(미시적)으로도 보아서 얻는 사회역사적 성찰과 통찰의 총화이다. 하지만 가설과 검증이라는 과학의 필터를 통과해야만 하는 사상이론은 아니다. 사상이론과 국가비전·전략·정책이라는 건물이 올라가는 토대와 초석이라고 보아야 한다. 토대와 초석이 부실한 건물은 높고 크게 지을 수가 없다.

서사는 대통령과 정치집단의 정치적 권위의 원천이자 사상이념적 통일성의 토대이다. 정치집단은 그 서사가 탄탄해야 자부심과 소명의식이 생겨난다. 정치집단이 서사와 가치·비전 혹은 이념·정책을 공유하지 않으면 구성원들 간 동지의식도 생겨날 수가 없고, 당연히 각개약진하면서 반목할 수밖에 없다. 서사에 뿌리박지 않은 가치, 비전, 방법 혹은 국가비전, 국정목표, 국정과제, 국정운영원리(실천규범), 취임사 등도 대체로 모순적인 말과 좋은 말 대잔치로 끝난다.

② 공산당선언과 사도신경

정치적 서사의 전형은 1848년에 나온 공산당선언이다. 인류 역사와 당면과제를 간명하게 설명한다.

"지금까지의 모든 사회의 역사는 계급 투쟁의 역사다. 자유민과 노예, 귀족과 평민, 영주와 농노… 서로 적대 관계에 있는 억압자와 피억압자가… 끊임없는 투쟁을 벌여 왔다"

공산당선언은 인류 역사와 자본주의의 모순을 길게 설명하고 이렇게 끝난다.

"프롤레타리아가 혁명에서 잃을 것이라고는 쇠사슬뿐이요 얻을 것은 세계 전체다. 전세계의 프롤레타리아여, 단결하라!"

종교적 서사의 전형은 기독교 사도신경(使徒信經=The Apostles' Creed)이다.

"본디오 빌라도에게 고난을 받으사 십자가에 못 박혀 죽으시고 장사한 지 사흘만에 죽은 자 가운데서 다시 살아나시어 하늘에 오르사… 산 자와 죽은 자를 심판하러 오시리라"

고난(죽음)-부활(승리)-심판(구원)이 줄거리다. 김일성 일가의 건국신화와 이성계 일가의 건국신화[용비어천가(龍飛御天歌)]도 왕조의 권위와 정통성의 원천이다. 북한은 헌법전문에서 "조선민주주의 인민공화국은 위대한 수령 김일성동지의 사상과 령도를 구현한 주체의 사회주의조국"이며, 김일성은 "이민위천(以民爲天)을 좌우명으로 삼고, 인민을 위하여 한평생을 바치고, 숭고한 인덕정치로 인민들을 보살피고 이끌어, 온 사회를 일심단결된 하나의 대가정으로" 만들었고, "사상이론과 령도예술의 천재이고 백전백승의 강철의 령장이고, 위대한 혁명가, 정치가에 위대한 인간이었다"고 선전한다. 북한은 스스로를 "제국주의침략자들을 반대하며 조국의 광복과 인민의 자유와 행복을 실현하기 위한 혁명투쟁에서 이룩한 빛나는 전통을 이어받은 혁명적인 국가"(헌법 제2조)라고 한다. 북한이 개발한 이 서사는 김씨 3대 세습정권을 의외로 견고하게 만들었다는 것이 정설이다.

서사는 과학기술자나 기업경영자에게는 별로 필요 없지만, 대중을 감동·감화시켜, 교리나 이념을 널리 확산시켜야 할 책무가 있는 정치·종교 지도자에게는 필수불가결하다. 정치지도자와 정치집단이 배경에 깔고 있는 서사는 자신은 누구인지(조상이 누구인지), 나 혹은 당신은 무엇을 할 수 있고, 무엇을 해야 하는지, 정당과 국가의 역사적 과제와 주된 대립물은 무엇이며 만들려고 하는 나라는 어떤 나라인지를 간명하게 설명해야 한다. 정치·종교 서사는 대개 보통 사람이라면 감당하기 힘든 고난(그 최고는 죽음)을 이겨내고, 인류에게는 구원을, 민족, 국가, 국민, 계급에게는 해방(비전)을 가져다줄 자격과 능력이 있다는 얘기다. 그러므로 윤 당선인은 물론 모든 정치인, 정당, 자유보수진영은 생생하고 감동적인 스토리를 적극 개발해야 한다. 문재인 대통령의 이례적으로 높은 지지율은 권력형 부정비리 수사를 틀어막은 탓도 있지만, 그 못지않게 자신과 민주진보를 역사의 정통(正統)으로 보이게 하는 서사를 끊임없이 개발, 주입해 왔기 때문이다.

단적으로 《아무도 흔들 수 없는 나라》는 총 3부 396쪽인데, 추념사나 기념사를 모은 '1부 기억하고 기리겠습니다'가 무려 205쪽이다. 2부는 해외 순방 가서 순방국을 떠나는 날 연설(제목은 모두 'OO을 떠나며')이고, 3부가 일종의 미래 비전(한국판 뉴딜, 탄소중립, 포용국가)인데 총 70쪽에 불과하다.

4. 윤석열 정부가 딛고 설 서사: 개화[3]-독립-건국-산업화-민주화 다음 자유화인가? 선진화인가?

-개항이후 150년, 1987년 이후 35년의 서사-

자유, 보수, 우파 등으로 자신 정치적 정체성을 표현하는 사람들은 국정철학(국가비전-국정목표와 과제-실천규범 등)의 토대인 서사에 별로 관심이 없다. 대체로 촌철살인의 폭로, 깔끔한 논리, 더 정확한 팩트, 더 확실한 이익, 더 나은 자질(학력 경력) 등을 제시하는 등 이성에 호소하면 대중을 충분히 설득할 수 있다고 생각한다. 하지만 인간의 눈, 기억, 의지는 동물의 그것과 달라서 생각(서사, 종교, 이념, 프레임)과 감정의 지배를 강하게 받는다. 인간의 눈은 방안에 코끼리가 들어와 있어도 못 보는 경우가 많다. 사실 인간은 보고 싶은 것만 보고, 기억하고 싶은 것만 기억하거나, 기억과 사건을 이리저리 연결, 조합, 편집하면 동일한 사람을 천사로도 만들 수 있고, 악마로도 만들 수 있다. 동일한 나라를 천국으로도 만들 수 있고, 지옥으로도 만들 수 있다.

유발 하라리가 "지구상의 동물 중에서 인간은 가장 똑똑하면서 또한 가장 어리석은 동물"이라고 한 것은 인간이 신화적 환상이나 비이성적인 이데올로기에 잘 현혹되기 때문이다. 진보와 보

3) 개화는 문명개화의 줄임말. 문명개화는 후쿠자와 유키치가 1875년 출간한 〈문명론의 개략〉에서 'civilization'의 번역어로 사용.

수, 좌와 우를 초월하여 다수가 인정하는 서사 내지 시대정신은 건국-산업화-민주화다. 진보·좌파의 적지 않은 사람들은 (분단)건국을 부끄럽게 여기고, 산업화를 폄하한다. 건국-산업화의 그늘을 과장하고 민주화의 그늘은 축소하고 외면한다. 이 대척점에는 건국-산업화는 자랑스러워 하지만 민주화는 아예 좌익화, 종북화, 조선화로 규정하는 보수우파가 있다.

① 150년의 서사: 위정척사(衛正斥邪)[4]와 문명개화(文明開化)의 대립

자유보수의 서사는 장기적으로 보면 개항 이후 150년, 중기적으로 보면 1945년 이후 77년 혹은 1987년 이후 35년, 단기적으로 보면 문재인 정부 5년을 설명하는 서사를 정립해야 한다. 특히 1945년 이후에 시야가 갇힌 '건국-산업화-민주화'의 서사를 전방으로 후방으로 확장해야 한다. 또한 우리가 살고 있는 시대이자, 민주화가 수명을 다하여 썩어 문드러져 가는 것이 분명한 지금 시대의 시대정신을 간명하게 드러내는 서사를 정립해야 한다.

민주화의 짙은 그늘만 보고 민주화를 아예 좌익화, 조선화로 규정하기도 한다. 더 나아가 1945년 이후를 좌익과 우익의 대결 혹은 좌익-북한-중국-소련과 우익-미국의 대결구도로 보고,

4) 정학(正學)과 정도(正道), 즉 주자학을 지키고, 사학(邪學)과 이단(異端)을 물리치자는 뜻으로, 외국과의 교류와 통상을 반대하자는 것.

1987년 이후 시간이 흐르면서 좌익과 북한에 의한 대한민국 잠식이 너무나 많이 진행되었다고 보기도 한다. 아마 공안기관 내지 공안검사의 시각일 것이다. 아무튼 민주화를 좌익화, 조선화로 규정하면 이승만·박정희·전두환 시대의 가치와 이념(반공, 독재, 국가주도 경제발전, 국민계몽, 호남소외 등)을 소환하게 된다. 이렇게 되면 민주화를 팔고 민주화를 변질시킨 정치집단을 향해 더 강하게 경멸과 분노를 표출할 수 있을지 몰라도, 우리 사회가 당면한 복잡다단한 시대적 과제를 제대로 포착할 수도 해결할 수도 없다.

이전부터 그런 경향성은 있었지만, 문재인 정부 5년을 거치면서 민주화는 완전히 변질(저질·퇴행)되어 좌익화, 조선화, 중국화, (전국의)호남화(湖南化) 현상이 완연해 졌다. 이런 인식이 맞는다면 민주화의 극심한 변질을 초래하는 구조·동력을 설명하고, 새롭게 부상하는 시대적 요구를 설명하는 서사를 구축해야 한다. 물론 쉽지 않은 일이다. 하지만 진보와 보수를 막론하고 거대담론, 즉 담대한 국가비전이 사라지고, 그 빈자리를 분절적이고 자잘하고 모순적일 뿐만 아니라, 포퓰리즘이 잔뜩 묻어 있는 가치와 정책(공약)이 채운 것은 기본적으로 '지금 대한민국'이 걸어온 길과 걸어갈 길과 당면한 과제를 간명하게 설명해주는 서사를 제대로 구축하지 못하였기 때문이다. 특히 민주화의 변질 이유와 그 이후 시대정신을 설명하는 서사를 구축하지 못하였기 때문이다. 제대로 된 정치라면, 아니 윤 당선인과 윤 정부라도 이 서사를 정립하여, 이로부터 정권교체 동력(국민의 요구, 불만, 분노, 염원)과 국가비전 및 국정과제를 끌어내야 한다.

개항 이후 150년의 역사를 개화-독립-건국-산업화-민주화-선진화(선진문명국가 건설=개화의 완성)로 서술하는 것이 상식과 통념에 부합될 뿐만 아니라 '역사 긍정'과 '국민통합'의 서사이기도 하다. 이 서사에서는 150년을 관통하는 대립 구도는 기본적으로 위정척사(실질적 수구반동)와 문명개화(실질적 진보개혁) 대립이다. 동시에 조선, 중국, 러시아·소련이 주도해온 대륙문명(전체주의, 국가주의, 사회주의, 민족주의, 권위주의, 조화·평등제일주의, 인민민주주의)과 영·미가 주도하고, 일본이 뒤따라 온 해양문명[자유주의, 시장주의·개인주의(사적자치 우선), 세계(보편)주의, 법치주의, 자유민주주의]의 대립이다. 문재인과 민주당으로 대표되는 민주진보와 북한은 위정척사파의 후예이고, 자유 보수 중도 세력은 문명개화파의 후예라는 것을 설득력 있게 주장할 수 있고, 주장해야 한다.

서사는 뿌리나 조상(상징 인물)이 있어야 생생하게 다가온다. 자유, 보수, 우파, 중도 등으로 자신의 정치적 정체성을 표현하는 사람들은 개항 이후 위정척사파와 대결하면서 엄청난 고난을 겪고, 마침내 개화-독립-건국-산업화-민주화-선진화의 토대를 다진 개화파, 미국 선교사, 초기 기독교인, 백정과 여성 출신 전문가, 김홍집, 서재필, 윤치호, 이상재, 이승만, 안창호, 조만식, 6·25 참

전용사, 기업인, 근로자, 과학기술자 등을 조상이자 영웅으로 삼아야한다.

② 1945년 이후 건국-산업화-민주화 서사의 문제

대한민국 현대사를 흔히 건국-산업화-민주화로 재단한다. 이렇게 하면 건국 과정의 내전(4·3)과 국제전(6·25)의 참상과 고난은 보인다. 산업화를 향도하고 견인한 박정희, 이병철, 정주영 등의 탁월한 안목과 리더십, 그리고 근로자들의 근면과 열정도 보인다. 민주화를 추동한 대학생, 지식인, 종교인, 근로자들의 희생과 헌신도 보인다. 하지만 개항이후부터 해방까지 70~80년에 걸친 개화(선진문명수입과 체화) 초기 단계에서 일어난 문명사적 대각성·대전환은 잘 보이지 않는다.

다시 말해 1945년부터 서사를 구성하면, 개항 이후 150년의 가장 주된 흐름인 개화=근대화=서구화=문명화가 잘 보이지 않는다. 이 과정에서 겪은 고난과 영광의 서사도 잘 보이지 않는다. 뿐만아니라 한반도를 둘러싸고 벌어진, 중국, 소련 주도 대륙문명(무신론, 공산주의, 민족주의, 전체주의, 국가주의 등)과 영국, 미국 주도 해양문명(기독교, 자유주의, 민주주의, 개인주의, 보충성의 원칙 등)의 각축도 잘 보이지 않고, 조선왕조의 지독한 부패·무능과 민중들의 상상을 초월한 빈곤과 고통도 잘 보이지 않는다. 한국과 일본의 엇

갈린 운명을 만든 연유도, 일제하에서 일어난 엄청난 문명사적 변화도, 그 근거지(미국, 중국, 소련, 일본) 문명에 따라 크게 달라진 독립운동 노선상의 차이도 잘 보이지 않는다. 이를 보지 못하면 해방 공간에서 벌어진 정치적 갈등도, 반공·반소 단선단정을 밀어붙인 이승만과 김성수 등 건국의 아버지들의 고뇌와 위대한 결단도 정당하게 평가할 수가 없다.

19세기 말부터 해방까지 개화와 독립운동 과정에서 이승만이 겪은 고난과 고뇌를 보지 못하면, 다시 말해 이승만의 조선왕조, 일본제국주의, 공산주의, 미국과 백성의 빈곤과 무지에 대한 뼈에 사무친 분노를 알지 못하면, 그의 결단(반공노선과 단선단정 노선)의 이유와 의미를 알 수가 없다. 아마 북한의 김일성이 소련의 간택을 받은 괴뢰였듯이, 이승만도 미국의 간택을 받은 괴뢰요, 권력욕에 찌든 권모술수에만 능한 노회한 정객으로 보일 것이다. 19세기 말부터 해방까지 개화의 역사와 1920~30년대 가난한 청년들의 선택을 알지 못하면, 박정희도 악질 친일파요, 3번의 큰 배신자요(한번은 민족에, 또 한번은 남로당에, 마지막은 윤보선·장면 정부에 대해), 불법 무도하게 권력을 훔친 정치군인으로 보일 것이다.

개화=근대화의 몸부림을 보지 못하면, 일본, 만주, 중국본토, 미국, 평안도(서북), 서울 등에서 군인(학도병 등), 근로자, 기업인, 종교인, 언론인, 총독부 관료나 독립운동가로 살아오면서, 해방

이후 대한민국 건국과 산업화의 견인차 역할을 했던 사람들을 고뇌와 선택(반공 건국 등) 역시 이해할 수가 없다. 개화의 몸부림을 알지 못하면 자유보수의 서사에서 고난, 희생(죽음), 헌신, 승리가 사라진다. 사실 자유보수의 서사에서 감동이 약한 것은 개화 과정에서 흘린 선각자, 기독교 선교사, 농민과 백정 등 하층민 등이 흘린 엄청난 피와 눈물, 고귀한 희생과 헌신을 서사에서 제외해 버렸기 때문이다.

역사적 서사의 부실은 자유보수 및 중도만 아니라 대한민국의 치명적인 약점이다. 그 이유는 기본적으로 한국 근현대사를 개화-독립-건국의 역사로 보는 것이 아니라, 자력 근대화를 향해 열심히 내달리고 있었는데(이는 명백한 허구다), 강도 일본제국주의에 강점되어 그 시도가 좌절, 왜곡되자 민족독립투쟁에 떨쳐 나섰다는 것이다. 이런 역사관에서는 일본을 통한 개화, 즉 선진문명 수입의 역사적 의의는 폄하되거나 외면될 수밖에 없다. 또한 반일 폭력·무력 투쟁을 중심에 놓으면 항일무장투쟁 외에 나머지는 개량주의, 기회주의로 보일 수밖에 없다.

자유보수 진영 인사들은 서사를 별로 강조하지 않는데, 전광훈 목사는 '히로시마 원자탄 투하-8·15해방-이승만을 선택한 대한민국과 김일성을 선택한 북한'을 대비시켜, 세계 10대 경제대국의 기초를 놓은 이승만의 선택의 위대함을 칭송하고, 그의 지론인 한미동맹-자유민주주의-시장경제-기독교입국론의 계승을 역설해 왔다. 또한 조선왕조, 일본, 공산주의, 미국, 가난에 대한 이승만의 분노를 얘기하면서, 개화 과정에서 보여준 이승만의 탁월한 안목 및 역할과 해방공간에서 그의 정치노선의 위대함을 역설해 왔다.

③ 1987년 이후 35년의 서사

1987년 이후 35년 역사를 관통하는 서사의 부실은 이명박, 박근혜, 문재인 정부의 혼미와 무능의 핵심 요인이다. 이 서사가 제대로 정립되지 않으면 윤석열 정부도 앞선 정부의 전철을 밟을 수밖에 없다. 이 서사의 정립은 곧 산업화, 민주화 이후의 시대정신을 집어내는 문제이다.

1987체제를 관통하는 핵심 정신은 그 이전 분단·정전체제와 국가주도 발전체제의 그늘을 해소하는 것이었다. 서사에서 개화-독립을 배제하고, 건국-산업화-민주화로 서술하다 보니, 조선 유교체제의 질기고 짙은 그늘은 관심 대상에서 빠져 버렸다. 뿐만아니라 분단·정전체제와 국가주도 발전체제를 만든 동력 및 조건(국제정치환경 등)과 이들이 만들어낸 빛(한강의 기적)도 관심의 대상이 아니었다. 단지 이 두 체제의 그늘만 해소하면 대한민국이 한 단계 발전한다고 생각했다. 1987체제 주도세력은 새로운 발전체제, 즉 새로운 가치·제도·정책이 조화와 균형을 이루는 구조에 대한 연구, 고민 없이, 세계가 경탄하는 '한강의 기적'을 만든 기존 체제에 대한 부정, 반대로 일관하였다. 이것이 1987체제를 관통한 독특한 정신문화다. 즉 신테제(Syn these) 없이, 앤티테제(Anti these), 즉 반대, 부정, 청산, 척결의 정신만 있었던 것이다.

기존 체제의 그늘을 인식하는 프레임과 건국-산업화에 대한 폄하를 북돋아준 역사인식은 친일청산 미흡(친일파와 그 후손의 득세), 무고한 양민학살(제주4·3사건, 국민방위군 사건, 거창양민학살사건 등), 이승만 독재(부산정치파동-사사오입개헌-미처 피난하지 못한 잔류파 박해-조봉암 법살 등), 박정희 유신독재(인혁당 8인 법살 등), 12·12군사쿠데타-광주학살-군부독재, 경제·군사·외교에서 대미·대일 종속 등으로 정리했는데, 이 프레임과 역사인식은 그 어떤 정부보다 문재인 정부가 적극적으로 받아안았다. 그 중심에는 화석화된 586운동권이 있다.

수많은 경제사회통계를 종합하고 사회역사적 통찰력을 결합하면, 1987년 이후 35년은 민주화, 자유화, 동서냉전체제의 해체, 세계화, 지식정보화(디지털화) 등이 진행되었지만, 동시에 '한강의 기적'을 만든 발전동력과 발전체제의 소진 해체 과정이었다. 단적으로 정치와 정부의 통합 조정 기능이 후퇴하면서 서로 조화와 균형을 이뤄야 할 권리-권리, 권리-의무(부담), 이익-공헌(위험),

권한-책임간 불균형이 점점 심해졌다. 단적으로 이재명 등의 권력형 부정부패는 지자체장의 권한과 책임(견제와 균형)의 부조화의 산물이다. 로비력, 정보력, 투쟁력에 의한 국가(제도·규제·정책·예산)를 통한 합법적 약탈=지대추구 시대가 도래한 것이다. 기득권(특수이익) 집단의 성채가 곳곳에 들어서고, 양대 정당, 공공부문, 규제산업, 면허직업, 조직노동, 부동산부자 등으로 대표되는 성안 진입(성안 사람되기) 경쟁이 극심해졌다. 하지만 기득권자들이 사는 성 자체를 허물려고 하기보다는 대체로 진입 경쟁만 공정하게 하려고 하였다. 그래서 입시제도나 고시제도 등을 손봤지만(수시 비중 확대, 사법시험폐지와 법학전문대학원 도입 등) 기득권이 농간을 부릴 여지를 넓혀주면서 공정성에서 더 멀어졌다는 것이 중론이다.

결국 정치경제사회적 기득권층이 인맥, 재산, 정보 등이 모자란 약자(청년구직자, 자영업자, 영세사업자, 지방 등)와 투표권 없는 후세대를 배제하거나 위험부담을 떠넘기면서, 다시 말해 후세대의 권리와 이익을 약탈하면서, 인구·연금·재정·지방·산업·교육·공직임용제도 등 다방면에서 지속가능성 위기가 심화되었다. 한강의 기적을 창조한 무인정신, 상인·기업가정신, 건강한 기독교정신, '하면 된다'는 정신도 쇠퇴하고, 그나마 미약하게나마 살아있던 건강한 선비정신조차 쇠퇴하였다. 결과적으로 대한민국은 시민종교[5]가 형해화되어 오로지 현세와 세속의 가치(부, 권력, 명예, 건강,

5) 로버트 벨라(Robert Bellah)는 '모든 사람들의 삶에서 발견되는 종교적 측면'이라 하였다.

자식 등)에만 탐닉하는 뼛속까지 속물적인 나라가 되었다.

④ 2017년 이후 5년의 서사

윤 당선인은 2019년 조국 사태라는 모순부조리를 계기로 공정과 상식의 아이콘이 되었다. 그래서 출마선언에서부터 주요 연설과 공약에서 문 정부에게 책임이 있는 모순부조리를 무수히 질타하였다.

"권력 사유화, 국민 약탈(소득주도성장과 부동산 폭등은 '재산 약탈', 악성 포퓰리즘은 '세금 약탈', 1천조 넘는 국가채무는 '미래 약탈'), 자유민주주의에서 '자유'를 빼내려 해, 법과 상식 짓밟아, 공정과 상식 무너뜨리고, 자유와 법치를 부정해, 특권과 반칙, 거대한 부패 카르텔(대장동 게이트), 이권 카르텔, 네편내편 갈라(국민 편가르기), 법치 유린, 비상식, 부패가 드러나는 걸 막기 위해 법질서 왜곡, 기득권 세습" 등이 그것이다.

그런데 150kg을 드는 역사(力士)가 힘의 한계점에서 추가된 1kg의 바벨에 주저앉는 것은 그 전에 150kg의 바벨의 존재 때문이다. 물이 끓는 원리도 같다. 많은 에너지를 받아 물이 끓는점 직전까지 가열되어 있었기에 작은 에너지의 추가로 끓게 되는 것이다. 그런 점에서 윤 당선인은 문 정권이 저지른 폭정과 실정을 바로잡는다는 생각만으로는 절대로 성공하는 정부가 될 수가 없다. 민주화와 그 이후 시대를 꿰는 서사를 정립하지 않으면, 윤석열 정부의 과제를 단지 문 정권과 박 정권의 일탈에 대한 부정, 곧 정상화로 잡기 마련이다. 그렇게 되면 김대중, 노무현, 이명박 시대로 회귀하기 마련이다.

2017년 이후 5년은 1987년 체제의 말기라고 보아야 한다. 1987체제를 낳은 정신문화와 1987체제의 주요 지주인 헌법과 법률(권력구조, 선거제도, 정당체제) 등의 결함도 극명하게 드러났고, 민주진보의 거의 모든 가치, 비전, 정책, 권위도 파탄 났다. 또한 그들의 위선, 독선, 거짓, 무능도 극명하게 드러나면서, 1970년대부터 시작된 민주진보의 밀물 시대(공세기)는 썰물 시대(퇴조기)로 바뀌었다.

역사와 지금 시대를 거시 미시적으로 통찰하지 못하면 민주진보의 밀물 시대의 집단 위력에 의해 형성된 트라우마(광우병, 촛불시위와 탄핵)를 떨쳐낼 수가 없다. 자라 보고 놀란 가슴 솥뚜껑 보고 놀란다고, 민주진보의 파업과 촛불시위를 겁내서 기득권의 반발을 초래하는 구조 개혁을 회피하고, 통합과 협치를 지나치게 강조하기 십상이다.

⑤ 말기 암 환자, 고장난 자동차

지금 대한민국은 온몸에 암세포가 퍼진 말기 암 환자다. 정신문화적, 정치사회적 견제와 균형 장치들이 제대로 작동하지 않음으로서 증식을 멈춰야 할 세포(가치, 기능, 기관, 조직)들이 무한 증식하여, 자기 자신은 물론 나라 전체를 죽음으로 몰아가고 있다. 주사파나 좌파 혹은 극우파의 득세를 의미하는 사상이념 질환은 대한민국 병의 극히 일부(정신질환 내지 뇌질환)일 뿐이다. 비유를 달리하면 대한민국은 고장난 자동차다. 운전수만 바꾸면 달릴 수 있는 자동차가 아니다. 대한민국은 법을 안 지키는 불법도 문제지만, 법 자체가 수명이 다한 경우가 너무나 많다.

기울어진 운동장은 이해당사자 간 상호 선택권과 거부권이라는 무기가 대등하지 않아서 만들어진다. 기울어진 운동장은 지대(렌트)의 성채를 만들고, 성안 사람들은 성밖 사람들을 약탈하면서 국가와 사회의 지속가능성은 점점 약해져 갔다. 이 모든 사태는 제대로 작동하지 않는 정치, 아니 점점 퇴행해 온 정치가 초래한 것이다. 다시 말해 1987년 이후 민주화, 자유화, 세계화, 지식정보화가 진전되었지만, 상충하는 가치를 조정하고, 이해당사자 간 힘의 균형을 맞춰주어야 할 정치; 즉 정치인, 정당, 정치담론=이념(역사인식과 국가비전 등의 총체)이 극심한 발전지체 현상을 보였기 때문이다. 더 정확하게 얘기하면 건국-산업화-민주화 시대를 거치면서도 국가가 좌지우지 쥐락펴락하는 영역은 별로 줄지 않았는데, 이 국가를 통할하는 정치가 퇴행해 버렸기 때문이다. 사실 한국은 대통령만 제왕적인 것이 아니다. 국가 그 자체가 제왕적이다. 행정부(장차관과 공공기관장과 직업공무원), 국회(의원), 사법부(법관), 지자체(장)도 다 일정한 영역에서는 제왕적 권력을 휘두른다. 제왕적 권력은 아래로부터의 종적 통제도, 기관간 횡적 견제와 균형도, 내면적 통제(종교나 직업윤리에 의한 자율적 통제)도 잘 작동하지 않는다는 것을 의미한다. 사생결단의 권력투쟁도, 정치의 본말전도도, 소모적인 정치 경쟁과 갈등은 말할 것도 없고, 1987년 이후 노태우, 김영삼, 김대중 시절을 정점으로 지속적으로 정치인과 정당과 정치담론의 수준이 하향한 핵심 이유는 바로 이런 권력구조 때문이다. 여기에 선거제도, 정당체제, 국회운영 방식 등도 하향에 힘을 보탰다고 보아야 한다.

고장난 자동차와 길 잃은 운전자의 문제는 당연히 자동차를 수리하고 운전자를 교체해야 해결된다. 1987년 체제를 떠받드는 정신문화, 정치세력, 법제도의 수명이 다한 지금 시대는 불법 단죄와 정권교체만으로는 부족하다. 악법, 즉 합법적 제도적 불의 혁파가 필요하다. 새로운 정치를 만들어낼 수 있는 사람과 정치조직과 정치담론이 필요하다. 사실 이것이 정치교체의 출발점이다.

5. 자유와 공정으로 선진문명국가를!

① 자유의 주된 대립물들

한국 현대사를 개화-독립-건국-산업화-민주화-선진화로 본다면 자유의 대립물은 개화(운동) 시대에는 개인을 가족·집단의 일원으로만 보고, 천부인권을 인정하지 않고, 인간의 귀천을 따져 차별하던 전근대적 습속과 부패 무능한 조선 양반지배체제 및 전제군주정이었다. 독립(운동)시대에는 자유의 대전제가 독립이었기에 일본 식민통치와 민족의 자주적인 독립국가 운영 역량이 주된 대립물이었다. 건국(운동)시대에는 공산주의와 안보위협과 무지였고, 산업화 드라이버 시대에는 절대 빈곤과 부족한 경제 자원(자본 기술 인력 등)과 체념 등이었다. 민주화 시대에는 독재와 국가주도 발전체제의 유산이었다. 그래서 1987년 이후 30여 년에 걸쳐서 민주화의 이름으로 대통령 직선제와 5년 단임제, 헌법 재판소, 언론·출판·집회·결사의 자유, 노동기본권과 복지 강화, 경제민주화 등 사실 1987년 이후 자유, 민주, 공화, 정의 등을 위협한 것은 보수와 진보를 가리지 않고 깊이 체화된 국가주의적이고 주자학적인 이념과 습속도 있었지만 이를 잘 인식하지 못하였다. 또한 1987년 이후 세계적으로 퇴조기에 들어섰던 민족주의, 마르크스레닌주의, 혁명주의가 한국에서 뒤늦게 득세하고, 북한산 주체사상도 은밀히 스며들어 개화, 건국, 독립, 산업화, 민주화의 성과를 위협, 변질시켰다.

이와 같은 민주화(변질) 이후 시대에 개화-독립-건국-산업화-민주화의 성과를 계승 발전시키는 핵심 가치는 무엇인가? 자유화, 세계화, 지식정보화, 4차산업혁명, 미중 패권경쟁과 새로운 형태의 격차와 균열이 사회통합을 위협하는 등 새로운 도전이 밀려오는 시대, 인구·연금·재정·지방 등 다방면에서 지속가능성 위기가 다가오는 시대에 자유, 민주, 공화, 정의, 조화와 안정 등을 지키는 방략은 무엇인가? 아마 이것이 윤석열 정부와 한국정치가 받아 안은 거대한 화두일 것이다.

② 선진화인가 자유화인가

개항 이후 150년과 1987년 이후 35년과 문 정부 5년을 종합하면, 지금의 시대정신은 기본적으로 개화=근대화=서구화=문명화의 완성이다. 이는 선진화, 일류화 혹은 선진문명국가, 세계일류국가라고도 할 수도 있다. 그런데 산업화와 민주화는 비교적 그 의미가 명확하다. 예컨대 산업화는 상품화, 시장화, 기업화, 공업화, 탈농촌-탈농업-탈농민-도시화, 수출입국, 과학기술 입국, 노사관계 안정화 등이 연상된다. 민주화는 주권재민, 복수정당제, 선거를 통한 비교평가와 교체, 유권자·소비자·납세자·주주로서 권리행사, 공공정보 공개, 원활한 대화와 소통, 언론·출판·집회·결사의 자유 등이 연상된다. 자유화와 공정화(공정사회)도 그 의미가 비교적 명확하다. 둘 다 서구 정치철학의 핵심 주제로서 엄청나게 많은 저술과 논문이 있다. 존 스튜어트 밀의 자유론, 존 롤스의 정의론 등 학문적 논의를 전혀 모르는 사람이라 할지라도 들으면 바로 연상되는 것이 있다. 예컨대 자유화는 규제완화, 경쟁 촉진, 소비자 선택권 강화 등을 연상케 하고, 정의는 불법 단죄를 연상케 하고, 공정은 경쟁 기회의 평등(실은 공평)-경쟁 과정의 반칙 없음-경쟁 결과의 합리적 격차와 패자부활전 등을 연상케 한다. 19세기 말 개화도 그 의미가 명확했다. 바로 유럽, 미국, 일본의 좋은 점을 본받자는 것이었다. 한마디로 서구화(산업화, 과학화, 공화정, 기독교 복음화 등)를 의미했는데, 지금은 근대화라 부른다. 독립은 100년 전이나 지금이나 그 의미가 명확하다. 그런데 선진화는 모든 것을 선진국 수준으로 업그레이드하자는 것으로, 일류화, 상식화, 좋은 사회, 멋진 사회, 꿈의 사회와 비슷한 말이다. 국가정상화는 극도로 비정상적인 문재인 정부 이전으로 복귀 내지 복원하자는 뉘앙스가 강하여 진취적인 기상을 담아내지 못한다.

그러므로 개화-독립-건국-산업화-민주화를 잇는 시대정신을 선진화로 잡으면 부연 설명이 필요하다. 직관적으로 이해가 되지 않기 때문이다. 하지만 자유화와 공정화(공정사회 혹은 정의로운 사회)도 잡으면 설명이 필요 없다. 직관적으로 이해가 되기 때문이다. 자유화는 산업화와 민주화 못지않은 방향성과 역동성을 담고 있다. 하지만 공정화는 조화와 균형을 찾자는 것이기에 다소 정적인 뉘앙스가 있다. 요컨대 자유화는 기업과 행정부를 연상케 한다면 공정화는 판사와 사법부를 연상케 한다고나 할까?

민주화(변질) 이후 시대를 관통하는 시대정신의 선두에는 인간의 창의와 열정을 최대한 발양시키는 자유화가 있고, 바로 그 뒤에는 가치간 조화, 곧 공정과 상식이 있다. 그런 점에서 산업화-민주화 다음의 시대 정신은 자유화라고 하든지, 아니면 선진화라 하고 그 양대 정신을 자유화와 공정화라고 하면 된다. 아무튼 한국에서 자유화의 주적은 독재 권력이 아니다. 조선-일제-국가주도 발전체제를 관통한 국가주의를 내면화하여, 규제, 형벌, 특혜 할당을 능사로 알면서, 영업의 자유와 재산권을 함부로 침탈하는 국가(행정·사법·입법 공무원)와 정치·정당 자체가 주적이다. 이 뒤에는 자유롭고 공정한 시장을 꺼려하는 기득권 집단이 있다. 그러므로 산업화-민주화를 잇는 새로운 시대정신의 핵심인 자유화는 곧 보충성원칙에 입각한 사적 자치와 지방 자치의 확대강화다. 사적 자치는 시장자치와 사회공동체 자치를 의미한다. 한마디로 정치를 정상화하여, 자유와 자치, 공정과 상식의 기치를 들고, 현저히 어긋난 가치 간 균형을 바로잡는 것, 특히 민주진보-자유보수-공공부문이 합작한 기득권의 성채를 허무는 것이 핵심 과제가 아닐까 한다.

③ 윤석열 당선인의 개인적 서사

윤석열 당선인도 나름 감동적인 서사를 가지고 있다. 윤석열이 연설을 통해 스스로 정리한 개인적 서사는 이렇다.

"인사권을 가진 권력자가 아니라 국민의 뜻에 따라 오로지 국민만을 바라보고 일해야 한다는 신념으로 26년의 공직 생활을 했습니다. 국민들께서 그동안 제가 공정과 법치를 실현하는 과정에서 겪은 일들을 다 보셨습니다"(후보수락연설문)

"저는 '사람에 충성하지 않고 국민에만 충성한다'는 신념으로 살아왔습니다. 공직자는 늘 국민을 대할 때 정직해야 한다는 그 원칙을 가지고 뚝심 있게 걸어왔습니다"(후보수락연설문)

나경원 전의원이 요약한 윤석열 서사의 핵심은 정의감과 용기다.

정의감 "여당이든 야당이든, 우파든 좌파든, 진보든 보수든 법을 어기면 좌고우면 않고 수사"

용기 '폭주하는 권력' 앞에 헌법과 법치주의 깃발을 들고 막아선 '검객(劍客)' "대한민국 시스템 및 법·원칙·소신을 지키기 위해

할 말을 하고, 은폐된 진실을 증언하고, 추미애 전장관, 3차례나 수사지휘권 박탈+법무부 감찰을 통해 정직 2개월 징계, 법원 소송 끝에 2020년 12월 말 징계 집행 정지 결정을 받아 검찰총장 직무에 복귀"

한편 윤 당선인은 자신의 소명(미션)을 이렇게 정리하였다.

"저를 정치로 부른 국민들의 뜻을 늘 가슴에 새기고 있습니다. 정치권 눈치 안 보고, 공정한 기준으로 사회 구석구석 만연한 특권과 반칙을 바로잡으라는 명령입니다. 대장동 게이트에서 보듯 거대한 부패 카르텔을 뿌리 뽑고 기성 정치권의 개혁을 하라는 것입니다. 내 편 네 편 가르지 않고 국민을 통합하라는 것입니다. 이것이 저 윤석열의 존재 가치이고, 제가 나아갈 길입니다."(출마 선언문)

윤 당선인은 공정과 상식을 지키려다 무도한 집권 세력에 의해 당한 고초와 그 과정에서 보여준 강단과 뚝심이 큰 감동과 반향을 불러일으켰다. 홍준표, 유승민, 원희룡 등 주요 경쟁자들에게는 없는 감동적인 서사가 있었기에 일천한 정치경력과 협소한 국정경험에도 불구하고 제1야당 후보가 되고 대통령에 당선되었다. 나름 감동적인 스토리로 치면 이재명도 있다. 물론 그 추악한 일면에 대해서는 눈을 감아야 하겠지만…. 한동훈 인사(법무장관 지명)가 특별히 큰 논란과 반향을 일으키는 것은 한동훈이 자의반 타의반 구축한 서사 때문이다. 하지만 주요 각료 인사에서 서사는 거의 실종되었다. 감동적인 고난과 승리와 희망의 서사를 가진 사람, 특히 불의에 맞서 싸워 이긴 서사를 가진 사람은 한동훈 외에 거의 없다는 것은 아이러니다.

결론적으로 자유보수 서사이기 이전에 대한민국의 역사적 정통성을 뒷받침하는 150년 서사를 정립, 확산시키기 위해 개화 과정에서 빛나는 역할을 한 인물의 고난, 고뇌, 헌신과 위대한 승리를 널리 알리는 다큐와 영화를 제작 유통시켜야 한다. 또한 화석화된 민주진보와 치열하게 싸워온 민주화운동, 노동운동, 시민운동의 성찰 진화파와 김대중, 노무현 정부에 참여하고, 문재인, 이재명에 극히 비판적인 인사들도 하나같이 감동적인 서사를 가지고 있는 만큼 이들이 윤 정부의 여러 축 중의 하나로 자리매김될 수 있도록 해야 한다.

6. 타산지석, 문재인 정부의 시대인식–국가비전–국정목표와 전략

2017년 7월, 문재인 정부 출범 2개월 즈음에 나온 193쪽의 《문재인 정부 국정운영 5개년 계획》은 문 정부의 국정철학을 집약한 문서이다. 모호한 말, 멋진 말, 모순적인 말이 즐비하고, 내뱉은 말과 실제 행동의 간극도 크다. 그럼에도 불구하고 문 정부의 역사관 내지 시대인식, 국가관, 시장관, 민주주의(정치)관, 정의관 등을 엿볼 수 있다. 하늘 아래 새로운 것이 없기도 하고, 문 정부와 거의 비슷한 가치(공정, 상식, 정의, 통합, 부패청산 등)를 간판 구호로 삼은 윤석열 정부에게 타산지석의 교훈을 수없이 던져주기에 찬찬히 뜯어볼 필요가 있다.

먼저 주요한 가치어 사용 빈도를 보면 공공 192번, 공정 102번, 통합 82번, 민주주의 54번, 부패 30번, 국민주권 27번, 촛불 17번(촛불시민혁명 8번, 촛불민주주의 4번), 정의(정의로운 7번 등) 18번, 협치 5번, 상식 1번인데, 자유민주주의는 단 한 번도 나오지 않는다. 사회경제적 문제를 언급하는 가치어는 격차 29번, 불공정 20번, 불평등 13번, 양극화 3번 나온다. 문 정부 5개년 계획은 시대인식(국민의 시대), 문재인 정부의 과제, 국가비전(국민의 나라 정의로운 대한민국), 5대 국정목표, 20대 국정전략, 100대 국정과제(487개 실천과제) 순으로 나름 체계성을 갖추고 있다.

〈문재인 정부의 국가비전-국정목표(지표)-국정전략-국정과제〉

국가비전	국민의 나라 정의로운 대한민국				
5대 국정목표	국민이 주인인 정부	더불어 잘사는 경제	내 삶을 책임지는 국가	고르게 발전하는 지역	평화와 번영의 한반도
20대 국정전략	1. 국민주권의 촛불 민주주의 실현 2. 소통으로 통합하는 광화문 대통령 3. 투명하고 유능한 정부 4. 권력기관의 민주적 개혁	1. 소득 주도 성장을 위한 일자리경제 2. 활력이 넘치는 공정경제 3. 서민과 중산층을 위한 민생경제 4. 과학기술 발전이 선도하는 4차 산업혁명 5. 중소벤처가 주도하는 창업과 혁신성장	1. 모두가 누리는 포용적 복지국가 2. 국가가 책임지는 보육과 교육 3. 국민 안전과 생명을 지키는 안심사회 4. 노동존중 · 성평등을 포함한 차별 없는 공정사회 5. 자유와 창의가 넘치는 문화국가	1. 풀뿌리 민주주의를 실현하는 자치분권 2. 골고루 잘사는 균형발전 3. 사람이 들어오는 농산어촌	1. 강한 안보와 책임국방 2. 남북 간 화해협력과 한반도 비핵화 3. 국제협력을 주도하는 당당한 외교
100대 국정과제 (524개 실천과제)	15개 과제 (72개 실천과제)	26개 과제 (151개 실천과제)	32개 과제 (169개 실천과제)	11개 과제 (56개 실천과제)	16개 과제 (76개 실천과제)

하지만 국정운영방법 내지 기본자세는 없다. 노무현 정부는 이를 4대 국정원리(원칙과 신뢰, 공정과 투명, 대화와 타협, 분권과 자율)로, 이명박 정부는 실천규범(창조적 실용주의 혹은 중도실용)으로 명명하였다. 대개 국익우선, 실용주의, 분권과 자율, 정직(투명)과 신뢰, 통합(균열, 분산, 칸막이 제거), 협치(대화와 타협), 품격 등이 주요한 실천규범 내지 국정운영의 기본자세가 된다. 위의 표는 문 정부 5개념 계획을 한 장의 표로 집약한 것이다.

1) 문 정부의 시대인식-국가비전-국정목표

시대인식=시대정신 규정은 서사의 핵심으로 정부의 과제=미션, 국가비전, 국정목표=지표, 국정전략 등에 포괄적인 영향을 미친다. 현재 대한민국에서 널리 받아들여지고 있는 서사는 대한민국 역사 구분 내지 시대정신을 건국-산업화-민주화로 보는 것이다. 앞에서 얘기했지만 이는 기본적으로 역사적 시야를 좁힌다. 또한 대한민국이 어디쯤 있고 어디로 가야 하는지를 헷갈리게 하고, 역대 정부의 과제-국가비전-국정목표 등도 헷갈리게 하는 등 해악이 큰 서사이다. 그럼에도 불구하고 보수와 진보를 초월하여 널리 받아들여지고 있다. 이명박 정부는 민주화 이후 시대를 새로운 발전모델이 요구되는 발전과 통합의 시대 또는 선진화 시대로 규정하였고, 문재인 정부는 '국민의 시대'로 규정하였다. 이 근거는 2016년 촛불혁명이 새로운 시대를 열었다고 보기 때문이다.

"2016년 촛불시민혁명은 국민이 더 이상 통치의 대상이 아닌 △나라의 주인이자 △정치의 실질적 주체로 등장하는 국민의 시대 도래를 예고"하며 "국민의 시대는 나 스스로 나를 대표하는 정치의 시대를 의미하며, 문재인 정부의 등장은 국민의 시대의 개막"이라 하였다. 또한 '국민의 시대'의 주역인 "실질적 주권자로서의 국민"도 등장하였다면서, 민주주의는 "국가 중심의 민주주의에서 국민중심의 민주주의로" 이행이 필요하다고 하였다. "국민중심의 민주주의는 선거나 대표자 위임에 국한되지 않고 '나로부터 행사되고, 어디에나 행사되며, 늘 행사되는' 국민주권이 실질적으로 보장되는 주권자 민주주의의 실현을 의미"한다고 하였다.

"문재인 정부의 과제"는 3가지로 정리하였는데 "시대정신으로서 정의 실현, 특권층의 시대에서 국민의 시대로 전환, 불안과 분노의 사회경제에서 희망과 통합의 사회경제로 전환"이 그것이다. "산업화와 민주화 이후의 시대정신은 정의(justice)로서, 문재인 정부의 가장 중요한 과제는 정의의 기반 위에 나라다운 나라를 만드는 것"이라 하였다. 이렇게 본다면 시대인식=시대정신은 건국-산업화-민주화 다음으로 정의화(正義化); 즉 '정의의 기반 위에 나라다운 나라를 만드는 것'이라고 해야 논리적 정합성이 있다고 할 수 있다.

정의(正義)는 공정, 상식, 법치와 기본이 바로선 나라 등을 강조하고, 부패, 약탈, 특권, 반칙 등을 강하게 질타한 윤석열 정부의 핵심 가치이기도 하다. 당연히 타산지석의 교훈 확보 차원에서라도 문 정부의 정의(正義)담론을 좀 더 찬찬히 살펴볼 필요가 있다.

문 정부 5개년 계획(9쪽)에서 "왜 '정의로운 대한민국'인가"라는 제하에 이렇게 설명했다.

- 2014년 세월호 참사, 2016년 촛불시민혁명은 국가가 무엇을 위해 존재하며, 권력이 어떻게 행사되어야 하는가를 일깨워 새로운 시대정신을 드러낸 계기
- 사유화된 국가권력과 무능한 정부에 대한 분노, 불공정한 기회

에 대한 불만, 격차 확대로 인한 희망의 상실, 이로 인한 개인과 사회 모두의 불안이 우리 사회의 현주소

- 정의는 국민의 분노와 불안의 극복, 적폐청산과 민생 개혁의 요구를 담아내는 핵심 가치이자 최우선의 시대적 과제
- 존 롤스(John Rawls)의 '정의론'에 따르면, '사상체계의 제1덕목이 진리라면, 사회제도의 제1덕목은 정의'

-정의로운 제도만이 공정한 사회를 만들 수 있고, 정의로운 제도의 설계와 운영이 바로 정치와 정부의 가장 중요한 역할

- 정의로운 대한민국은 △특권과 반칙을 일소하고 △원칙과 상식이 존중되며 △누구에게나 공정한 기회가 보장되고 △차별과 격차를 해소하는 새로운 대한민국을 실현해야 하는 과제
- △평등한 기회 △공정한 과정 △정의로운 결과는 문재인 대통령의 국정 철학에서 가장 우선하는 원칙이며 새로운 정부의 핵심 가치

"정의는 국민의 분노와 불안의 극복, 적폐청산과 민생 개혁의 요구를 담아내는 핵심 가치이자 최우선의 시대적 과제"이며 "정의로운 제도의 설계와 운영이 바로 정치와 정부의 가장 중요한 역할"이라고 말은 했지만, 역대 정부 중에서 제도의 핵심인 좋은 법률, 예산, 인사 작업을 가장 등한시한 정부가 문 정부일 것이다. 공적연금 개혁을 뭉개고, 공수처법과 검수완박법, 그리고 재난·방역지원금 무차별 살포 등에서 보듯이 불의한 제도의 설계와 운

영에 가장 열심이었던 정부가 문 정부일 것이다.

정의로운 대한민국을 표방하건, 공정한 사회, 기본이 바로 선 나라, 상식이 통하는 사회를 표방하건, △특권과 반칙을 일소하고 △원칙과 상식이 존중되며 △누구에게나 공정한 기회가 보장되고 △차별과 격차를 해소해야 한다는 것은 어떤 정부든지 주요한 국정비전이나 국정목표=지표가 될 수밖에 없다. 윤석열 정부의 국정비전이나 국정목표로 내걸어도 조금도 이상하지 않을 것이다. 따라서 공정과 정의의 문제는 철학과 각론(세부정책)과 실천(진정성, 일관성, 힘, 지혜)의 문제이다. 각론은 '지금' '여기'의 불공정, 몰상식, 무도함(불법), 부패, 약탈, 특권, 반칙의 실체와 구조를 정확하게 파악하는 것으로부터 시작한다.

문재인 정부는 이른바 촛불시민혁명을 전가의 보도처럼 사용하는 것은 이전 집권세력을 혁명정권이 쓸어내야 할 앙시앙레짐으로 보기 때문이다. 국민중심 민주주의와 국민주권이라는 말도 많이 썼지만, 이는 충분한 숙의에 입각하여 주민 과반수의 의사를 묻는 주민총회(타운 미팅), 주민투표와 국민투표를 활성화하겠다는 것이 아니다. 단지 광장 집회에 모인 촛불시민의 함성을 법과 정책으로 만들겠다는 것이다. 실제 문재인 정부가 집권기간 동안 보여준 모습(주민자치회법 제정 등)은 풀뿌리를 자처하는 친민주당 성향의 시민단체에 권한, 자리, 예산, 일감을 몰아주긴 했지만, 직접 민주주의의 요체인 주민자치 및 지방자치 발전을 위한 그 어떤 노력도 하지 않았다. 단지 촛불시민=주권자라는 등식을 만들어, 정권의 정통성을 과시하는 용도로 썼을 뿐이다.

사실 국가주의나 전체주의를 비판하는 논법은 많이 있지만, 민주주의를 "국가 중심의 민주주의"와 "국민중심의 민주주의"로 나누는 논법은 금시초문일 것이다. "선거나 대표자에 대한 위임에 국한되지 않고 '나로부터 행사되고, 어디에나 행사되며, 늘 행사되는' 이른바 주권자 민주주의"는 가능하지도 바람직하지도 않고, 문 정부 역시 이를 확대 강화하려는 그 어떤 노력도 하지 않았다. 인구 5천만이 넘는 국가나 주민이 몇 만 명이 넘는 지방자치단체의 공공사무 관련 논의(숙의)와 결정 절차는 직접민주주의가 아니라 대의민주주의가 기본일 수밖에 없다. 직접민주주의는 결정에 필요한 정보, 지식, 숙의, 이성이 부족할 수밖에 없기 때문이다. 다만 대의민주주의의 그늘을 해소하기 위해 직접민주주의로 보완할 뿐이다. 문 정부 5개년 계획이 보여준 민주주의에 대한 몰이해는 고대 그리스와 프랑스혁명에서 확인된 민주정의 고유한 위험; 즉 중우정과 폭민정의 시대 개막을 예고한다고 해도 과언이 아니다.

2) 역대 정부의 국가비전(이상), 국정과제(지표), 실천규범

● 전두환 정부

국가비전: 정의사회 구현 선진조국 창조

● 노태우 정부

국가비전: 위대한 보통사람들의 시대

● 김영삼 정부

국가비전: 신한국창조

국정목표(지표): 깨끗한 정부, 튼튼한 경제, 건강한 사회, 통일된 조국'

**하지만 스스로를 문민정부로 불렀는데 이는 과거를 군사독재=무인통치=군정으로 규정한다는 것을 의미한다.

● 김대중 정부

국가비전: 민주주의와 시장경제의 병행발전

국정목표(지표): 국민과 함께하는 정치, 민주주의와 경제발전 병행, 21세기 정보화사회 준비

● 노무현 정부

국가비전: 평화와 번영의 동북아 중심국가 건설

국정목표(지표): 국민과 함께하는 민주주의, 더불어 사는 균형발전 사회, 평화와 번영의 동북아시대
4대 국정원리: 원칙과 신뢰, 공정과 투명, 대화와 타협, 분권과 자율
**이후 인수위에서 국정과제를 12개 범주(12대 국정과제)로 나누고, 얼마 후 100대 정책과제를 확정하고, 부처 횡단조직으로 13개의 국정과제위원회를 신설하였다. 하지만 취임사에서 강렬한 서사를 얘기했는데, 그것은 "반칙과 특권이 용납되는 시대를 끝내겠다. 정의가 패배하고 기회주의자가 득세하는 굴절된 풍토는 청산되어야 한다"

● 이명박 정부
시대인식: 발전·통합
국가비전: 선진일류국가(선진화를 통한 세계일류국가)
국정목표: 신발전체제구축(질적성장, 법치확립, 고신뢰사회)
국정지표: 섬기는 정부 활기찬 시장경제, 능동적복지, 인재대국, 성숙한 세계국가
실천규범: 창조적 실용주의(중도실용)

● 박근혜 정부
국가비전: 국민 행복, 희망의 새 시대
국정목표(지표): 경제부흥, 국민행복, 문화융성, 평화통일기반

구축

추진기반(실천규범): 신뢰받는 정부

● 문재인 정부

시대인식: 국민의 시대

국가비전: 국민의 나라, 정의로운 대한민국

국정목표: 국민이 주인인 정부, 더불어 잘사는 경제, 내 삶을 책임지는 국가, 고르게 발전하는 지역, 평화와 번영의 한반도

7. 윤석열 정부의 국정철학과 비전하우스

1) 주요 연설에서 추출한 가치어 사용빈도 분석

〈주요 가치어(비전 긍정)〉

주요 가치어 (비전 긍정)	출마선언 (21.06.29)	후보수락 (21.11.05)	선대위출범 (21.12.06)	경북선대위 (21.12.29)	합계
자유	22	2	2	13	39
*자유민주주의	8	1	1	7	17
민주주의	5	2		1	8
공정	9	13	8	1	31
상식	7	11	1	1	20
*공정과 상식	2	5			7
*공정과 정의		2			2
법치	8	2	0		10
*자유와 법치	1				1
*공정과 법치	2				2
혁신(변화,도전,창의,교육)	5	4	7		16
기회	4		6		10
청년	8	2			10
정의	4	2	0	2	8
미래(미래, 경쟁력)	5	2		3	7
기술혁명	3				3
국제 사회	3				3
기본	1		2		3
정상화	1	1			2
통합(국민)		2	0		2
인권	1				1
국익(국익우선 실용외교)		1			1
실용(국익우선 실용외교)		1			1
문명국가	1				1

〈주요 가치어(비판, 반대, 부정, 성토)〉

주요 가치어 (비판, 반대, 부정, 성토)	출마선언 (21.06.29)	후보수락 (21.11.05)	선대위출범 (21.12.06)	경북선대위 (21.12.29)	합계
교체(정권)	8	10	7	5	30
약탈(재산,세금,미래,국민,정치)	2	7	0	6	15
부패(부정, 약탈)	3	4	2	2	11
사찰				8	8
카르텔(이권, 부패)	3	3			6
심판	1	1		4	6
독재	2			2	4
기득권		2	1		3
반칙	1	2			3
전제	2				2
권력사유화	2				2
특권(과 반칙)	1	1	0		2
위선			1		1

윤석열의 4개의 주요 연설은 2021년 6월, 11월, 12월에 있었다. 수많은 지역 선대위 출범식 연설, 지역순회 당내 경선 연설, TV토론 연설(시작과 끝) 중에서 특별히 경북 선대위 연설(2021. 12. 29)을 주목한 것은 지지율이 바닥을 향해 곤두박질치던 비상한 시기에-한국갤럽 조사에 의하면 지지율의 바닥은 2022. 1. 4~6의 26%-윤석열 본인, 부인과 누이동생까지 통신사찰을 당했다는 통보를 받고 격분하여, (메시지 전문가들의 손을 많이 타기 마련인) 연설 원고에 의존하지 않고 격정적으로 쏟아낸 연설이기 때문이다. 한마디로 윤석열의 원판 내지 본색이라는 얘기다.

이 연설의 주요 내용은 다음과 같다. 먼저 검찰개혁의 미명 하에 만든 공수처가 사찰 정보기관으로 바뀌었다고 비판했다. 이재명 후보와 민주당을 향해 '본인들이 떳떳하면, 죄짓지 않았다면 특검을 거부할 이유가 없다'면서 '나는 걸릴 게 없으니까 10~11년 전 사건과 고발사주까지 포함하여 대장동 특검에 응했다'고 하였다. 민주당과 586운동권에 대한 인식을 피력했다. 민주당과 586운동권들은 좌익 혁명이념과 북한의 주사이론을 배워서 (민주화운동을 한 것이 아님에도 불구하고) 민주화 투사 행세를 하며 끼리끼리 도와가며 국가와 국민을 약탈하고 있다고 비판했다.

문 정권의 인사 행태를 비판했다. '전문가들이 들어오면 자기들이 해먹는데 지장이 있을까 봐 무식한 삼류 바보들을 데려다가 경제, 외교, 안보를 다 망치고 있다고. 독재정부는 산업화 기반을 만들었는데, 이 정권은 무능과 불법을 동시 패션으로 하는 엉터리'라고 비판했다. 경북은 충절과 학풍의 본고장이자, 국민의 힘의 뿌리이며, 산업화의 기적을 이룬 대한민국 번영의 전초기지라고 추켜세우며, 정권교체의 단단한 뿌리가 돼 달라고 주문하면서, '뭉치면 정권교체 흩어지면 정권 연장, 국민 약탈'이라 하였다.

문 정부의 종전선언 시도에 대해서도 단호히 반대했다. '이재명 후보가 잘하는 것은 변신술, 즉 뭐든지 하겠다고 하다가 뭐든지 안 할 수도 있다고 하는 것'이라고 비판했다. '민주국가의 선거는 책임정치로, 잘못했으면 선거로 심판받아 정권이 교체되는 것'이라면서 '잘못을 많이 한 세력은 선거는 미래를 위한 거'라고 한다고 꼬집었다. 대장동 사건 관계자들이 줄줄이 자살하는 이유에 대해 '수사도 안 하고 봐주기라고 뭉개고 있는데 왜 극단적인 선택을 하느냐'면서 검찰이 압박한 거냐 민주당 정권 연장 세력이 압박한 거냐고 물었다.

국민의힘의 노선으로서 21세기 자유와 자유민주주의에 대해 얘기했다.

"국민의 힘도 앞으로 따뜻한 보수의 가치를 가지고 보수냐 진보냐 하는 이념을 넘어서서 자유민주주의라고 하는 대한민국의 헌법 가치를 가슴에 껴안고, 우리와 다소 생각이 다른 사람들도 자유민주주의에 동의하면 다 품읍시다. 자유민주주의에서 말하는 자유는 승자 독식의 자유가 아닙니다. 힘센 사람 마음대로 하는 자유가 아니고 어려운 사람도 다 품어주고…. 자기의 자아를 실현하는데 필요한 자유를 충분히 향유 할 수 있게 해주는 그런 자유입니다. 그게 바로 21세기 자유고 우리 대한민국 헌법에 들어가 있는 자유민주주의입니다…. 이번 선거는 보수와 진보의 싸움이 아니고요, 자유민주주의라는 정의와 부정부패라는 불의와의 싸움입니다"

4개 연설은 2022년 3월 9일 대선을 앞둔 시점이기에 아무래도 문재인 정부와 민주당(후보)를 비판하고 반대하는 내용이 많을 수밖에 없다. 어느 나라나 치열한 선거전이 끝나고 나면 당선인은 통합이나 협치나 균형발전 등을 강조하게 되어 있다. 이를 감안하고 주요한 가치어 사용 빈도를 보면 공정 31번, 상식 20번, 자유(자유민주주의 제외) 22번, 혁신 16번, 법치 10번, 청년 10번, 정의 8번 등이다. 문 정권에 대한 비판과 반대 입장을 담은 단어 사용 빈도를 보면 (정권)교체가 30번으로 단연 많고, 약탈(수식어는 재산, 세금, 미래, 국민 등) 15번, 부패 9번, 사찰 8번(경북 선대위에서만), 카르텔(수식어는 이권, 부패)과 심판 각 6번이다. 압도적으로 많이 사용된 공정은 '공정과 상식' 7번, '공정과 정의' 2번, '공정과 법치' 2번 사용되었다. 공정, 상식, 정의, 법치는 혼용되거나 병기되었는데, 각각의 의미(정의)는 명확하지 않다.

단어 사용 빈도는 말하는 사람(연설문 작성자 등)의 정신세계나 문제의식을 어느 정도 보여준다. 예컨대 2022년 3월 28일 출간된 396쪽의 문재인 대통령 연설문 모음집 《아무도 흔들 수 없는 나라》(김영사)에서 주요 단어 사용 빈도를 보면, 자유민주주의, 시장경제, 상식이 각 2번, 공정 11번, 촛불 13번(촛불혁명은 7번), 인권 14번, 화해 17번, 민족 21번, 통합 28번, 정의 29번, 민주주의 32번, 균형 36번, 자유 61번, 평화 150번, 독립(운동, 투쟁 등) 275번이 사용되었다.

윤석열의 핵심 가치어인 공정, 상식, 자유, 법치, 정의, 통합 등은 각각 긴 역사적 연원이 있는 철학적 주장이나 논쟁을 갖고 있다. 또한 현대 문명국가라면 다 중시하는 가치라서 풍부한 정책적 함의(내포)도 있지만, 이를 체계적으로 풀어내지는 않았다. 대중 연설에서 사용한 말이기에 당연한데, 문제는 정부 출범일이 임박했음에도 불구하고 그 상태로 머물러 있다는 것이다. 이는 윤석열의 핵심 가치어들이 숙성된 국가비전의 산물이 아니라, 무도한 정권에 대한 분노의 표현이자, 자신의 차별화 전략의 산물이기 때문일 것이다. 다시 말해 공정은 조국 전장관 가족의 불공정한 행위에 대한 대중의 분노가 소환했고, 상식은 정권의 끝없이 이어지는 몰상식한 행위에 대한 대중의 분노가 소환하였다. 자유 역시 정치방역, 언론통제, 과도한 국가규제와 민주주의에 대한 왜곡에 대한 공포와 분노가 소환하였다.

문재인은 2012년 대선후보시절부터 "기회는 평등하고 과정은 공정하며 결과는 정의로운 나라"라는 유명한 슬로건으로 평등, 공정, 정의를 기회, 과정, 결과와 짝을 이루게 한 후, 이를 그럴듯하게 배열하였지만 윤석열의 핵심 가치어들은 어떤 체계나 위계도 갖고 있지 않다.

그래서 윤석열 정부는 인수위 단계에서라도 공정, 상식, 자유, 법치, 정의 등 주요 가치어의 철학적 의미를 풀어내고, 각 가치어

간의 상호관계나 논리적 위계를 세우고, 공약집이나 정책제안 등을 분석 분류하여 가치어와 정책(국정과제 등)을 연결해야 한다. 그 최종 결과는 비전하우스(국정철학하우스), 즉 시대인식, 국가비전, 국정목표, 국정과제, 핵심 정책기조 등을 토대, 기둥, 대들보, 지붕 등으로 엮는 것이다.

2) 주요 가치어들의 개념과 관련 정책

일단 주요 가치어의 철학적 내포(함의)를 감안하여 논리적 위계는 이렇게 도식화할 수 있다. 가장 포괄적인 가치어는 상식이다. 상식은 출마선언문에 나오는 '기본이 탄탄한 나라'와 '문명국가의 보편적 가치'라는 말에 사용된 '기본'과 '보편적 가치'라는 말과 거의 같은 말이다. 상식, 기본, 보편적 가치는 윤 당선인의 수많은 연설과 공약으로부터 구체적 내용과 용법을 살핀 후, 철학적(학문적) 논의를 가미하여, 그 의미가 시대정신과 일치하도록 풀어내야 한다. 꿈보다 해몽이라고, 당선인이나 연설문 작성자가 직관적으로 쓴 가치어들도 해석을 통해 시대정신을 정조준하도록 해야 한다.

〈가치의 논리적 위계〉

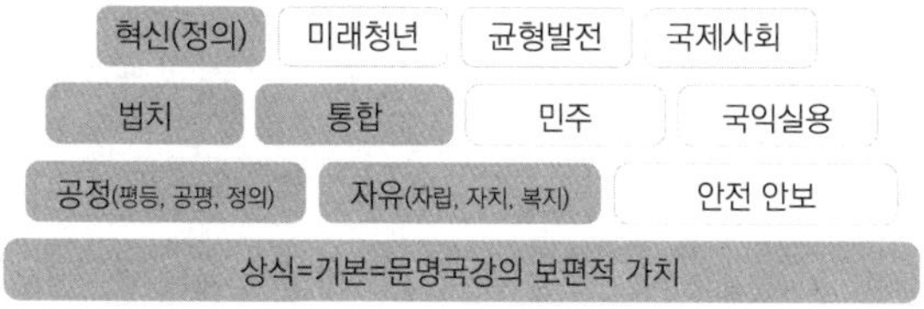

① 상식

윤석열은 상식을 출마선언에서 7번, 후보수락연설에서 11번, 선대위출범연설에서 1번 등 총 19번 사용하였는데, 그 구체적인 용법은 다음과 같다.

산업화와 민주화로 지금의 대한민국을 만든 위대한 국민, 그 국민의 상식으로부터 출발하겠습니다. 그 상식을 무기로, 무너진 자유민주주의와 법치, 시대와 세대를 관통하는 공정의 가치를 기필코 다시 세우겠습니다… 경제 상식을 무시한 소득주도성장…으로 수많은 청년, 자영업자, 중소기업인, 저임금 근로자들이 고통을 받았습니다… 국민을 내 편 네 편으로 갈라 상식과 공정, 법치를 내팽개쳐 나라의 근간을 무너뜨리고… 공정과 상식을 무너뜨리고 자유와 법치를 부정하는 세력이 더 이상 집권을 연장하여 국민에게 고통을 주지 않도록 (출마선언문)

공정과 상식의 회복을 바라는 민심은 정치신인인 저를 국민의힘 대통령 후보로 선택 정권교체를 이루지 못하면 법치유린이 계속되고 비상식이 상식이 되어 민주당의 일탈은 날개를 달게 될 것… 공정과 상식이 무너진 신뢰 없는 사회에 도전과 혁신이 자랄 수 있겠습니까. 내년 3월 9일을… 우리가 알고 있던 상식이 돌아오는 날로… 우리 국민의힘은 공정과 상식을 회복하여 대한민국을 정상화하고, 멈추어

버린 대한민국의 심장을 다시 뛰게 하겠습니다.(선대위출범연설)

정권을 교체해서 민생을 살리고 이 나라의 무너진 법도와 상식을 회복해서 제대로 된 미래를 우리 자녀들에게 넘겨주자(경북선대위출범연설)

윤석열 공약집 제목은 《공정과 상식으로 만들어가는 새로운 대한민국》인데, 공약집에는 상식으로 푼 공약은 없다. 공약집 전체에서 제목 외에는 검색되지 않는다. 상식은 자명한 진리나 주장을 의미한다. 하지만 혁명적 주장을 상식의 이름으로 펼치기도 한다. 1776년 1월 발간된 토머스 페인의 46쪽 소책자의 제목이 《상식(Common Sense)》이다. 원제목이 '명백한 진실(Plain Truth)'이었는데, 미국이 단지 영국의 폭정에 맞서는 게 아니라 독립을 해야 한다는 《상식》의 주장은 당시에는 자명한 진리나 주장이 아니었다. 미국 건국의 아버지인 조지 워싱턴이나 벤저민 프랭클린조차도 독립에 대해서 미온적이었기 때문이다. 하지만 결국에는 그 핵심 주장은 미국 독립선언서에 반영되었다.

윤석열이 강조한 상식은 문 정권의 몰상식하고 무도한 행태를 질타하면서 나온 말이다. 그래서 토머스 페인의 상식과 달리 지배적인 사고방식을 바꾸는 주장은 담고 있지 않다. 하지만 선진국에서는 상상할 수 없는 비상식적 현상이 일어나는 구조를 파헤쳐 보면, 토머스 페인처럼 가치와 정책 패러다임을 바꾸는 주장을 상식의 이름으로 펼칠 수도 있다. 예컨대 자유를 말하며 그동안 너무나 경시되어 온 재산권보장과 사적자치 존중을 얘기할 수 있고, 공정에서 특수이익집단이 향유하는 지대를 양산하는 구조(기울어진 운동장이나 과도한 보호 장벽 등) 개혁을 얘기할 수도 있다. 앞에서 강조한 서사 역시 상식의 이름으로 바로잡을 수 있다.

아무튼 불법을 엄단하고 자유민주주의 체제 파괴를 저지하는 투쟁에서는 자명한 상식이 존재할 수 있다. 하지만 새로운 대한민국을 만드는 과정에서는 자명한 상식은 없다. 국정철학과 사상이념이 체계적으로 정리되지도 않았고, 널리 공유되지도 않은 상황에서, 각부 장관들이 알아서, 혹은 회의체(국무회의)로 가치, 비전, 정책, 메시지의 통일성, 일관성을 확보할 수도 없다.

② 공정과 정의

윤석열은 공정을 출마선언에서 9번, 후보수락연설에서 13번, 선대위출범연설에서 8번 등 총 31번을 사용하였다. 윤석열 공약집에서도 공정은 72번 언급된다. 아마 이렇게 고르게 자주 널리 사용되는 단어는 없을 것이다. 공정은 상식, 정의, 법치와 묶음으로도 많이 사용했는데, 그 구체적인 용법은 다음과 같다.

시대와 세대를 관통하는 공정의 가치를 기필코 다시 세우겠습니다. 국민을 내 편 네 편으로 갈라 상식과 공정, 법치를 내팽개쳐 나라의 근간을 무너뜨리고… 혁신은… 공정한 기회와 보상… 에서 나오는 것입니다. 광범위한 표현의 자유, 공정과 상식, 법치의 자양분을 먹고 창의와 혁신은 자랍니다. 공정과 상식을 무너뜨리고 자유와 법치를 부정하는 세력. 공정과 상식의 회복을 바라는 민심은 정치신인인 저를 국민의힘 대통령 후보로 선택… 공정과 상식이 무너진 신뢰없는 사회에 도전과 혁신이 자랄 수 있겠습니까. 국민의힘은 공정과 상식을 회복하여 대한민국을 정상화하고.(출마선언 2021.6.29)

우리 사회가 공정과 상식에 입각해서 돌아가고 있다는 것에 대한 믿음, 그 신뢰라는 사회적 자본이 우리 사회의 많은 문제를 해결하고 우리 사회의 성장과 번영을 이루는 토대. 복지는 국가의 책임. 공정과 상식의 이름으로 진짜 약자를 도와야. 반칙으로 결과가 왜곡되는 사회는 도전과 노력을 죽게 만드는 사회가 됩니다. 기득권의 세습을 차단하여 끊어진 계층이동의 사다리를 다시 잇겠습니다.(후보수락연설 2021. 11. 5)

공정이 상식이 되는 나라를 만들겠습니다. 누구나 공정을 이야기하지만, 아무나 공정을 달성할 수는 없습니다. 공정은 현란한 말솜씨로 이루어지는 것이 아니라 그동안 살아온 묵직한 삶의 궤적이 말해주는 것입니다. 가장 낮은 곳부터 시작하는 윤석열표 공정으로 나라의 기본을 탄탄하게 하겠습니다.

기술의 변화가 커다란 기회의 창을 열고 있습니다. 이 기회의 창을 활짝 열기 위해 필요한 것은 자유와 공정입니다. 정부는 공정한 경쟁 여건을 조성하고… 일한 만큼 보상을 받고, 기여한 만큼 대우를 받는 공정한 세상을 만들겠습니다. 기회가 풍부한 나라를 만들겠습니다. (선대위출범연설 2021. 12. 6)

사회적 자본 그리고 그 신뢰라고 하는 것은 우리 사회가 공정과 상식에 입각해서 돌아간다라고 하는 것에 대한 믿음이 있어야…. 공정과 상식이 법 어긴 사람은 무조건 처벌돼야 된다는 그런 협의가 아니고… 공정과 상식은 우리 사회의 많은 문제를 해결할 수 있는 성장의 기초… 이번 대선은 부패 척결의 적임자 또 공정과 상식이라는 사회적 자본을 구축할 수 있는 그 적임자를 뽑을 것인지 아니면… (2021. 10. 29 당내 경선 제3차 1대1 맞수 토론)

법치와 상식과 공정을 기반으로… 자유민주주의를 꽃피우고 경제의 번영을 일으키는 토대를 만들겠습니다.(2021. 10. 31 당내경선 종합토론)

청년 입장에서 보면 상급학교 진학하는 데 있어서의 불평등 불공정 그리고 취업에 있어서의 불평등 불공정 그리고 주거를 장만하는 데 있어서의 부모의 지위가 세습이 되는 경향이 있기 때문에 거기서 나오는 불공정 이런 것들이 가장 문제가 되지 않나(2022. 2. 11 대선후보 초청 토론)

선언과 연설과 공약 전체를 종합해 보면, 윤석열의 핵심 가치는 공정과 정의(아마도 불법 단죄)라고 해도 과언이 아니다. 사실 전두환 정부도, 이명박 정부도, 문재인 정부도 정의와 공정을 간판 가치로 삼았다. 1981년에 출범한 전두환 정부의 간판 구호가 정의사회구현(正義社會具現) 선진조국창조(先進祖國創造)였다. 2010년 이명박 대통령의 8·15 경축사를 통하여 후반기 국정 운영 핵심 기조가 '공정한 사회'라고 천명했다. 이 대통령은 공정한 사회를 "출발과 과정에서 공평한 기회를 주되 결과를 책임지는 사회"라고 정의했다.

2017년 7월 발간된 《문재인 정부 국정운영 5개년 계획》에서도 공정을 102번, 《아무도 흔들 수 없는 나라》에서 19번을 언급했다. "국민의 나라, 정의로운 대한민국"을 국가비전으로 놓은 문재인 정부의 핵심 가치는 정의와 공정이었다. 물론 말로만 떠들었지만. 어쨌든 문 정부 5대 국정전략의 하나인 '더불어 잘사는 경제'에서도 '②활력이 넘치는 공정경제'가 등장하고, 역시 5대 국정전략의 하나인 '내 삶을 책임지는 국가'에서도 '④노동존중·성평등을 포함한 차별 없는 공정사회'가 등장한다. 이렇듯 공정은 21세기 한국의 시대정신임이 분명하다. 문제는 공정과 정의에 대한 철학과 그에 따른 각론과 실천이다.

윤석열 공약집에서 정의라는 말을 사용한 정책은 없다. 하지만 공정이라는 말을 사용한 정책은 많다. 공정한 대입제도(청소년), 공정한 채용기회(청년), 공정한 학습기회(서민 로스쿨), 공정한 활동기회(장애예술인), 공정한 예술생태계(문화예술체육인), 소프트웨어 개발자들에 대한 공정하고 정당한 보상(과학기술인), 공정한 시장질서(코인 개미투자자 보호), 공정한 시장제도(자본시장 선진화), 공정한 노사관계=상생의 노사관계 등이다. 공정에 대한 철학, 즉 기본개념을 정립하고 세부정책을 펼친 것이 아니라, 각 분야에서 전문가나 민원인의 요구, 불만, 아이디어를 취합하여 정리하다 보니 저렇게 정책들이 곁가지들을 주로 건드린 것이다.

또 하나의 문제는 현저히 기울어진 운동장에 대한 인식이 미흡하다는 것이다. 단적으로 "노동기본권 존중, 법과 원칙을 지키는 공정한 노사관계 정착"이라는 이름으로, "공무원·교원의 노조 전임자에 대한 타임오프제도 마련을 통해 원활한 노조활동보장" 등은 기울어진 운동장을 더 기울어지게 하는 정책이다. 노조는 유럽, 미국, 일본, 중국 등 어디에나 있고, 파업도 종종 있다. 하지만 핵심 생산시설을 점거하거나 출입문을 봉쇄하는 등 불법폭력 행위를 일삼는 노조는 한국 외에는 없다. 노조원 대부분이 근로자의 상위 30% 안에 들어가는 고임금자 집단인 나라도 없다. 특히 전투적 노조운동을 주도하는 민노총은 문재인 정부의 비호하에 지난 5년간 폭발적으로 성장했다. 2016년 12월 64만9천 명의 조합원이 2020년 12월 113만 4천 명으로 무려 75%가 늘어

났다. 민노총 조합원의 대부분은 공무원과 공공기관 및 규제산업 종사자, 독과점 대기업 종사자 등 먹이사슬의 최상단에 있는 근로자들이다. 하나같이 하는 일(생산성)에 비해 월등한 권리와 이익을 누린다.

문재인은 숱한 공약(公約)을 공약(空約)으로 만들었지만, 노동권 강화 공약만은 지켰다. 국제노동기구(ILO) 협약 3개(제87조, 98조, 29조)를 비준하여, 2022년 4월 20일 발효되었다. 실업자와 해고자의 노조 가입을 허용하고, 공무원과 교사의 노조가입 범위를 더 넓히는 등 노조의 힘은 더욱 세게 되었다. 원래 국제노동기구(ILO) 협약은 노사 공히 자신의 이익을 추구하는 존재라는 것을 전제로, 노사간 무기의 대등성을 추구한다. 노동권만큼이나 재산권과 경제적 자유를 중시하고, 노조의 권리 및 무기(파업)를 존중하듯이, 사용자의 권리와 무기(직장폐쇄)도 존중한다. 그런데 1987년 이후 대한민국, 특히 법관들과 정치인들은 근로자에 대한 온정주의나 포퓰리즘에 빠져, 노조의 권리와 무기는 지속적으로 강화해 주었다. 하지만 선진국에서는 다 허용하는, 사용자의 권리와 무기는 빼앗거나 옥죄었다. 그것도 모자라 사용자의 정당방위조차 부당노동행위라며 못하게 만들었다. 글로벌 스탠더드이자 사용자들의 간절한 염원인 '파업시 사업장 점거 금지'와 '파업시 대체인력 투입 허용'하도록 노동관계법을 개정해 달라는 요구를 묵살했다. 그 결과가 바로 민노총의 조폭화요, 노동현장의 무법

천지화다.

공약집에는 "노조 불인정, 무단사업장 점거, 폭력행사 등의 불법행위에 대해서는 엄정한 법적용으로 공정한 노사관계 관행 확립"을 천명하면서 기계적 중립(노사 공히 불법행위 엄단) 자세를 취했다. 하지만 현행 노동관계법 자체가 무기의 대등성 원칙에 크게 어긋나 있는 현실을 얼마나 알고 있는지 의문이다. 진보와 보수를 초월하여 노동·노조 정책을 다루는 전문가 대부분이 친노동이라기보다는 친노조 성향이어서 그런지 모른다.

대중이 윤석열에게서 공정과 상식을 본 계기는 2019년 조국 사태였다. 당시 윤석열 검찰총장이 견지하려고 한 것은 '법 앞의 평등' 혹은 '성역 없는 검찰권 행사(부정비리 단죄)'였다. 대중이 특별히 분노한 것은 조국 가족이 저지른 반칙, 즉 불공정이었다.

문재인은 '기회는 평등하고 과정은 공정하며 결과는 정의로운 나라' '특권과 반칙 없는 나라'를 간판 구호처럼 사용했는데, 실제 국정운영 결과는 그와 완벽히 반대였다. 사실 한국에서 정의는 대체로 불법=반칙 단죄를 의미한다. 노무현 전대통령이 2003년 취임사에서 한 "반칙과 특권이 용납되는 시대를 끝내겠다. 정의가 패배하고 기회주의자가 득세하는 굴절된 풍토는 청산되어야 한다"는 말에서도, 한동훈 법무장관 지명자가 2022년 지명 직후 기자들에게 바람직한 검찰상을 얘기하면서 한 "법과 상식에 맞게 진영 가리지 않고 나쁜 놈을 잘 잡으면 된다"는 말에서도 정의는 불법 단죄다. 문재인은 존 롤스(John Rawls)의 《정의론》까지 인용하면서, 정의를 국가비전의 반열에 올려놓고 '특권과 반칙 일소' '원칙과 상식 존중' '차별과 격차 해소' 등을 공언했다. 하지만 말과 행동의 괴리가 가장 큰 정부가 되었다.

정의에 관한 이론을 정립하는 데 지대한 공헌을 했다고 알려져 있는 존 롤스(John Rawls)는 《정의론》(황경식역, 2006)에서 '사상체계의 제1덕목이 진리라면, 사회제도의 제1덕목이 정의'라면서, 자신의 개념이 정의에 대한 전통적 개념과 부합한다고 하였다. "아리스토텔레스가 정의에 부여한 보다 특수한 의미는… 재산이나 보수 혹은 직책 등 타인에 속한 것을 탈취하거나, 약속의 이행, 부채의 상환, 합당한 존경의 표시 등 자신이 마땅히 해야 할 일을 거부함으로써 자신의 이익을 도모하는 일을 삼가는 것이다. 아리스토텔레스의 정의(定義)는 정당하게 각자에게 속하고 그에게 당연히 돌아가야 할 바가 무엇인가에 대한 설명"이라 하였다.

존 롤스는 사고 실험[역지사지(易地思之)=입장 바꿔 생각해 보기]을 통해 '무지의 장막(veil of ignorance)'이 드리워진 상태에서 합리적 인간이라면 기본적 권리와 의무의 할당에서 평등, 즉 '공정으로서의 정의'를 요구하게 될 것이라면서 이를 정의의 제1원칙이라고 했다. 또한 그 상황에서 인간이 불평등(격차)을 허용한다면, 전체에 이익이 되고 최악의 상황에 처한 자신(최소수혜자)도 이익이 되는 게임의 규칙을 원할 것이라면서 이를 정의의 제2원칙이라 하였다. "사회적 경제적 불평등, 예를 들면 재산과 권력의 불평등을 허용하되, 그것이 모든 사람, 그 중에서도 특히 사회의 최소수혜자에게 그 불평등을 보상할 만한 이득을 가져오는 경우에만 정당"하다고 볼 것이라는 얘기다. 정의의 제2원칙은 경쟁의 결과 필연적으로 나타나는 격차(보상, 징벌, 차별, 배제, 우대, 특혜 등)의 합리성·적정성에 대한 원칙인 것이다.

그런데 한국에서 경쟁이 과도할 뿐만 아니라, 가치 전도적이고, 또 불공정 시비가 크게 일어나는 것은 입시든 고시든 입사 시험이든 성문=관문을 통과한 승자, 곧 기득권자의 권리와 이익이 너무 높고 안정적이기 때문이다. 한마디로 승자가 사는 성안과 패자 혹은 진입 경쟁에 뛰어들어 보지도 못한 사람들이 사는 성 밖의 격차가 너무나 크고 영속적이기 때문이다. 상식적으로 패자 부활전이 활발하려면 승자 재신임전이 활발해야 한다. 그런데 패자부활전을 고창하면서도 승자 재신임전, 즉 공공부문, 규제산업, 면허직업, 대기업 조직노동, 정규직 등 기득권의 축소 조정(합리화)에 대해서는 함구한다. 문재인은 정의와 공정을 떠벌리면서 주52시간제, 노조와 연대, 공적연금 개혁 뭉개기, 전국민 재난지원금 등으로 기득권 노동의 권리와 이익을 더욱 굳혀주었다. 윤석열 정부는 어떨지 알 수 없다.

한국에서 자유보다 공정에 대한 열망이 압도적으로 높은 것은 기본적으로 공공부문, 규제산업, 면허직업, 대기업 조직노동으로 구성된 성안(사람)과 나머지 성밖(사람)이 누리는 권리·이익·혜택 격차가 너무 크기 때문이다. 당연히 성안 진입(입시, 입사, 자격취득 시험) 경쟁이 치열하고, 일단 성안 진입에 성공하면 큰 과만 없으면 고용·소득·임금·연금·복지·대출조건·결혼시장의 인식 등이 너무 좋고 안정적이기 때문이다. 물론 성밖은 정반대다. 그런데 성안과 성밖의 과도한 격차 자체와 이를 뒷받침하는 국가규제와 법령에 대한 성토는 별로 없고, 주로 공정의 이름으로 경쟁 과정의 반칙과 특권에 대한 성토만 비등한다고나 할까?

공정과 정의는 철학적으로 기회의 평등, 경쟁 과정의 반칙과 특권 없음, 결과의 합리적 격차(불평등) 및 원활한 패자부활전 전체(기회-과정-결과)를 포괄하는 개념이다. 다행히 윤석열은 출마선언에서 시대가 요구하는 공정론을 정립할 단초를 제시하였다. "시대와 세대를 관통하는 공정의 가치를 기필코 다시 세우겠다" "반칙으로 결과가 왜곡되는 사회는 도전과 노력을 죽게 만드는 사회가 됩니다. 기득권의 세습을 차단하여 끊어진 계층이동의 사다리를 다시 잇겠습니다." 윤석열 정부가 성공하려면 다른 가치는 몰라도 상식, 공정, 정의, 자유에 대해서는 철학을 정립하고,

정책기조와 세부과제를 체계적으로 정리하는 작업이 필요하다. 서사라는 탄탄한 토대와 초석 위에 서 있지 않은 국정철학과 국정계획이 부실 건축물이 되듯이, 공정과 정의에 대한 탄탄한 철학의 토대 위에 서 있지 않는 세부정책들은 곁가지만 잡고 변죽을 올리거나, 상호 모순적이기 마련이다. 오른손으로는 기회와 일자리 만든다고 돈 뿌리고, 왼손으로는 기회와 일자리 대량 파괴하는 문재인 정부가 그리 먼 곳에 있지 않다.

③ 법치

윤석열은 법치를 출마선언에서 8번, 후보수락연설에서 2번을 사용하였는데 그 구체적인 용법은 다음과 같다.

> 상식을 무기로, 무너진 자유민주주의와 법치… 를 기필코 다시 세우겠습니다. 국민을 내 편 네 편으로 갈라 상식과 공정, 법치를 내팽개쳐 나라의 근간을 무너뜨리고… 국제 사회는 인권과 법치, 자유민주주의 가치를 공유하는 국가들 사이에서만 핵심 첨단기술과 산업시설을 공유하는 체제로… 혁신은… 예측가능한 법치에서 나오는 것입니다. 광범위한 표현의 자유, 공정과 상식, 법치의 자양분을 먹고 창의와 혁신은 자랍니다. 공정과 상식을 무너뜨리고 자유와 법치를 부정하는 세력 … 공정과 법치를 실현하는 과정에서 겪은 일들을 다 보셨습니다… 공정과 법치는 필수적인 기본 가치입니다.(출마선언 2021. 6. 29)

정권교체를 이루지 못하면 법치유린이 계속되고… 3월 9일… 우리가 알고 있던 법치가 돌아오고(후보수락연설 2021. 11. 5)

윤석열 공약집에서 법치는 딱 2번 나온다. "법무부장관 구체적 사건에 대한 수사지휘권 폐지"와 "검찰에 예산 편성권 부여"를 공약하면서 이를 "파괴된 대한민국의 법치주의를 정상적으로 회복시켜 달라는 국민적 요구"라 하였다. "현정권은 '검찰개혁'이라고 외치면서 구체적 사건에 관한 수사지휘권을 남용하는 등 검찰의 독립성과 정치적 중립성을 침해하는 '검찰 개악'을 초래"한다고 덧붙였다.

법치는 한국에서 대체로 준법, 법 앞의 평등, (지위고하 내편 네편을 막론하고) 불법 엄단으로 해석된다. 문제는 지금은 가치, 법제도, 정책의 패러다임이 바뀌는 시대여서 준법이나 불법 엄단(나쁜 놈 때려잡기)만으로 대한민국으로 정상화시킬 수 없다는 것이다.

법은 국회만 통과하면 되는 것이 아니다. 기본적으로 보편 이성과 양심의 표현이다. 또한 사람의 생각과 행동을 규율하는 시스템이기에 그 수명이 있다. 한마디로 우리 시대의 불의는 불법과 악법이다. 불법 못지않게, 악법 제정, 악법 존치, 악법 순응도 불의요, 법치에 반한다고 보아야 한다. 지금 시대의 상식, 공정, 정의, 법치는 곧 유효한 법을 지키는 것(준법=불법 엄단)과 수명이

다한 법을 고치는 것(변법=제도적 불의 혁파)이라는 것을 명확히 할 필요가 있다.

법을 법답게 만들겠다는 것, 법에 의한 지배(rule by law)가 아니라 법의 지배(rule of law)를 정착시키겠다는 것, 과도하고 자의적인 국가규제 및 형벌의 모태인 '악법'과 '이현령비현령'의 모호한 법령을 철폐하겠다는 정치적 선언을 할 필요가 있다.

④ 자유와 자치

자유는 출마선언에서 22번, 후보수락연설에서 2번, 선대위출범연설에서 2번, 경북선대위연설에서 13번 총 39번(그 중 자유민주주의는 17번)이 사용되었는데, 그 구체적인 용법은 다음과 같다.

> 무너진 자유민주주의와 법치, 자유민주주의에서 자유를 빼내려… 민주주의는 자유를 지키기 위한 것이고 자유는 정부의 권력 한계를 그어주는 것입니다.
>
> 자유민주국가에서는 나의 자유만 소중한 것이 아니라 다른 사람의 자유와 존엄한 삶 역시 마찬가지로 중요한 것입니다. 존엄한 삶에 필요한 경제적 기초와 교육의 기회가 없다면 자유는 공허한 것입니다. 승자독식은 절대로 자유민주주의가 아닙니다. 자유를 지키기 위한 연대와

책임이 중요합니다. 국제 사회는 인권과 법치, 자유민주주의 가치를 공유하는 국가들 사이에서만 핵심 첨단기술과 산업시설을 공유하는 체제로 급변… 혁신은 자유롭고 창의적인 사고, 자율적인 분위기… 광범위한 표현의 자유(를)… 먹고 자랍니다. 자유와 법치를 부정하는 세력이 … 국민에게 고통을 주지 않도록 정권을 교체(출마선언 2021. 6. 29)

낡은 이념의 옷을 벗어 던지고 자유민주주의에 동의하는 모든 국민과 함께(후보수락연설 2021. 11. 5)

기술의 변화가 커다란 기회의 창을 열고… 기회의 창을 활짝 열기 위해 필요한 것은 자유와 공정(선대위출범연설 2021. 12. 6)

메시지 전문가들의 손길을 덜 탄, 윤석열의 내면세계가 잘 드러난 두 연설(출마선언문과 경북선대위연설)에서 자유가 유독 많이 사용되었는데, 각각 22번과 13번이다. 이로부터 윤석열은 자유 전사라고 해도 과언이 아니다. 윤석열 공약집에서 자유는 총 16번(자유민주 5번) 사용되었는데 구체적인 정책은 언론의 자유, 정규직 근로자를 위한 전일제와 시간제 자유롭게 전환하는 근로전환신청권 부여, 자유민주통일 기반 조성, 자유민주주의 가치를 바탕으로 한미 포괄적 전략동맹 강화, 글로벌 기여 외교에서 자유민주주의 등 보편적 가치 구현, 자유롭게 스포츠를 향유할 국민 스포츠권 보장, 교통수단 선택의 자유와 대중교통 환승의 자유, 국민과 자유롭게 소통하는 대통령실로 공간 재구성 등이다.

그런데 윤석열의 주요 연설에서 자치는 등장하지 않는다. 하지만, 공약집에서는 자치 관련 정책이 몇 개 있다. 지방자치단체의 범죄예방, 방과후학교, 초등돌봄 정책을 개선하는 것과 (지역산업계와 협력하여) 지방부실대학 구조조정에 지방자치단체가 관여하는 것과 '건강한 지방자치'의 이름으로 '지역중심 문화자치' 정책을 추진하고, "주민자치 활성화를 위해 이장 월 20만 원, 통장 월 10만 원의 '특화발전지원 수당'을 신설"하겠다는 것이다. 그런데 상식적으로 (경제 자치, 행정 자치 등이 아닌) 문화자치와 지역중심 문화행정으로 지역소멸 위기에 대응하고 지역별 문화 격차를 해소한다는 것은 언 발에 오줌 누기가 아닐 수 없다. 한마디로 공약집의 지방자치 정책은 참담한 수준이다. 2022년 기준 총(국가+지방) 예산 744조 1천억 원의 39%(288조 3천억 원)을 쓰는 지방자치 정책이 빈약해서는 성공하는 정부가 결코 될 수가 없다.

윤석열은 "민주주의는 자유를 지키기 위한 것이고 자유는 정부의 권력 한계를 그어주는 것"이라고 힘주어 말했는데, 이는 자유와 민주주의 간의 선후(先後)·주부(主副) 관계를 잘 정리한 말이다. 또한 "존엄한 삶에 필요한 경제적 기초와 교육의 기회가 없다면 자유는 공허한 것"이라는 말과 21세기 자유이자 헌법의 자유민주주의는 "어려운 사람도 다 품어주고, 자기의 자아를 실현하는데 필요한 자유를 충분히 향유 할 수 있게 해주는" 것이라는 말은 '소극적 자유'를 넘어 '적극적 자유' 보장 곧 자아실현의 자유가 헌법적 가치라는 것을 선언하였다고 보아야 한다.

이사야 벌린(Isaiah Berlin)은 1956년 출간한 《자유의 두 개념》에서 자유를 소극적 자유(negative freedom)와 적극적 자유(positive freedom)로 나누고, 소극적 자유는 '~로부터의 자유', 적극적 자유는 '~을 향한 자유'로 정리하였다. 소극적 자유는 곧 외부의 강제(restraint)가 없는 상태 즉, 타자(the other)에 의해서 방해받지 않는 상태이다. 적극적 자유는 하고 싶은 것을 할 수 있고, 되고 싶은 데로 될 수 있는 자유, 한마디로 자아실현의 자유이다.

자유는 자연적 억압(자연재해 등)과 정치·사회적 억압(외세와 권력과 힘센 사익집단의 착취와 억압 등)으로부터 자유=안전이다. 자유의 최소한은 부당한 간섭, 억압, 속박, 예속의 부재, 곧 간섭받지 않을 권리와 예속되지 않을 권리다. 자유의 궁극적 지향점은 사람마다 제각기 다르기 마련인 욕망과 행복 추구의 자유, 곧 자아실현의 자유이다. 한국 헌법에 보장된 자유는 신체의 자유, 거주·이전의 자유, 직업선택의 자유, 주거의 자유, 사생활의 자유, 양심의 자유, 종교의 자유, 언론·출판·집회·결사의 자유, 학문과 예술의 자유, 정당 설립의 자유 등이다. 자유라는 말을 쓰지 않았으나 헌법 제10조 "모든 국민은 인간으로서의 존엄과 가치를 가지며, 행복을 추구할 권리를 가진다. 국가는 개인이 가지는 불가침의 기본적 인권을 확인하고 이를 보장할 의무를 진다"는 가장 포괄적인 자유권 보장 선언이다.

서구에서는 자유권, 특히 재산권과 신체의 자유와 종교의 자유를 둘러싸고, 1215년 대헌장(마그나 카르타)으로부터 치면 거의 800년 이상 왕과 귀족, 왕과 자유도시, 왕·귀족과 신흥 부르주아지, 왕·귀족·부르주아지 등 유산자와 무산자 간의 갈등이 있었다. 자유권의 태생이 이러하기에 재산권과 신체의 자유 보장, 즉 왕이 멋대로 세금 거둬가지 말고, 멋대로 가두지 말라는 정신이 자유권의 핵심에 있었다. 재산은 신체의 연장으로 볼 수 있기에 자유권은 재산권과 불가분의 관계를 가지고 있다. 단적으로 옷, 양식, 돈, 집 등 재산을 빼기면, 거의 모든 자유를 뺏길 수밖에 없기 때문이다.

헌법 제23조"①모든 국민의 재산권은 보장된다. 그 내용과 한계는 법률로 정한다. ②재산권의 행사는 공공복리에 적합하도록 하여야 한다"는 재산권 보장 조항인데, 한국에서는 이를 자유권의 핵심으로 생각하지 않는다. 아마 ②항의 공공복리를 빌미로 재산권 제한에 너무나 익숙해져 있기 때문일 것이다. 재산권은 재산의 사적 사용과 처분의 자유이다. 경제활동으로 치면 생산, 소비, 투자, 고용, 해고, 창업, 폐업의 자유요, 직장폐쇄, 기업인수합병 등의 자유다. 이를 통해 재산 소유자는 자신의 욕망·행복과 이익·이윤을 추구하며, 소비자·이용자·근로자 역시 선택과 거부의 자유를 통해 욕망·행복과 이익·이윤을 추구한다. 근로자의 거부권에는 기업 선택, 퇴사의 자유와 필요시 집단적으로 노무 제공을 거부(파업)할 자유가 주요하게 포함된다. 하지만 파업 시 남의 재산인 사업장이나 사업시설을 점거할 자유는 없다. 재산소유자인 기업의 자유에는 파업대오에 의해 자기 재산인 생산시설을 점거당하지 않을 권리도 있고, 공무원의 행정처분에 의해, 즉 엄격한 절차와 요건을 거치지 않고는 영업정지나 인허가 취소 등을 당하지 않을 권리도 있다. 사실 인신구속(신체의 자유침해)에 비해 재산, 특히 기업 구속(영업정지, 인허가 취소, 고용 등 특정 행위 강요 등)이 훨씬 치명적임에도 불구하고 한국에서는 의외로 소홀히 취급되고 있다. 이승만-박정희-전두환 정부의 억압은 주로 '신체의 자유'와 '표현의 자유'에 주로 가해졌기 때문인지 모른다.

조선-식민통치-전쟁과 정전체제-국가주도 경제발전의 성공-그리고 반신자유주의·경제민주화 담론의 풍미로 재산권, 영업권, 주주권 등은 자유권의 주된 관심 대상이 아니었다. 다시 말해 한국은 권위주의 정권과 학생, 지식인, 종교인의 갈등에서 출발했기에 자유권의 주된 관심=투쟁 대상은 헌법 제12조(신체의 자유), 제19조(양심의 자유), 제21조(언론·출판·집회·결사의 자유), 제22조(학문과 예술의 자유) 등이었다. 1980년대 이후 노동운동이 강성해지면서 재산권보다 헌법 제33조에 명기된 노동권이 훨씬 강조되었다. 한편 과도하고 자의적인 국가형벌권도 심각하게 자유를 위협해 왔지만 이 역시 관심의 대상이 별로 되지 못했다. 부유하고 힘센 범법자들은 전관(前官) 변호사나 의사의 허위 진단서 등을 통해 검찰, 법원을 주물러 쉽게 빠져나갈 수 있다고 봤기 때문일 것이다. 하지만 이제는 잘 통하지 않게 되면서, 또 경제민주화의 이름으로 기업인에 대한 국가형벌 조항이 너무나 많이 늘어나면서 주요한 관심=투쟁 대상이 되었다.

자유민주주의의 저변에 흐르는 정신은 자유정신과 자치정신이다. 자유정신은 남에게 피해만 주지 않으면, 하고 싶은 대로 다 할수 있는 것이고, 자치정신은 우리(주민)끼리 알아서 할 테니 중앙정부나 연방정부 등 제3자는 개입하지 말라는 것이다. 중앙정부나 연방정부가 개입하려면 우리가 독자적으로 수행하는 것이 힘들거나 비효율적인 사무에 한해, 우리의 동의를 받는 위임(수임) 계약에 따라 하라는 것이다. 이것이 바로 보충성의 원칙이다.

자유권으로서의 지방자치권은 서구의 경우 애초에 강력한 중앙권력이 있어 본 적이 없기에-유럽은 16세기까지 독립된 정치체가 거의 500개 내외였다고 한다-서구(유럽, 미국, 호주 등)에서 갈등의 대상도, 담론의 주제도 아니었다. 하지만 한반도는 조선왕조이래 너무 강력한 국가권력이 있었고, 정전체제에 더하여 국가

주도 경제발전이 대성공을 거두고, 이 그늘을 해소하겠다고 등장한 민주화운동의 이념적 특성으로 인해, 즉 국가주의를 내면화한 주자학과 마르크스주의 세례를 많이 받았고, 오로지 국가권력의 주인 교체=자기 차지에만 진력하였고, 글로벌 자유시장에 대한 두려움이 넘쳐나다 보니, 재산권이나 사적자치권 및 지방자치권의 확대강화에 관심이 아예 없었다.

자유를 핵심 가치로 삼는 윤석열 정부는 자유는 목적이고, 민주와 공화는 수단임을 명확히 하였다. 또한 21세기 자유권이자 헌법적 가치는 적극적 자유(자아실현 자유) 보장이라는 것도 명확히 하였다. 하지만 보충성의 원칙에 따른 사적 자치(시장자치와 공동체 자치)와 지방자치 확대강화에 대한 입장은 모호하다. 또한 한국에서 너무 경시되어 온 자유권의 연장인 재산권, 영업권, 주주권에 대한 과도한 침해를 시정하겠다는 입장도 다소 흐릿하다. 또한 자유의 확대강화를 위해 갑을, 노사, 기업과 구직자 간의 무기(선택권과 거부권)의 대등성 확보에 대한 입장도 흐릿하고 국가권력에 대한 개인과 기업의 두려움을 제거하기 위한 과도한 국가형벌권의 축소에 대한 입장도 다소 모호하다. 이래서는 성공한 정부가 될 수가 없다.

⑤ 통합과 협치

윤석열은 통합을 후보수락연설에서 딱 2번 사용하였다. 협치는 주요 연설에서는 등장하지 않는다. 하지만 강릉유세(2022. 2. 28)에서는 "민주당의 양식 있는 정치인들과 멋진 협치"를 통한 국민통합을 약속하였다. 당선인사(2022. 3. 10)에서도 '이제 경쟁이 일단 끝났으니 우리 모두 하나가 되어야 한다'면서 '헌법 정신과 의회 존중하고 야당과 협치하면서 국민을 잘 모시도록 하겠다'고 하였다. 아무튼 통합과 협치 관련 구체적인 용법은 다음과 같다.

> 내 편 네 편 가르지 않고 국민을 통합하라는 것. 이것이 저 윤석열의 존재 가치. 기득권의 세습을 차단하여 끊어진 계층이동의 사다리를 다시 잇겠습니다. 국민통합의 나라 만들겠습니다. 문 정권은 이 나라를 이념으로, 국민 편가르기로 분열시켜… 진보의 대한민국, 보수의 대한민국이 따로 있을 수 없어… 지역, 계층, 성별, 세대의 차이를 뛰어넘어 화합할 때 안정적 국가발전을 기약할 수 있어.(수락연설 2021. 11. 5)
>
> 보수뿐만이 아니라 합리적이고 상식을 중시하는 모든 분들이 두루 포용하고 합쳐서 국민통합을 이루어야(대선후보 경선 제주 합동 토론회, 2021. 10. 13)
>
> 5·18 정신 역시 자유민주주의와 국민통합입니다. 지난번 김대중 전 대통령 12주기 때 묘소 앞에서도 국민통합의 큰 뜻을 계승하겠다고 다짐했습니다. 세계화 시대에 무슨 호남, 영남, 충청, 강원 국민이

따로 있습니까?(윤석열 광주·전북·전남 토론회, 2021. 10. 11)

우리가 정부를 맡게 되면 민주당의 양식 있는 정치인들과 멋진 협치를 해서 국민 통합하고(윤석열 강릉유세, 2022. 2. 28)

사생결단의 대선전에서 이긴 당선자는 으레 '지지자들만의 대통령이 아니라 국민전체의 대통령이 되겠다'는 취지의 말을 한다. 문재인도 그랬다. 《아무도 흔들 수 없는 나라》에서도 통합을 28번 언급하고, 문 정부 5개년 계획에서도 무려 82번이나 언급하였다. 5대 국정목표 중의 하나인 '국민이 주인인 정부'에서 '② 소통으로 통합하는 광화문 대통령'이 20대 국정전략으로 명기되어 있다. 하지만 소통은커녕 지독한 불통이었고, 통합은커녕 그 어떤 정부보다 심한 갈라치기 전략으로 국민을 분열시켰고, 광화문 대통령은 완전한 허언이 되었다. 그럼에도 불구하고 공정과 통합과 균형발전은 그 어떤 정부도 경시할 수 없는 가치이다. 윤석열 공약집에도 통합은 68번 등장하는데, 이는 행정, 관리, 기술, 교육, 국방, 의료, 재난 등 다방면에서 효과성과 효율성을 높이는 방법으로 쓰인다.

윤석열이 강조한 통합=국민통합은 분열과 갈등의 해소를 의미한다. 그래서 통합방안보다는 이념, 지역, 세대, 계층, 젠더, 교육 등에 따른 분열과 갈등 해소 방안을 찾는 것이 문제의 핵심에 다가갈 수 있다. 한국 특유의 분열과 갈등의 원인은 물질적 이익 특히 편파적 지대 할당, 허구적 서사에 뿌리 박은 이념(가치관), 혹독한 경험에 따른 트라우마(공포와 분노), 정보 부족(투명성 부족과 정보의 비대칭성)과 왜곡 등이다. 다른 문제들도 마찬가지겠지만, 통합=분열과 갈등 문제도 세계적 보편성과 한국적 특수성의 관점에서 조망해야 한다. 세계적 보편성은 선진국의 정책적 경험과 지혜를 참고하면 시행착오가 줄어들고, 후자는 결국 우리의 경험과 지혜로 창조적으로 해결할 수밖에 없다.

분열과 갈등 관련 한국적 특수성의 핵심은 민주진보의 기본 철학, 특히 서사가 대한민국의 기적과 이를 만든 동력(리더십, 가치, 제도, 문화 등)을 혐오하거나 부끄러워하여, 자유보수를 청산, 척결, 궤멸 대상으로 본다는 것이다. 국가권력의 과잉, 집중, 부실 혹은 사생결단의 대결과 상대 발목잡기를 능사로 알게 만드는 권력구조, 선거제도, 정당체제(양당 독과점과 당권파의 독재) 등도 중요한 한국적 특수성이다. 전자(민주진보의 기본철학)는 허구적 서사를 깨뜨리고, 진실에 근거한 바른 서사를 정립하여 해결할 일이다. 후자는 자의적이고 과도한 국가규제와 형벌을 획기적으로 줄이고, 권력에 대한 견제와 균형을 내실화하고, 권력구조-선거제도-정당체제 등을 생산적 경쟁과 대승적 협력이 가능하도록 고치고, 독점과 특권의 본산이자 부당한 착취와 억압의 중심인 정부와 공공부문 관련 제반 행위와 정보를 최대한 공개하고, 더 나아가 공공부문의 규모와 권능을 축소하여 해결할 일이다. 통합은 자신의 핵심가치를 꺾거나 흐릿하게 하는 방식으로 얻어지는 것이 아니다. 자신을 소환한 시대적 소명에 충실하므로서 얻어지는 것이다.

윤석열 공약집에는 '정부혁신' 관련 나름 대담한(?) 공약이 적시되어 있다. "국민 곁에서, 국민과 늘 소통하며 일하는 대통령"이 되겠다면서 "대통령실 '정예화한 참모'와 '분야별 민·관합동 위원회'로 조직개편" "수석비서관 폐지, 민정수석실 폐지, 제2부속실 폐지, 인원 30% 감축 등 조직 슬림화하여 전략조직으로 재편"하고 "대통령실은 범부처·범국가적 현안 기획·조정·추진, 미래전략수립에 집중" "총리 및 장관 자율성, 책임성 확대" "세종 제2집무실설치" "청와대 해체 및 대통령실 광화문 이전으로 '제왕적 대통령' 잔재 청산" "대통령 관저, 대통령실과 공간적 분리 및 이전" 등. 그 외에도 "국가재정관리를 위한 재정준칙 도입과 지출 효율화"와 "여성가족부 폐지" 등도 적시하였다.

국민통합, 곧 극심한 분열과 갈등 해소 방략을 다각도로 천착했다면 '정부혁신'이나 '디지털 플랫폼 정부'를 넘어서는, 한국 사회 만악의 근원이자 거의 모든 문제의 킹핀인 '정치개혁' 관련된 철학적 원칙이라도 연설 형태든 공약 형태든 나오지 않았을까 한다. 너무 아쉬운 대목이다.

⑥ 균형발전

균형(발전)은 주요 연설에서는 언급되지 않았지만, 대선후보 지방순회 경선에서는 자주 등장한다. 서울수도권과 나머지 지방간, 특별시·광역시와 중소도시 및 농산어촌 간 발전 격차가 심하기 때문이다. 당연히 대선이 끝나면 국민통합과 균형발전이 큰 화두로 부상한다. 윤석열 인수위에서도 당선인 직속으로 국민통합위원회와 지역균형발전특별위원회가 만들어졌다.

윤석열 공약집의 지역균형발전 정책은 신규보훈병원 건립 시 지역균형 고려, 5대 광역 메가시티와 스마트 강소도시 연계 육성, 권역별 혁신특구 조성, 지역 특성에 맞는 과학기술 정책, 지방대학 육성, 수도권 어디서나 30분 출퇴근이 가능하도록 GTX 연장과 건설 등이다. 여기서 보듯 GTX는 수도권용 정책이고, 지방대학 육성은 박정희 시대부터 해왔으나 육성은커녕 고사 위기에 놓여있다. 과학기술은 지방산업과 긴밀히 연계된 것이라면 할 만한 사업이지만, 본래 과학기술은 지방 경계는 말할 것도 없고 국가 경계에도 얽매이지 않는다. 현재 지역 간 불균형은 크게 3가지로 분류할 수 있다. 첫째, 서울·경기·충청과 나머지 지역간(영남·호남·강원·제주)의 불균형이다. 둘째, 대도시(특광역시)와 중소도시 및 소멸위기의 농산어촌 간 불균형이다. 셋째, 이른바 지역주의의 진원이자 정치적 대결 구도의 중심인 영남과 호남의 불균형이다. 각 지역내에서도 불균형이 심하다.

서울은 강남과 강북의 불균형이 있고, 경기는 남부와 북부, 충청은 남도와 북도의 불균형이 있다. 현재의 지역간 불균형을 만드는 요인은 그림과 같이 단순화할 수 있다. 세계적 보편성과 한국적 특수성이 맞물려 있다는 것이다.

〈현재 지역 불균형의 재생산(심화) 구조〉

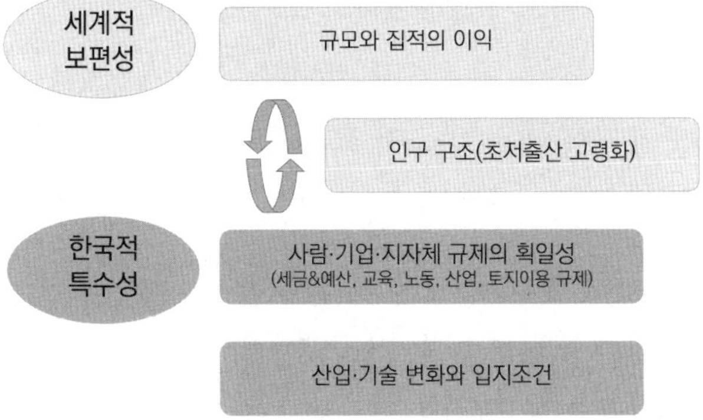

규모와 집적의 이익은 소비자, 이용자 이익과 문화적 매력 등에 따라 도시로 인구집중은 세계적 추세라는 것이다. 교통 인프라(도로, 철도, 고속철도 등)의 발전은 분산 효과와 집중(빨대) 효과가 병존한다고 보아야 한다. 인구구조는 출생아수, 학령 아동수, 대학생수 급감에 따른 생활인프라(교육, 보육, 의료, 마트 등)의 공동화와 소멸 현상을 초래하고 있다. 산업·기술 변화와 입지조건은 1990년대 이전은 이농, 탈농 공업화와 일본·미국 등 태평양권을 향한 경인·경부축 중심으로 발전하면서 영호남 격차가 심화되었

다는 것이다. 또한 2000년대 이후에는 중후장대형 산업(넓은 땅과 항만)은 정체되거나 고용없는 성장에 돌입하고, 성장의 중심인 경박단소형 산업과 ICT벤처는 인재를 구하기 쉬운 곳이나 공항 접근성이 좋은 곳(서울과 경기 일원)에 위치함으로서 서울수도권과 나머지 지방의 발전 격차를 낳았다. 충청권은 중국(서해안) 효과, 세종시 효과, 수도권 과밀 규제에 따른 풍선효과가 중첩되면서 영호남에 비해 더 빠르게 발전했다고 보아야 한다.

지역간 불균형 관련 한국적 특수성의 핵심은 사람·기업·지자체 관련 규제의 획일성과 경직성인데, 문제도 답도 여기에 있다고 보아야 한다. 즉 세금 부과 및 예산 편성과 운용(국고 보조금, 교부금 등)의 획일성과 경직성, 교육 제도(법령)의 획일성과 경직성, 고용 노동 규제(임금, 고용, 근로시간, 노동쟁의 등)와 산업·환경·안전 규제와 토지이용규제의 획일성과 경직성(화관법, 중대재해법 등)이 핵심이다. 촘촘하고 획일적인 국가규제는 지방으로 하여금 자신의 처지와 조건을 약진의 발판으로 삼기 힘들게 만든다. 사실 현재 지방은 낮은 부동산 가격과 널널한 공간 외에 강점 거의 없다. 아니 국가규제가 강점을 발휘할 수 없게 만들었다고 해도 과언이 아니다. 그런 점에서 촘촘하고 획일적인 국가규제는 서울과 지방을 평등하게 만드는 것이 아니라, '같은 값이면 다홍치마'라고 서울이 가진 장점과 강점(규모와 집적의 이익)만 부각시켰다고 보아야 한다.

기존의 지방균형발전 정책은 국가예산과 서울수도권이 가진 자원(공공기관 등) 많이 이전(쟁취)하기와 입지조건(시장원리)을 무시한 고부가가치 첨단 산업·기업 끌어가기가 대종이었다. 당연히 시장원리에 역행하기에 성과는 별무신통이었다. 그러므로 지역균형발전정책의 기조는 국가, 중앙, 서울이 가진 자원(예산, 인력, 공공기관 등)을 지방이 뜯어오는 것이 아니라, 지방이 가진 내적 잠재력을 최대로 발양시키는 조건을 만드는 것이어야 한다. 즉 합치면 연 100~200조가 되는 국고보조금과 지방교부금을 둔탁한 기준으로 일률적으로 뿌려 댈 것이 아니라, 국가=중앙정부는 모태펀드(엔젤투자자)처럼, 지자체는 벤처기업가처럼 행동하도록 해야 한다. 핵심정신은 지방이 가진 지리적 조건과 자연자원, 인적자원, 산업자원, 역사문화자원 등을 자율 책임하에 개발하도록 하고, 이를 국가가 엔젤투자자처럼 심의하여 투자를 하도록 하는 것이다. 그리고 부산울산경남 같은 초광역 특별지방자치단체와 더불어 많은 규제로부터 자유로운 초소형 지방자치단체(특별자치섬, 특별자치 아파트단지, 특별자치동, 특별자치면, 특별자치시 등)를 통한 발전도 실험해야 한다.

⑦ 문명국가

윤석열은 주요 연설에서 문명국가라는 표현을 딱 한번 사용하였다. 하지만 국가비전을 얘기하면서 사용한 것이 아니다. 그 구체적인 용법은 다음과 같다.

국제 사회에서도 대한민국이 문명국가의 보편적 가치에 기반하고 있다는 분명한 입장을 보여야. 대한민국이 어떤 나라인지 확고한 정체성을 보여주어 적과 친구, 경쟁자와 협력자 모두에게 예측가능성을 주어야(출마선언문 2021. 6. 29)

문명국가라는 표현은 공약집에도 없고, 수많은 연설문에도 없다. 문명이라는 표현은 5·18을 얘기하면서 썼다. "5·18은 이 나라의 전 세계에 자유민주주의 정신을 알리는 대한민국의 문명과 인권의 민주주의의 저력을 세계만방에 알리는 거사였습니다"(윤석열 광주전남권 유세, 2022. 2. 16)

그런데 야만(野蠻)의 반대가 문명(文明)이다. 조선의 철학, 가치, 문화가 진하게 배여 있는 북한과 문재인 정부를 말할 때 사실 야만은 꽤 적확한 단어이다. 그런 점에서 지난 150년을 개화-독립-건국-산업화-민주화-선진문명국가(개화의 완성)로 본다면 문명국가는 국가비전을 표현할 때 진지하게 검토할만한 단어가 아닐 수 없다.

⑧ 실용

윤석열의 주요 연설에서 실용은 단 한번 등장한다. 그 용법은 다음과 같다.

우리와 민주주의 가치를 공유하는 나라들과의 협력을 강화하고, 국익우선의 실용외교를 펼치겠습니다(후보수락연설 2021. 11. 5)

윤석열 공약집에는 실용이라는 표현은 등장하지 않는다. 하지만 대선주자 토론에서 '실용주의'라는 표현으로 등장했다.

"정치가… 국민의 생활과 현장하고 많이 떨어져 있는 것이 문제라고 생각을 하고요 그게… 실사구시나 실용주의에서 너무 벗어나 있다 이거죠. 우리가 정치의 미덕은 현장에 있고 실용주의에 있다라는 것에 대해서만 공감과 합의를 갖는다면, 낡은 이념과 철학만 가지고 어떤 사안을 놓고 논쟁하는 거…. 핵심을 다 벗어난 얘기들을 하고 있습니다"(대선후보 본경선 제3차 1:1 맞수토론, 2021. 10. 29)

실용은 일을 풀어나가는 방법론일 뿐이다. 그런데 윤 당선인을 포함하여 한국사회에서는 탈이념이 곧 실용이고, 중도(좌우 이념에 얽매이지 않는다)로 생각한다. 그런데 그것이 새로운 이념임을 모른다. 이념은 원래 종합적이고 체계적인 경세방략이다. 유기적으로 통합된 역사관(시대인식), 세계관, 가치관이 이념이다. 이념은 정치철학, 가치, 비전, 정책의 총화이다.

그러므로 철 지난 좌우 이념이나 교조적인 이념에 대한 부정은 지극히 정당한 것이지만, 이를 넘어서서 이념 자체를 부정하면서 국가경영을 하겠다는 것은 넌센스가 아닐 수 없다. 실용은 좌파 이념이나 우파이념에 충실해도 구체적인 일을 풀어나갈 때는 필요한 자세이다. 그 어떤 이념도 복잡다단하고 변화무쌍한 현실(문제)에 대한 명쾌한 답을 다 주지 못하기 때문이다.

⑨국가비전과 국정지표

윤석열은 주요 연설에서 'OOOOOO나라'라는 표현을 사용하여 국가비전을 얘기하였다. 예컨대 출마선언에서는 "미래를 짊어질 청년들이, 국가를 위해 희생한 분들이, 산업화에 일생을 바친 분들이, 민주화에 헌신하고도 묵묵히 살아가는 분들이, 세금을 내는 분들이 분노하지 않는 나라" "청년들이 마음껏 뛰는 역동적인 나라, 자유와 창의가 넘치는 혁신의 나라, 약자가 기죽지 않는 따뜻한 나라, 국제 사회와 가치를 공유하고 책임을 다하는 나라!"를 역설했다. 후보수락 연설에서는 "'기득권의 나라'에서 '기회의 나라'로, '약탈의 대한민국'에서 '공정의 대한민국'으로" "분열과 분노의 정치, 부패와 약탈의 정치 끝내겠다."

중앙선대위출범 연설에서는 "기본이 탄탄한 나라, 공정이 상식이 되는 나라, 일한 만큼 보상받고 기여한 만큼 대우를 받는 공정한 세상, 기회가 풍부한 나라"를 역설하였다.

대선후보 4인 3차 TV토론(2022. 3. 2)에서는 "자유가 숨 쉬는 나라, 공정과 상식이 통하는 나라, 품격 있는 나라, 국민이 자부심을 가질 수 있는 나라가 되어야 젊은이들이 아이를 가지게 되지 않겠나 생각한다"고 말했다. 사실 만들고 싶은 나라(국가비전)를 화두로 던져, 원점에서의 문제 분석과 역대 정부의 관련 성과·한계·오류 분석을 거쳐, 정책 목표(기조), 세부 실행방안, 추진체계를 그려본다면 저 멋들어진 말이 허언이 될 가능성이 대폭 줄어들 것이다.

국가비전 뿐만 아니라 주요한 정책 기조; "지역, 계층, 성별, 세대의 차이를 뛰어넘어 화합" "AI 등 4차산업혁명을 이끄는 기업에 지원 집중" "공정과 상식의 이름으로 진짜 약자를 도와야"(사회적 취약계층 복지 강화) "자영업자와 소상공인 지원 강화" "문화강국"(지원하되 간섭하지 않음) "창의성 교육 강화와 교육혁신" 등도 동일한 방식으로 문제와 대안을 그려본다면 역시 허언이 될 가능성이 많이 줄어들 것이다.

3)윤석열 정부의 비전하우스 시안

위에서 길게 분석한 가치들의 함의와 상호관계, 그리고 윤 당선인의 선언과 연설, 정책과 공약, 시급한 과제와 역사적 서사를 종합하여 비전하우스 시안을 그려보면 이렇게 된다.

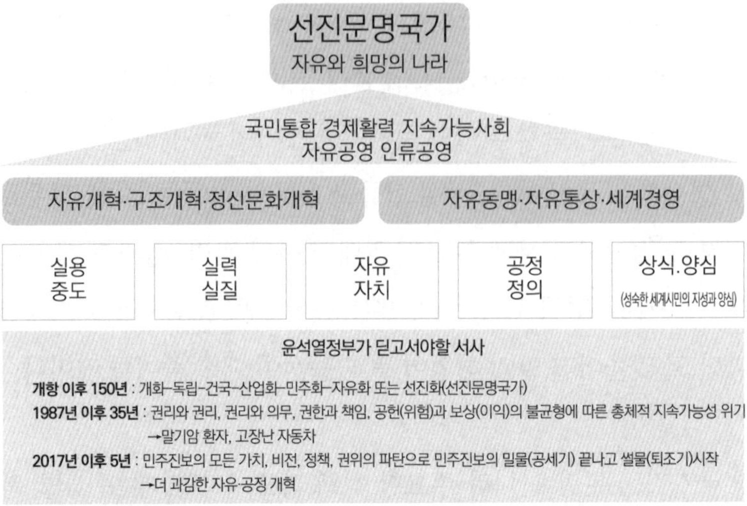

실력: 부당한 배제·차별과 장벽·족쇄 철폐
실력: 본질과 소명에 충실

2부

윤석열의 약속

1 당선인의 약속
2 본선 토론 약속(윤석열, 이재명, 안철수, 심상정)
3 본선 연설 약속
4 국민의힘 당내 경선 약속
5 정치를 시작하며 한 약속

1

당선인의 약속

1. 윤석열 대통령 당선인 당선 인사 (2022. 3. 10)

모두 함께 애써주신 우리 국민의힘 당직자, 의원 여러분께 정말 깊이 감사드리고 참 뜨거운 아주 열정적인 그런 레이스였던 것 같습니다. 이 과정을 통해서 많은 것을 느끼고 배웠고, 그리고 오늘 이 결과는 저와 우리 국민의힘 그리고 안철수 대표와 함께 한 국민의당의 승리라기보다는 위대한 국민의 승리가 아닌가 그렇게 생각을 합니다.

그리고 마지막까지 함께 멋지게 뛰어준 우리 민주당의 이재명 후보, 정의당의 심상정 후보 두 분께도 감사드리고 또 결과는 이루지 못했지만 대한민국 정치발전에 우리 모두 함께 큰 기여를 했다는 점에서 그 가치를 높이 평가하고 싶고, 그리고 두 분께도 좀 심심한 위로의 말씀을 드리고 싶습니다.

정말 이 선거운동을 하면서 많은 걸 배웠습니다. 나라의 리더가 되기 위해서 필요한 게 어떤 건지 또 국민들의 목소리를 어떻게 경청해야 하는지 이런 많은 것들을 배웠고 우리가 이 선거를 하는, 경쟁을 하는 이 모든 것이 다 국민을 위한 것이고 이제 우리 경쟁은 일단 끝났고 우리 모두 힘을 합쳐서 우리 국민과 대한민국 위에서 우리 모두 하나가 되어야 한다고 생각합니다.

이제 당선인 신분에서 새 정부를 준비하고 대통령직을 정식으로 맡게 되면 헌법 정신을 존중하고 의회를 존중하고 야당과 협치하면서 국민을 잘 모시도록 하겠습니다.

그리고 우리 국민의힘과 국민의당이 빠른 시일 내에 합당을 마무리 짓고 더 외연을 넓히고 더 넓은 국민들의 지지를 받고 국민들의 고견을 경청하는 아주 훌륭하고 성숙한 정당이 될 수 있도록 함께 노력하고 또 저도 많이 도와주시기를 부탁드리겠습니다.

더운 여름부터 모두 함께 정말 땀 흘리면서 또 추위에 떨면서 이렇게 다 함께 여기까지 뛰어준 여러분께 정말 감사드리고 또 미흡한 저를 이렇게 잘 지켜보고 성원해주신 국민 여러분께 감사드립니다. 제대로 잘 보답하겠습니다. 감사합니다.

2
본선 토론 약속

(윤석열, 이재명, 안철수, 심상정)

1. 선관위 초청 3차 토론회

일시 : 2022년 3월 2일 수요일(모든 방송)

(https://www.youtube.com/watch?v=XIq-UrcsqpE)

[사회자 공통 질문, 첫 번째 주제]

"후보들이 우선적으로 구상하고 있는 복지정책과 재원 조달 방안"

◦윤석열 : 모든 국민이 질병 실업 또 장애 빈곤 등에서 벗어나 인간다운 삶을 살게 해주는 복지는 지속 가능한 성장의 기초가 되고 또 성장은 복지의 재원이 됩니다. 성장과 복지의 지속 가능

한 선순환이 매우 중요합니다. 특히 사회서비스 복지는 현금 복지보다 지속 가능한 선순환에 크게 기여합니다. 기본소득과 같은 현금 보편복지는 엄청난 재원과 세금이 들어가고 성장을 위축시키는 반면에 그 효과가 크지 않습니다. 한편 4차 산업혁명의 첨단 과학기술을 적용해서 도약적인 성장을 시킴과 아울러 복지서비스의 질을 제고하면 더욱 큰 선순환을 이뤄낼 수 있고 맞춤형 복지, 사각지대 제로의 복지를 구현할 수 있습니다.

◦윤석열 : 저도 이재명 후보한테 좀 질문을 하겠습니다. 복지를 위한 재원 마련에 증세를 주장하는 분들이 많습니다마는 우리나라의 지금 이 초저성장 기조에 비추어 봤을 때 증세라는 것이 경제에 큰 타격을 주기 때문에 가급적이면 지출 구조조정을 통해서 재원조달을 하고 선택과 집중을 해야 됩니다.

그런데 이 기본소득 같은 보편복지를 현금으로 하게 되면 1년에 우리 이재명 후보께서 말씀하신 연 1백만 원만 해도 한 50조 원이 들어가는데 이걸 가지고 '탄소세'다 또 '국토보유세'다 이렇게 해서 증세를 하게 되면 결국은 기업 활동이 위축되고 성장에 지장을 초래하기 때문에 성장과 복지의 지속 가능한 선순환을 기대하기가 참 어렵습니다.

그런데 우리 이재명 후보께서 우리 사회서비스 복지에 대해서

사회서비스 복지 일자리를 100만 개 창출하겠다고 하셨는데 저는 기본소득 같은 보편적인 현금 복지를 포기한다면 이런 사회서비스 복지를 얼마든지 늘리고 이 자체가 바로 일자리 창출이고 성장에 기여하는 것이기 때문에 바람직하다고 생각은 됩니다만 이 두 개가 동시에 되려면 예를 들면 사회서비스 복지를 100만 개 한다고 그러면 월 한 250만 원 300만 원의 보수를 준다고 할 때 이게 이분들에 대한 시설 지원까지 하면 연 40조가 드는데 그러면 기본소득 50조에 또 사회서비스 일자리 만들어내는 데 한 40조가 늘면 재정에 큰 부담이 되고 결국은 또 과도한 증세를 통해서 성장을 위축시키면서 지속 가능한 복지재원을 어렵게 만들지 않겠나 해서 한 번 의견을 듣고 싶습니다.

◦이재명 : 어차피 제 발언 순서가 된 것 같기도 해서 간단하게 하나 말씀드리겠습니다… 우리 윤석열 후보님 말씀 중에서는 기본소득 비판을 자주 하시는데 혹시 국민의힘 정강정책 1조 1항에 '기본소득 한다' 이렇게 들어 있는 거 아십니까?

◦윤석열 : 그 기본소득은 우리 이 후보님이 말씀하신 그런 기본소득하고는 좀 다릅니다.

◦이재명 : 정부에서… 처음에는 300만 원 지급하니까 매표 행위라고 비난을 했습니다. 그 다음에 보니까 '우리가 300만 원 마

련했다'라고 문자도 보낸 것 같고 나중에는 "천만 원 내가 당선되면 지원하겠다." 이렇게 말씀하셨는데 우리 윤석열 후보님의 진심은 어떤 겁니까?

◦윤석열 : 저는 작년부터 민주당에서 손실보상 없는 손실보상법을 날치기 한 직후부터 50조의 재원을 마련해서 정부의 방역 정책으로 인해서 손실을 본 자영업자, 소상인들에 대해서 실질적인 피해 보상을 해야 한다고 지금까지 일관되게 주장을 했습니다.

그리고 우리 이 후보나 민주당에서는 작년 내내 실질 손실에 대한 피해 보상 얘기는 안 하셨고 계속 전국민재난지원금 30만 원 준다 50만 원 준다 이런 말씀만 하시다가 금년 들어와서 선거를 앞두고 갑자기 50조를 만들어서 제가 한 그 공약을 모방을 하시더니 결국은 그것도 추경으로 올리지 못하고 14조 원으로, 아니 그걸 왜 예결위에서 날치기를 하십니까? 그래서 저희는 할 수 없이 사각지대 노인분들에 대한 3조 지원을 보태 가지고 일단 17조로 본회의에서 합의 통과를 시켰는데 그야말로 이거는 정부의 시혜나 베풀어주는 것이 아니라 정부의 공공정책으로 인해서 피해를 본 분들에 대한, 재산권 행사의 손실을 본 분들에 대해서 헌법상의 권리로서 이건 보상을 해 드려야 되는 문제라고 생각합니다. 그래서 이거 300만 원은 저는 적절하지 않고 실 피해를 보상해야 한다는 주장을 일관되게 작년 여름부터 해 온 것입니다.

◦이재명 : 제가 드린 질문은 그게 아니고 처음에는 방해를 하다가 나중에는 비난을 하다가 나중에는 자기가 했다고 하다가 나중에는 천만 원 하겠다고 하는 것이 일관성이 없다. 이 말씀인데 답변을 회피하는 것 같아서 좀 아쉽습니다.

◦안철수 : 윤 후보께 묻겠습니다… 그런데 국민연금 자체 설계를 보면 지속 가능성도 없지만 또 다른 굉장히 중요한 고쳐야 될 문제가 있습니다. 그게 뭐라고 생각하십니까?

◦윤석열 : 소득대체율이나 또 노후의 빈곤을 막을 수 있는 그런 보장 소득 보장제도 아니겠습니까?

◦안철수 : 혹시 그거 아십니까? 지금 형편이 좋은 분들은 가입률도 높고 가입 기간도 깁니다. 그런데 형편이 나쁜 분들은 가입 기간도 짧고 그리고 가입률도 낮습니다… 그런데 아시다시피 국민연금이라는 것이 국민이 낸 돈보다 훨씬 더 많은 돈을 국민께 혜택을 드리는 제도 아닙니까?. 그렇게 되면 결과적으로 어떤 문제가 발생하겠습니까?

◦윤석열 : 낸 거보다 더 많이 드리게 되면 연금 재정이 금방 부실화되겠죠.

◦안철수 : 그것보다 더 지금 중요한 문제는 형편이 좋은 분들에게 더 많은 혜택을 드리고 형편이 나쁜 분들이 혜택을 덜 받음으로써 좋은 의도로 만든 국민연금이 빈부 격차를 악화시키는 역할을 한다는 겁니다. 이것에 대해서 아마 문제점을 인식하실 것 같은데요. 그럼 어떻게 고치면 되겠습니까?

◦윤석열 : 그러니까 국민연금은 기본적으로는 낸 것에 비례해서 주는 것이 원칙이기는 하지만 어려운 분들을 위해서 기초연금이라든가 기초생활 보장이라고 하는 연금을 예를 들어서 세 개의 층으로 쌓는다고 그러면 그 1층은 어떤 보장책으로 탄탄하게 하고 또 중간층과 개인연금이라는 3층 이런 식의 중층적인 구성을 하는 게 바람직하다고 생각합니다.

◦심상정 : 그다음에 우리 윤 후보님 '증세 없는 복지는 허구다' 이런 말씀 들어보셨어요. 부유층을 대표하는 정당의 후보라면 이렇게 어려운 재난의 시기에 오히려 부유층에게 '좀 더 고통 분담해 주십시오' 이렇게 이야기하는 게 저는 책임정치라고 생각합니다. 어떻게 생각하세요.

◦윤석열 : 필요하면 증세도 해야 되겠습니다마는 또 국채 발행도 할 수 있습니다마는 원칙은 지금 우리 경제가 초저성장 시대에 있는데 경제를 좀 원활하게 성장을 시켜야 거기서 복지의 재

원이 또 많이 산출이 될 수 있는 거니까 기본적으로 써야 될 복지에 대해서는 지출 구조조정 그러니까 효과가 떨어지거나 또는 단기적인 경기부양성 한시적 예산이라든가 이런 것들을 줄일 수 있으면 줄이고 또 자연세수 증가에서 나오는 것 연 27조 정도가 되는데 그런 거를 합치면 제가 복지 전체 공약에서 잡은 돈이 한 266조 정도 되고 복지가 한 100조…

◦심상정 : 그것 거짓말이에요.

◦윤석열 : 그렇게 말씀하지 마십시오. 근거도 없이 자료를 갖고 와서 얘기를 하시든가 여기가 자료도 없이 그냥 와서 아무 말이나 하는 데는 아니지 않습니까?

◦이재명 : 제가 윤 후보님한테 혹시 시간이 되시면 이거 하나 여쭤보고 싶어요. 임플란트 4개 하는거 그 당에서 비난하는 것 같은데 우리 윤 후보님은 이 정책에 대해서 찬성이십니까? 반대십니까?

◦윤석열 : 글쎄 지금 의료 재정도 어려운데 저는 좀 필수적인 거 그리고 중증 환자 우선으로 예산을 쓰는 것이 재정을 쓰는 것이 맞지 않나 이렇게 생각이 됩니다.

[사회자 공통 질문, 두 번째 주제]

최근에 진행되고 있는 인구구조의 변화를 어떻게 평가하고 있으며 가시화되는 인구절벽 현상에 대응하기 위해서 어떤 정책이 필요하다고 생각하시는지

◦윤석열 : 지금 현재 합계 출산율이 0.81로 떨어졌습니다. 저출산 고령화로 인구구조가 역삼각형 가분수 형태가 되면 저성장 또 연금 복지 재정이 악화되고 또 국방력이 약화되고 대학 교육 시스템이 붕괴되는 이런 문제가 생깁니다.

출산율을 높이기 위해서는 임신, 출산 지원, 일자리 확대, 주거 안정, 보육, 일가정 양립 이런 모든 제도들도 필요합니다마는 지금 지나친 경쟁 사회의 구조가 개선이 돼야 합니다. 그렇게 해서 청년들이 불안감을 해소하고 지역 균형발전을 이루어서 일자리 문화가 그 기회가 균형을 잡아야만 청년들의 지향점이 다원화되면서 아이를 낳게 되는 것이…

(시간초과)

◦윤석열 : 일단 이 저출산을 막기 위해서는 일자리와 주거 안정이 필수입니다. 그래서 첨단기술 R&D 투자 그리고 청년들에 대

한 직업 훈련 투자를 더 확대하고 또 교육과정도 개혁을 하고 지방 청년들을 위한 지방대학과 기업 연계 프로그램도 만들어서 또 대학을 창업 기지화하거나 사내 기업을 만들고 기업 대학을 만든다든지 이렇게 해서 청년들의 일자리를 좀 만들어 내야 됩니다.

그리고 보육과 일 가정을 양립할 수 있는 보육의 국가 책임제를 확실하게 실현해야 됩니다. 그런데 저는 지금 우리나라가 0.81인데 3.1명의 합계 출산율을 기록하고 있는 이스라엘의 제도를 우리나라도 도입해야 되지 않는가 싶습니다. 그래서 이 보육시설을 확장을 해서 1년에 한 100만 원 정도만 받고 식사, 간식을 포함해서 아침 8시 반부터 저녁 6시 반까지 탁아, 육아를 전부 국가가 책임을 져주는 것이고 그 재원은 지방교육교부금에서 축적된 돈들이 많이 남아 있기 때문에 한 10조에서 15조 원을 전용을 좀 하는 방안을 생각을 해야 된다고 봅니다.

이렇게 하게 되면 보육교사와 또 급식 일자리에서 수십만 개의 일자리까지 창출이 되기 때문에 이것이 아이를 낳게 만드는 아주 중요한 그 어떤 동기가 되지 않겠나. 그리고 아까 또 말씀드린 대로 지역 균형발전을 통해서 청년들이 지역의 일자리와 교육과 문화 또는 의료의 동등한 기회를 누리면서 지방에 자리를 잡아야 자녀 출산이 더 용이해지지 않겠는가 하는 이런 학계의 정서를 저도 채용하고 싶습니다. 일단 질문은 나중에 하겠습니다.

◦이재명 : 마지막으로 우리 윤석열 후보님 저출생 원인 얘기 하시다가 이 페미니즘 때문에 남녀 교제가 잘 안 된다. 그래서 저출생에 영향을 미친다. 이런 말씀 하셨는데 우리 후보님이 생각하는 페미니즘은 뭐고 페미니즘이 남녀 교제에 영향을 준다. 못 만나게 만든다. 이 생각 여전히 하시는지 궁금합니다.

◦윤석열 : 저는 페미니즘이라고 하는 것은 휴머니즘의 하나로서 여성을 인간으로서 존중하는 그런 것을 저는 페미니즘이라고 생각합니다.

◦심상정 : 윤석열 후보께도 제가 질문드리겠는데 작년에 산재로 몇 명 죽었는지 아십니까? 국회에서 중대재해처벌법을 만들었지 않습니까? 그런데 이제 50인 미만은 유예되고 5인 미만은 지금 이제 제외됐단 말이에요. 근데 대기업이나 5인 미만 사업장이나 사람 목숨은 똑같은데 이렇게 차별을 두는 것이 윤석열 후보님 공정의 기준으로 볼 때 타당합니까?

◦윤석열 : 우리 심상정 후보님 말씀은 가슴으로는 와닿는데 현실에서는 좀 따져봐야 됩니다. 저는 검사 시절에도 산재 사건에 대해서 아주 엄정하게 수사해서 귀책을 물었고 형사 책임을 추궁을 했고요. 그리고 제가 운전자 과실이라고 하는 것은 실제로 현장에 가서 보니까 '운전자의 명백한 과실이 좀 있는 것으로 보인

다'라고 얘기를 했던 것이고. 그러나 '감독관들이 제대로 하지 못한 것은 어떤 것인지 더 좀 알아봐 달라'고 말씀을 드린 건데 일부만 따신 거고요. 그리고 이 중대재해처벌법이라는 것도 지금 구속 요건을 보면 이게 좀 약간 애매하게 돼 있습니다. 그래서 이게 사실 이걸로 형사 기소를 했을 때 여러 가지 법적 문제가 나올 수 있고 그렇기 때문에 재해 현장을 가면 일단 이게 수사가 잘 안 됩니다. 진상 규명이 안 됩니다. 그러니까 법이 있으면 뭐 합니까. 저는 이게 이렇게 된 현실이 도대체 왜 그런지 이해가 좀 안 되는데 저는 이걸 엄정하게 진상을 가리고 수사를 해서 귀책을 따져 물어야 우리 피해 입은 근로자들이 보상도 받고 할 수 있는 것이 아니냐 그런 말씀을 드리는 겁니다.

◦심상정 : 윤 후보님께서 예방 강화를 많이 강조하시는데 제가 공약집에 보니까 건설 분야만 한 쪽이 있고 예방 강화에 대해서는 한 줄도 없어요. 저는 5인 미만 사업장에도 중대재해법 당연히 적용해야 되고요. 또 지금 영국이나 유럽 수준으로 기업살인법 기업이 살인한 것으로 간주한다는 정도의 강력한 생명의 존엄성에 대한 의지를 갖는 사회가 돼야 된다고 생각해요.

◦윤석열 : 네, 질문에만 답을 간단히 드리겠습니다. 김용균 사건에 대해서 제가 검찰총장으로서 서산지청에 지휘해서 그 13명이 기소되게 수사를 철저하게 시키고 처리를 했습니다. 다만 제가

사직을 하고 나와서 재판은 챙겨보지 못했습니다마는 재판 결과가 이렇게 나온 것은 좀 안타깝기는 합니다마는 저는 현직에 있을 때도 이런 산재 사건에 대해서는 그냥 넘어가지 않았습니다. 철저하게 책임 추궁을 했습니다. 이 말씀만 드리겠습니다.

◦이재명 : 제가 우리 윤석열 후보께 여쭤보고 싶은 게 이런 겁니다. 육아휴직 기간을 1년에서 1년 6개월로 연장하자 이런 공약하셨죠. 그런데 지금 현재도 1년짜리 육아휴직을 거의 못 쓰고 있는데 혹시 육아휴직 소진율이 얼마나 되는지 아십니까?

◦윤석열 : 얘기를 좀 하겠습니다. 지금 이제 저출산을 막는 말씀들을 많이 하셨는데 저출산 정책은 효과를 보려면 시간이 많이 걸립니다. 정부에서 15년 동안에 돈도 한 370조 가량을 썼고 일단은 우리가 이거를 현실로서 인정을 하면서 어떤 부작용을 최소화하기 위해서는 어떤 생산성 저성장을 우리가 극복을 해야 되는데 우리 안철수 후보님 그 좋은 방법으로 뭐가 있다고 생각하십니까? 저출산에서 생긴 우리 사회의 문제점이 저성장 저생산성 아니겠습니까? 이거를 해결할 수 있는 가장 좋은 방안이 뭐라고 생각하십니까?

◦윤석열 : 일단 자본과 노동에서 노동을 더 이렇게 투입하는 거 좋은 방안인데 결국은 우리가 저출산 사회에서의 부작용을 극

복하는 제일 중요한 것은 혁신 아니겠습니까, 제도와 기술의 혁신 문제 아니겠습니까?

[주도권 토론, 9분]

◦안철수 : 윤 후보께 묻겠습니다. 탄소 중립 2050년까지 정말로 중요합니다. 동의하시죠? 이것에 대해서는 사실 여러 가지 방법들이 있습니다. 어떤 방법들이 있다고 지금 생각하십니까?

◦윤석열 : 다 알고 계시는 방법들 아니겠습니까. 에너지 믹스를 탄소배출이 적은 또는 거의 되지 않는 신재생이라든가 천연가스라든가 원전 이런 것들 믹스를 잘 해서 쓰는 거 아니겠습니까?

◦안철수 : 그러면 에너지 믹스만 제대로 탄소배출을 하지 않게 한다면 탄소 중립은 가능하다 이런 말씀이시죠?

◦윤석열 : 또 여러 가지 그 신재생에너지 기술을 개발하는 데 여러 가지 첨단 디지털 기술들도 많이 적용이 되지 않겠습니까?

◦안철수 : (생략) 에너지 믹스 말고 네 가지 분야에 대해서는 그러면 또 어떤 복안을 가지고 계시는지요. 왜 이렇게 여쭤보냐 하면 탄소 중립이라는 것이 전 세계적으로 협약이고 국가 경쟁력에

굉장히 중요하고 세부적인 거야 전문가들만큼 알 필요가 있겠습니까만 큰 방향들은 알아야 해서 이게 과연 지금 현재 기술로 가능한 것인지 아니면 새로운 기술을 만드는 것인지 이런 것들이 필요해서 말씀드립니다.

◦윤석열 : 그래서 아까 그렇게 물으시니까 제가 에너지 믹스 말씀을 드렸는데 에너지를 만들어내는 과정과 또 그 에너지를 사용하는 과정하고 이렇게 여러 방면에서 탄소배출을 억제해야 된다는 말씀이고요. 그리고 천연가스도 일단 탄소 배출량이 적으니까 일단은 하루아침에 탄소 제로 에너지를 쓸 수가 없기 때문에 그런 것이고요. 말씀하신 대로 그런 목축업이라든가 이런 데에서 나오는 그런 탄소라든지 이런 것도 이제 가급적이면 발생이 좀 적게 되게끔 이런 스마트 농축 이런 기술들을 개발해야 안 되겠습니까?

◦안철수 : 그러면 그중에서 하나만 그러면 여쭤볼게요. 철강 생산할 때 탄소가 굉장히 많이 배출됩니다. 그건 어떤 방법으로 해결이 가능할까요?

◦윤석열 : 철강 생산할 때도 주로 석탄이라든가 코크스 같은 것들이 들어가기 때문에 많이 생산이 되는 걸로 알고 있는데요. 저도 그 공학적인 프로세스는 잘 모르겠습니다마는 우리 저 안

후보께서 좀 잘 아시면 저와 우리 시청자분들께 좀 설명해주시면 안 되겠습니까?

◦안철수 : 저는 이게 정말로 중요한 거라고 말씀드리는 겁니다. 사실 우리나라에서 가장 많은 CO_2를 생산하는 산업 중에 하나가 바로 철강 산업입니다.

◦이재명 : 아까 윤석열 후보님 제가 질문하다 못한 게 있어서 그것부터 먼저 하겠습니다. 제가 아까 여쭤본 것은 1년 6개월 공약을 했는데 지금 현재 1년 육아휴직을 사용하는 비율이 얼마나 되는지 혹시 아시는지, 두 번째 현재 있는 것도 그 정도밖에 못 쓰는데 나머지 제대로 쓰게 하는 게 더 중요하지 않느냐? …

◦윤석열 : 그거는 강제로 다 쓰게 한다기보다 1년 6개월씩 최대한 쓸 수 있는 제도를 만들면 또 사람에 따라서 사정이 다를 수 있기 때문에 부부 합산해서 1년 6개월씩 3년간 쓰게 하자는 것이지 그것이 이것 출산율 제고에 이것이 100% 이것만 갖고 된다는 뜻은 아니죠.

◦이재명 : 후보님. 질문에 답을 해주시면 좋지 않겠습니까? 몇 퍼센트 정도를 지금 쓰고 있느냐 지금 현재 있는 걸 늘리는 구체적 방법이 뭐냐 한 번만 더 말씀하시죠?

◦윤석열 : 저는 늘리는 것이 바람직하다고. 지금 1년 짜리를 늘리는 방법이 뭐냐 누가 더 많이 쓰게 하냐 이런 말 아니겠습니까?

◦이재명 : 나머지 다른 말씀을 드리겠습니다. 저는 우리 사회에 구조적 성차별이 있다고 생각합니다. 임금 격차도 크고 또 승진도 어렵고 소위 유리천장이라고 하는데 OECD에서 가장 나쁜 지표를 가지고 있습니다. … 그런데 후보님 저번에 제가 질의했을 때 결국 답 안 하고 넘어가셨어요. 여전히 구조적 성평등은 없고 개인적인 문제라고 생각하십니까?

◦윤석열 : 전혀 없다고야 할 수 있습니까마는 여성의 어떤 중요한 것은 여성과 남성을 집합적으로 이렇게 나눠 가지고 이거를 양성평등이라는 개념으로 접근할 것이 아니라 여성이든 남성이든 어떤 범죄를 피해를 당한다거나 또는 공정하지 못한 처우를 받았을 때 거기에 대해서 우리 공동체 사회가 강력하게 대응해서 그걸 바로잡는데 이것을 집합적인 양성의 문제로 접근하는 건 저는 맞지 않다고 봅니다.

◦이재명 : 말씀의 취지가 이해가 안 되는데, 있다는 겁니까 없다는 겁니까?

◦윤석열 : 제가 지금 말씀드렸지 않습니까?

◦이재명 : 있습니까? 없습니까?

◦윤석열 : 제가 완전히 없다고는 할 수 없지만 문제를 해결하기 위해서 우리가 어떻게 접근을 해야 되느냐 말씀을 드리는 거죠.

◦이재명 : 완전히 없는 거 하고 없는 거하고 무슨 차인지 잘 모르겠는데 그렇게 애매하게 말씀하시지 마시고…

◦윤석열 : 질문을 정확하게 하십시오

◦이재명 : … 구조적 성차별을 극복하기 위한 제도 중에 하나가 성인지 예산 제도입니다. 그런데 후보님 이렇게 말씀하셨던 것 같아요. 성인지 예산이 30조 원인데 이거 일부만 떼면 북핵 개발, 북한 핵 위협으로부터 막을 수 있는 무기 살 수 있다. 이 말씀하셨거든요. 성인지 예산이 구체적으로 뭐라고 생각하시는지 두 번째 성인지 예산 중에서 어떤 걸 삭감해가지고 국방비에 쓸 수 있는지 한번 말씀해 주시죠.

◦윤석열 : 성인지 예산이라고 하는 것은 각 부처에 흩어져 있는 이런 예산들 중에 여성에게 도움이 된다라는 차원으로 만들어

놓은 그런 예산들인데 원래 일반 예산을 이제 그런 거로 성과 지표를 좀 과장도 하고 확대도 할 수 있는 거니까 저는 그런 예산들을 지출 구조조정을 할 수 있는 예산들이다라고 봤고 거기서 조금만 지출 구조조정을 해도 우리가 북핵으로부터의 대공 방어망을 구축하는데…

◦이재명 : (생략) 디지털 성범죄가 매우 심각한데 디지털 성착취물 영상 유통 심각하잖아요. 그래서 N번방 방지법도 만들어졌고 저희 경기도에서 디지털 성범죄 피해자 원스톱 지원센터도 만들었는데 반응이 아주 좋습니다. N번방 방지법 반대하시잖아요. 왜 반대하십니까?

◦윤석열 : 더 철저하게 방지를 하기 위해서 현행법이 실효성이 떨어지기 때문에 제대로 만들어야 된다. 기술적으로 더 연구해서 해야 된다. 그게 저희 당론입니다.

◦심상정 : 두 분이 논의하신 것에 이어서 제가 좀 질문드리겠습니다. … 아직도 성인지 예산이 뭔지를 잘 모르시는 것 같아요. 이런 성인지적 측면에서 차별을 두면 안 된다는 검증 대상이 바로 성인지 예산이거든요. …

◦윤석열 : 그런 식으로 말씀하시는 건 좀 그게 아니고 성인지

예산에 대해서 모를 게 뭐 있습니까?. 다만 성과지표가 부풀려졌을 가능성도 있는 것들을 지출 조정을 하자 이런 말씀이죠.

◦심상정 : 성과지표하고는 상관없는 얘기구요. 두 번째 제가 질문 드릴게요. 그러니까 여가부 폐지 또 성폭력 무고죄 신설이 왜 청년 공약에 가 있습니까? 제가 깜짝 놀랐어요.

◦윤석열 : 발표를 하다 보니까 10월달에 제가 여러 가지를 쭉 한꺼번에 같이 발표를 하는데 청년도 좀 연관이 되니까 다 같이 그때 발표했습니다.

◦심상정 : (생략) 지금 무고죄는 우리나라가 지금 세계에서 가장 높다는 거 알고 계시죠? 우리보다 더 센 데가 있습니까? 대검에서도 이제 성폭력 종결 이전에 무고죄 수사를 안 한다는 매뉴얼이 있어요. 왜냐하면 이 무고죄를 성폭력 신고를 못하게 하는 수단으로 하거나 또 이걸 그 2차 가해를 일으키는 그런 수단이기 때문에 이제 대검에서도 이거 막은 거 아니겠습니까. 그런데 무고죄 형량을 왜 강화하시려고 하시는 거죠.

◦윤석열 : 그거는 본범을 성범죄를 더 세게 처벌하게끔 저희가 상향을 하니까 무고도 거기에 맞춰서 좀 상향을 하겠다는 …

◦윤석열 : 네, 저출산에 따른 인구구조가 지금 우리나라의 가장 큰 문제입니다. 그래서 여러 가지 그 정책도 중요하지만 자유가 숨 쉬는 나라, 공정과 상식이 통하는 나라, 또 품격 있는 나라 국민이 자부심을 가질 수 있는 나라가 되어야 젊은이들이 아이를 가지게 되지 않겠나 이렇게 저는 생각합니다.

이재명 후보께 한번 질문하겠습니다. 조카가 여자친구와 그 어머니를 37번 찔러서 잔혹하게 살해한 사건을 맡아서 데이트 폭력 심신미약이라고 하고 또 딸이 보는 앞에서 그 엄마를 회칼로 난자해서 살해한 흉악범을 심신미약 심신상실이라고 변호를 하셨는데 이렇게 여성 인권을 무참히 짓밟으시면서 페미니즘 운운을 하시고 만약에 이분이 이런 분이 이 나라의 지도자가 되신다면 과연 젊은이들이 아이를 낳고 싶은 그런 나라가 되겠습니까? 여기에 대해서 의견을 한번 말씀해 보십시오.

◦이재명 : 일단 변호사라는 직업 자체가 범죄인을 변호하는 일이어서 어쩔 수 없는 측면이 있었다고는 해도 저의 부족함이었다.

◦윤석열 : 여성들이 그렇게 생각할지는 의문입니다. 다시 이어서 질문을 하겠습니다. 지금 대장동 사건을 시장으로서 설계하고 우리 이 후보께서 다 승인을 했음에도 검찰은 지금 이 수사를 덮었습니다. 하지만 이 덮은 증거들이 계속 지금 드러나고 있습

니다.

그 사업 실무 책임자인 유동규는 본인이 가까운 사이가 아니라고 했는데 유동규, 김만배가 우리 이 후보님의 측근 중의 측근이라는 정진상, 김용과 이 사업을 위해 의형제 도원결의 맺었다는 녹취록이 공개가 됐고요. 또 김만배가 남욱 변호사에게 대장동 개발이 이재명 게이트라고 하면서 4천억짜리 도둑질이라고 했다고 남욱이 검찰에서 진술한 게 또 확인이 됐습니다.

또 남욱이 대장동 사업을 위해서 유동규에게 보낸 그 정민용 변호사가 직접 우리 이 후보님에게 화천대유의 사업 이권을 몰아주는 이 공모 지침서를 보고했고, 또 그 자리에서 이 후보님이 화천대유가 제대로 돈을 벌게 해야 된다고 말했다는 것이 또 검찰 조사에서 드러났습니다. 남욱은 검찰 조사에서 이거 언론에 공개되면 "이 후보가 낙마한다." "내가 좀 일찍 귀국했다면 민주당 후보가 바뀌었을 거다." "이 후보도 우리와 같이 들어가야죠"라고 검찰에서 진술한 것이 또 확인이 됐습니다. 이 후보가 대장동 사업에서 '자신은 1천억만 챙기면 된다'고 했다는 녹취록도 최근에 공개됐습니다. 또 김만배가 우리 이 후보님의 선거법 사건을 대법원에서 뒤집기 위해 대법관에게 재판 로비했다는 남욱의 검찰 진술도 확인이 됐습니다.

국민들은 다 알고 있습니다. 이런 후보가 아이 키우고 싶은 나라 얘기를 하고 노동 같은 얘기하고 나라 미래 얘기를 한다는 것은 이거는 국민을 우습게 가볍게 보는 그런 처사 아닙니까.

◦이재명 : 우리 윤 후보님 이거 벌써 몇 번째 울궈먹는 건지 모르겠는데 정말 국민의 삶을 놓고 계속 이러시는 거 이해가 안 됩니다. 제가 그래서 하나 제안 드리겠습니다. 이거 대통령 선거가 끝나더라도 특검해서 반드시 특검하자는 거 동의해 주시고 두 번째 거기서 문제가 드러나면 대통령이 당선돼도 책임지자 동의하십니까?

◦윤석열 : 지금까지 다수당으로서 수사도 다 패스하고, 지금 대통령 선거가 국민학교 애들 반장 선거입니까? 정확하게 수사가 이루어지지 않고 덮었지 않습니까. 이게 지난 2월 25일 우리 TV토론 이후에 다 나온 자료를 그때도 제가 말씀을 드렸고 새로이 언론에 나온 것들을 지금 말씀을 드리는 겁니다.

◦이재명 : 후보님 그래서 특검하자고요, 왜 동의를 안 하십니까? 지금 동의해 주세요.

◦윤석열 : 당연히 수사가 이루어져야죠.

◦윤석열 : 네, 당연히 수사가 이루어져야죠. 네. 그다음에 우리 지난 2월 27일 우리 이재명 후보께서 울산에서 정치 보복은 숨겨놨다가 나중에 몰래 하는 거라고 하셨습니다. 그 보복 대상이 누굽니까?

◦이재명 : 제가 드린 말씀은 대놓고 정치 보복하겠다는 사람이 있는데 할 마음이 있으면 숨겨놓고 하는 거지 내가 그렇게 한다는 게 아니고 어떻게 대놓고 말할 수 있느냐 이 뜻이었다는 거 한 번 말씀 드리고요. …

◦윤석열 : 그만하세요, 제 주도권이니까. 그 얘기는 기자들이 다 이미 확인해 줬지 않습니까. 제가 중앙지검장 할 때 법관들 수사를 많이 해서 혹시나 법원에 가게 되면 죽는다. 그런 얘기를 하고 이미 언론에 다 나오지 않았습니까? 저한테 질문하지 마시고 제가 질문한 것에 대해서 명확하게 답변을 좀 하십시오.

◦이재명 : 답이 그겁니다.

◦윤석열 : 그럼 제가 질문하면 저한테 다시 질문하는 방식으로 이렇게 맨날 넘어가십니까? 국민들이 다 알고 있고 검찰에서 사건 덮어서 여기까지 오셨으면 이런 부분에 대해서는 부끄러워하실 줄 알아야지 국민들한테 이게 뭡니까?

◦이재명 : 국민 여러분 한번 보십시오. 누가 진짜 몸통인지.

◦윤석열 : 이제 거짓말이 워낙 달인이시다 보니까 못하는 말씀이 없으신데 제가 안철수 후보님께 한번 여쭤보겠습니다. 안철수 후보님 공약 중에 보면 정신병원 입원 권한이 지방자치단체장에게 있었는데, 지금 있습니다. 이거를 정신병원에 대한 전문가위원회로 넘겨야 된다고 말씀을 하셨는데 그 공약을 만드신 이유나 근거는 어떤 것입니까?

◦안철수 : 시대가 이제 바뀜에 따라서 사실 정신병과 관련된 이런 많은 사례들이 지금 나오고 있습니다. 사회도 복잡해지고 그래서 이 문제에 대해서는 더 이상 지자체장보다는 전문가들이 위원회를 만들어서 거기서 심사를 하는 것이 정확하게 진단을 할 수 있다. 그런 뜻입니다.

◦윤석열 : 이재명 후보가 형님 이재선 씨나 또 자신을 공격하는 김사랑 씨를 정신병원에 강제 입원한 그 현안과 관련해서 이런 말씀을, …

◦이재명 : 후보님 사실이 아니니까. 그건 경찰이 한 일이에요. 경찰이 시장이 시킨 걸 합니까?

◦윤석열 : 언론 보도를 보고 하는 것이니까 그거하고 관련해서 이런 공약을 내세우신 거 아닌가요.

◦안철수 : 그 부분에 대해서 제가 사실 확인은 못 했습니다. 제가 수사권이 있는 사람도 아니니까요. 그런데 이런 문제들이 있으면 안 되겠다는 그런 생각에 이런 공약을 내게 됐습니다.

◦윤석열 : 고양시는 같은 기간에 단체장이 정신병원에 보낸 사람이 하나도 없는데 성남시는 25명이란 말이 …

[윤석열 마무리 발언]

국민 여러분 보셨죠. 저희가 작년 9월부터 특검을 하자. 또 우리 것도 할 거 있으면 받자 했는데 지금까지 다수당이 이거를 채택하지 않고 여기까지 왔습니다. 그러고 선거를 지금 일주일 남겨놓고 또 특검을 하자고 그럽니다. 이렇게 후안무치하고 부패한 민주당 정권이 집권 연장을 한다는 것은 재앙입니다.

반드시 정권을 교체해서 제대로 된 나라 만들라고 26년간 부패와 쌓아온 저를 국민 여러분께서 이 자리에 불러내 주신 것입니다. 제가 확실하게 하겠습니다. 그리고 유세장의 그 뜨거운 열기로서 여러분의 기대가 어느 정도인지 잘 알고 있습니다.

모든 국민이 안보위협으로부터 안전한 나라, 또 부정부패와 범죄로부터 안전한 나라, 여성이 성범죄로부터 안전한 나라, 아이들이 자라나기에 안전한 나라, 청년의 미래가 안전한 나라, 또 일터에서 우리 근로자들이 안전한 나라, 질병 실업 빈곤으로부터 안전한 나라, 반드시 만들겠습니다.

이번 대선은 위대한 국민의 상식과 부정부패 무도 세력과의 대결입니다. 3월 9일 국민 승리의 날로 상식이 회복되는 날로 만들어 주십시오.

2. 선관위 초청 2차 토론회

일시 : 2022년 2월 25일 금요일(모든 방송)

(https://www.youtube.com/watch?v=Pkv906DP52c)

[사회자 공통 질문, 첫 번째 주제]

"사회갈등을 효율적으로 조율할 수 있는 권력구조 개편 방안은 무엇인지?"

◦윤석열 : 권력구조는 국민의 기본권을 보장하고 국민을 잘 살게 하기 위해서 있는 것입니다. 선거를 앞두고 권력구조 개헌 담론들이 나오지만 늘 선거 끝나면 흐지부지되기 일수였습니다.

저는 이 대통령제에 관해서 대통령이 일을 어떻게 할 것인가? 저는 대통령 할 일, 총리 할 일, 장관 할 일을 딱딱 구분을 짓고 그리고 대통령은 대통령이 해야 될 일에 대해서만 분권형으로 일을 해야 된다고 저는 생각을 합니다. 그리고 민간 전문가들을 모시고 민관합동위원회를 대통령 직속으로 만들어서 이분들과 대통령의 국정 아젠다를 설정하고 관리하고 점검하는 이런 방식으로 국정을 운영해야 된다고 봅니다.

◦윤석열 : 일단은 이 권력 구조 개편에 관한 이런 담론들이 개헌으로 이어지는 이런 담론들은 국민들의 뜻이 어떤지를 살펴서 또 여러 전문가들 의정 경험자들이 논의를 해야 되는데 우리 송영길 민주당 대표가 지난번에도 1차로 3선 이상 금지한다는 등 이런 어떻게 보면 정치 쇼에 가까운 그런 제안을 했고 민주당 내부에서도 지지를 받지 못했습니다. 그런데 이런 중요한 개헌 담론들이 선거를 불과 열흘 앞두고 이렇게 전격 제안이 돼서 정권교체라고 하는 거대한 민심의 흐름을 정치교체라고 하는 이런 프레임으로 치환하는 선거 전략으로 이것이 악용되지 않을까? 참 우려가 되고요.

그리고 민주당 입장에서는 선거 열흘을 앞두고 이런 거를 한다는 것 자체가 민주당은 실천하지 못하는 정당이라는 걸 이미 입증을 했습니다. 지난번에도 연동형 비례대표를 정의당의 협조를 받아서 해 놓고 바로 위성 정당을 만들어서 우리 정의당을 뒤통수치고 배신을 했습니다.

그래서 저는 이 진정성이 좀 의심이 많이 되고 또 만약에 이거를 대선의 공약으로 내세울 거라면 선거 캠페인이 시작이 되면서 해야 될 문제인데 이거 이제 투표가 내일모레인데 이런 얘기들이 과연 과연 이게 정상적인 국민들의 논의와 이런 고민들을 담을 수 있을지 좀 우려가 많이 됩니다.

◦이재명 : 제가 윤석열 후보님 보면 가끔씩 정말 이상하다는 생각이 들 때가 있어요. 모르고 그러시는 건지 알고도 일부러 그러시는 건지 잘 모르겠는데 이 위성정당 문제는 국민의 힘에서 먼저 시작해가지고 민주당이 어쩔 수 없이 따라간 겁니다. …

그리고 윤 후보님. 말씀마저 드리는 김에 위성정당 먼저 시작해가지고 그렇게 한 거 저희는 계속 사과드리고 있지 않습니까? 우리 제3당에 사과드리고 있는데, 국민의힘 먼저 그렇게 위성정당 만든 거 사과하실 의향 없으신지 지금 조금 전에 하신 말씀도 사과할 의향이 없으신지 한번 여쭤보겠습니다.

◦윤석열 : 제가 답변을 할까요? 이 연동형 비례 대표제는 저는 그때 정치를 하지 않았습니다마는 국민의힘의 전신인 자유한국당 또 미래통합당에서는 반대를 했습니다. 그런데 이걸 패스트 트랙으로 밀어붙여서 원래 선거제도라고 하는 것은 그래도 여러 당들이 합의를 해야 되고 의석수 가지고 밀어붙인 역사가 없습니다. 더구나 제1야당의 반대를 물리치고 이걸 패스트 트랙으로 밀어붙인 예가 없습니다. 그렇기 때문에 미래통합당 자유한국당에서도 그렇게 할 것 같으면 우리는 이거를 무력화하기 위해서 위성 정당을 만든다고 한 것이라고 저는 알고 있습니다. 그래서 이런 무리한 선거법 개정 자체가 저는 근본적으로 문제가 있다고 생각합니다.

◦심상정 : (생략) 지금 윤석열 후보께서는 지금 현재 이런 양당 체제 그대로 가야 된다고 보는지, 제왕적 대통령제 그대로 가야 된다고 보시는지 아니면 어떤 대안을 가지고 계신지 좀 듣고 싶습니다.

◦윤석열 : 일단 위성정당 문제는 국민의힘의 반대에도 불구하고 민주당과 정의당이 협의를 해서 이루어낸 거니까 최소한 민주당 입장에서는 해서는 안 된 일이었다고 저는 봅니다. 그거는 정치 신의에 반하는 거고 정의당과의 약속과도 그건 위배되는 것이라고 보고요.

저는 정치개혁에서 개헌 문제보다 더 중요한 거를 선거제도의 개혁이라고 생각합니다. 그래서 이거를 대통령의 공약으로 할 수 있는 문제는 아니라고 보기 때문에 이것은 저희가 이제 정부를 담당하게 되면 우리 당과 협의해서 일단 국민들이 국회에 대한 신뢰를 갖게 만들어야 되는데, 첫 번째가 국회의원 선출 방법이고 저는 국민들의 대표성이 제대로 보장될 수 있도록 개인적으로는 중대선거구제를 저는 오랫동안 제가 정치를 하기 전부터도 선호해 왔습니다.

◦안철수 : 그런데 제왕적 대통령제 피해를 극복하려면 제도 이외에도 사실은 어떻게 사람이 운용을 하는가? 그게 굉장히 중요

하지 않습니까? … 그런데 제가 윤 후보께 묻고 싶은 것이 저나 또는 윤 후보께서 당선이 된다면 180석 거대 야당의 여소야대 정국이 됩니다. 그러면 여기에 대해서 어떻게 극복할 것인지 그런 복안이 있으신지요?

◦윤석열 : 과거에도 김대중 정부 때도 79석으로 집권을 해서 또 거대 야당을 상대를 했는데, 중요한 것은 우리가 대통령이든 의회든 헌법을 제대로 지켜야 하고, 우리가 헌법 가치에 대해서 모두가 진정성 있게 공유를 한다면 저는 얼마든지 협치가 가능하고, 180석을 가지고 있다고 해서 국민이 또 뽑은 국민이 선출한 이 정부가 일을 하지 못하게 180석으로 방해를 한다고 그러면 그거는 헌법이 명령한 그런 뜻은 아니라고 저는 생각합니다. 그래서 양식에 따라서 서로가 협치를 할 수 있다고 저는 보고 있습니다.

◦안철수 : 글쎄요, 그게 실제로 해보면 그렇지 않다는 걸 아실 겁니다. … 실제로 국회 현장에서 일어나는 일은 전혀 그렇지가 않습니다. 그래서 저는 이것을 타개할 수 있는 방안으로 국민 통합 내각을 주장을 하고 있습니다. …

◦윤석열 : 당연히 저도 대통령의 초헌법적인 초법적인 권한을 만들어내는 민정수석실을 없애겠다고 제가 말씀을 드렸고요. 청와대 기능은 대폭 축소해서 민간협동위원회 위주로 아젠다 발굴

또 관리 점검 이런 방식으로 가겠다고 했고. 당연히 이거는 전문가, 진영에 관계없이 유능한 분들로 정부를 통합정부를 꾸려서 한다는 뜻입니다. 이것이 바로 헌법정신이라고 저는 생각하고요. 대통령과 행정부가 헌법정신에 충실한다면 국민들이 또 다 지지해 줄 것이라고 저는 생각합니다.

◦심상정 : (생략) 우리 안철수 후보님 그동안에 국민의힘하고 단일화 얘기가 그동안에 있으셨는데 어떻게 지금 양당 단일화가 아직 열려 있습니까?

◦안철수 : 지금 이미 다 결렬됐다고 선언을 했죠? 앞으로 더 추진될 가능성이 별로 없습니까? 윤석열 후보님?

◦윤석열 : 이 자리에서 말씀드리기는 뭐하지만 저희도 노력하고 있습니다.

◦윤석열 : 민주당의 상임위원장 독식이라든가 이런 법안 날치기 또 우리 이재명 후보께서도 법안 날치기를 또 강조를 하셨어요. 이건 날치기라도 통과시켜야 된다고. 이런 분들의 정치개혁 주장 그것도 선거를 앞둔 정치개혁 주장들이…

(시간 종료)

[사회자 공통 질문, 두 번째 주제]

“어떻게 한반도에 평화를 정착시키고 통일을 이룰 것인지 또 어떻게 대국들의 이해관계 속에서 국익을 도모할 것인지?”

◦윤석열 : 평화는 힘에 의한 상대 도발 억지력에서 나오는 것입니다. 우리가 1950년도에 북한의 침략에 대해서 우리가 힘으로 우리 군사력으로 억제할 수 있는 능력이 있었다면 과연 6·25와 같은 이런 참극을 겪지 않았을 것입니다. 상대 비위를 맞추고 굴종하고 또 이렇게 하는 것은 지속 가능한 평화가 얻어지질 않습니다. 이거는 제2차 세계대전 직전에 뮌헨 협정이 나치와 히틀러에 의해서 어떻게 유린되는지 아주 상징적으로 보여주고 있습니다. 강력한 안보는 민생과 경제 번영의 기초가 됩니다. 북에 집착한 정부의 이 외교 기조는 미·중·북·일 모두로부터 외면당해왔습니다. 그래서 원칙과 당당한…

(시간 종료)

◦안철수 : 먼저 윤 후보께 묻겠습니다. 지난번에 북핵 대응 전략에 대해서 질문이 오갔을 때 한마디로 확장 억제에 대해서 말씀을 하셨는데, 구체적인 그런 방안에 대해서는 제가 듣지를 못했습니다. …

◦윤석열 : 확장억제는 미국이 보유하고 있는 핵무기를 ICBM이라든가 또는 미국이 우리 아시아 지역에 배치하고 있는 전술핵을 북핵 위협에 우리가 대응하는 것을 말하는 것입니다. 그래서 우리 한미 간에 이 확장억제를 위해서 긴밀히 협의하고 또 핵의 사용과 절차에 대해서 우리가 깊은 관여와 참여를 할 수 있는 그런 시스템을 확장억제라고 할 수 있습니다.

◦안철수 : 전략핵이 아니라 전술핵이라고 말씀하셨습니까?

◦윤석열 : 캘리포니아에서, 반덴버그에서 쓰는 거는 전략핵이라고 봐야 되고요. 그리고 거기서도 탄도의 규모를 폭발력을 조절해서 전술핵과 마찬가지로 쓸 수도 있습니다.

◦안철수 : 그럼 지금 윤 후보께서 말씀하시는 내용은 한반도에서 그런 일이 있어서는 안 됩니다만 핵 위협이 있을 때 예를 들면 사실 괌이라든지 또는 오키나와에 우리가 쓸 수 있는 전술핵들이 있습니다. … 근데 지금 하시는 말씀은 오히려 그게 아니라 미국 본토에 있는 ICBM을 쓰자는 그런 말씀이어서 도저히 이해가 가지 않습니다.

◦윤석열 : 핵 공유를 하려면요. 예를 들어서 괌에 미국의 전술핵이 있다 그러면 핵 공유는 우리 전투기가 그거를 싣고 대응을

하는 건데 그 시간보다 반덴버그에 있는 전략핵을 폭발력을 축소시켜서 전술핵 규모로 해가지고 대응을 하는 것이 시간적으로 더 적게 걸립니다.

◦안철수 : 그건 잘 모르시는 말씀인데요. 제가 말씀드리는 이런 핵 공유 협정이라는 것은 나토식의 핵 공유 협정과는 다르게 거기 미군기에 탑재되어 있는 핵에 대해서 미국과 한국이 협의를 해서 그것을 사용할 것인지를 의논하자는 그것이죠. 그래서 그것을 미국에 있는 핵무기를 한국 전투기에다가 탑재를 해서 하자, 저는 그런 이야기는 들어본 적이 없습니다.

◦윤석열 : 그건 다른 뜻의 말씀이신 것 같은데 저는 일반적인 핵 공유에 관한 말씀을 드린 겁니다.

◦이재명 : 저도 사실 이 문제에 대해서 우리 윤 후보님한테 매우 궁금했는데, 첫 번째로는 전술핵을 한반도에 재배치하자 지금도 여전히 주장하고 계십니까?

◦윤석열: 저는 전술핵 한반도 배치를 주장한 적이 단 한 번도 없습니다.

◦이재명: 다행이군요. 저는 그렇게 했다는 기사를 봤는데… 두

번째 제가 하나 여쭤보겠습니다. 핵공유 말씀을 자꾸 하시는데 … 지금 핵을 한반도에 가져올 수는 없는 건데 그걸 괌이든 본토든 놔두고 그럼 우리 전투기에 가서 실어 온다는 얘기인지 아니면 그냥 미국 전투기로 전폭기로 뭐 한다든지 이러면 똑같은 건데 새로 말씀하신 핵 공유는 대체 어떤 겁니까?

◦윤석열 : 저한테 물으시는 겁니까? 저는 핵 공유를 얘기한 적이 없습니다. 안 후보님께 여쭤보시죠. 저는 핵 공유에 대해서는 현실성이 없는 거라고 저는 늘 주장해 왔습니다.

◦이재명 : 한미동맹 관련해서 한번 여쭤볼게요. 한미 정상회담에서 한미 정상이 합의한 포괄 안보동맹하고 윤 후보께서 말씀하시는 포괄 안보동맹은 어떤 차이가 있습니까?

◦윤석열 : 포괄이라고 하는 거는 군사 분야만이 아니고 경제 첨단기술 또 기후협약과 같은 국제 협력 문제 이런 거를 다 종합해서 포괄적인 전략동맹이라는 말씀이죠. 그건 우리나라나 미국이나 공히 외교가에서 쓰고 있는 얘기입니다.

◦이재명 : 아니 제가 물어보는 건 그런 취지가 전혀 아니고 지금 윤 후보께서 새롭게 포괄 안보동맹을 하겠다면서 내세운 이 두 가지가 이미 한미 정상회담에서 다 합의한 내용이 들어 있다

이 말이죠. …

◦윤석열 : 글쎄요, 저는 하여튼 이런 다양한 분야에 군사뿐만 이 아니라 또 지금은 이 안보와 경제를 또 분리할 수 없는 상황이기 때문에 이런 포괄적인 동맹이 필요하다고 말씀을 드린 거고 제가 꼭 새로운 이론을 내야 되겠습니까? 공약으로?

◦심상정 : 네. 윤석열 후보님 지난번에 사드(THAAD) 3불 폐지 하신다고 그랬는데 여전히 입장 변화 없으신가요?

◦윤석열 : 저는 그 부분에 대해서 폐지할 필요도 없는 그거는 정부의 입장이었기 때문에 저는 그런 입장을 유지할 필요가 없다 이런 생각입니다. 우리 주권사항이기 때문에 그때그때 저희가 필요하면 저희가 주권사항에 대해서 판단하면 된다는 입장입니다.

◦심상정 : 그게 사드(THAAD) 3불이라는 게 지금 한미 군사 동맹이고요. 하나 미국 MD에 참여하는 거고 하나는 사드(THAAD) 배치인데 지금 한미 군사 동맹 참여해서 유사시에 일본이 한반도 개입하게 하실 생각은 아니실 거 아니에요.

◦윤석열 : 거기까지는 상황이 아직 그런 것을 가정할 수 없지만 우리가 북핵이 점차 고도화돼서 굉장히 위협 강도가 강해지게

되면 사드(THAAD)를 추가 배치할 수 있다고 제가 말씀을 드렸고 그리고 한미 미사일 그 협력이 더욱 강화돼야 될 필요는 있습니다마는 한미일 우리와 일본 사이에 군사 동맹까지 가야 되는지를 아직 그런 상황까지 오지 않았기 때문에 그러나 그걸 안 한다고 우리가 중국에 약속할 필요는 없지 않나 이렇게 생각합니다.

◦심상정 : 한일 군사 동맹도 검토하시는 거예요. 그러면?

◦윤석열 : 가정적인 상황이니까. 지금은 그런 얘기할 때는 아니라고 생각합니다.

◦심상정 : 한일 군사동맹을 하면 유사시에 한반도에 일본이 개입하도록 허용하는 건데 그거 하시겠습니까?

◦윤석열 : 한미일 동맹이 있다고 해서 유사시에 들어올 수도 있는 거지만 꼭 그걸 전제로 하는 동맹이…

◦심상정 : 그럼 미국 MD는 어떻습니까?

◦윤석열 : 미국 MD 저는 필요하지 않나 싶습니다. 왜냐하면 초음속 이런 극초음속 미사일들이 개발되면 대응하는데 한미간의 MD는 필요하지 않겠나 싶습니다.

◦심상정 : 요즘 선제타격 얘기하시고 사드(THAAD) 3불 폐지 이야기하시고 말하자면 전략적인 균형을 근본적으로 흔드는 이런 발언을 지금 막 하고 계신데 우크라이나 사태를 보고 반면교사를 좀 삼으셔야 될 것 같습니다.

◦윤석열 : 글쎄 그건 우리 심상정 후보께서 많이 잘못 알고 계신 것 같고, 국가 안보를 위해서 중층 미사일 방어가 필요하고 또 방어를 위해서 한미간에 감시정찰 자산이 공유돼야 되는 건 명백한 사실입니다.

◦심상정 : 그래서 무조건 그냥 전략 자산 많이 갖다 놓고 선제타격 이렇게 우리가 이야기하고 이런다고 해서 지금 평화가 오는 게 아니고 우리의 어떤 전략적 균형을 깨뜨림으로써 상당한 한반도의 긴장을 초래할 수 있다는 점을 저는 지적을 드리고 싶습니다.

◦윤석열 : 저도 이미 말씀을 많이 드려놔서 거기에 대해서 더 시간을 쓰기가 좀 그렇습니다.

◦이재명 : (생략) 선제타격하겠다. 선제타격 전쟁 개시 아닙니까? 그런 얘기를 그렇게 심하게 쉽게 하시는데 이제 파악도 하고 우크라이나 사태도 있고 하니까 자제하시고 철회하실 생각은 없

으십니까?

◦윤석열 : 우리 이재명 후보께서 안보관이 좀 부족하고 내용을 잘 모르시는 것 같습니다. 평화라고 하는 것은 확실한 억지력을 가져야만 평화가 유지되는 것이고 선제타격 능력을 확보하고 그 의지를 보일 때만 전쟁을 예방할 수 있는 것이기 때문에 지금 그런 식의 유약한 태도를 가지고는 오히려 더 평화가 위협될 수 있다는 말씀을 드리고요.

제가 드리고 싶은 얘기는 우크라이나 사태를 보고 참 서로 보는 각도가 다른데 종이와 잉크로 된 그런 협약서 하나 가지고 국가의 안보와 평화가 지켜질 수 없다는 것을 보여줬습니다. 확실한 힘과 자기를 지킬 수 있는 힘과 그리고 강력한 동맹이 있어야 되는데 우크라이나는 그거 하나도 갖추지 못했습니다. 그리고 협약서와 또 민스크의 협정 이런 거에만 지금 의존을 했는데, 우리 지금 민주당 정부나 우리 이재명 후보께서 지금 저렇게 종이와 잉크로 된 종전선언을 이렇게 강조하시는데 북한이 지금 핵 개발을 포기하지도 않은 상태에서 이 종전선언을 이렇게 강조해서 만들어내는 것 자체가 그게 우크라이나와 동일한 위협을 줄 수 있는 거 아니냐 저는 그런 생각을 합니다.

◦이재명 : 제가 잠깐 반론하겠습니다. 우리 윤 후보님 정말 전

쟁 너무 쉽게 생각하시는 것 같습니다. 지금 한반도에 전쟁의 위기가 고조되고 있다 제가 전에 이미 미국에서 그런 주장을 한다는 말씀드렸고 그중에 네 가지 원인 중의 하나가 윤 후보님입니다. …

◦윤석열 : 극초음속 미사일이 날아오는데 저런 말씀을 하셔가지고, 군 통수권자와 대통령으로서의 역할을 할 수 있을지 참 많이 걱정이 됩니다.

◦안철수 : 윤 후보께 드릴 말씀이 많은데 하나씩 한번 짚어보죠. … 미국은 지금 현재 가지고 있는 자원 자체가 세계에서 두 곳 이상에서 전투를 수행할 수 있는 능력이 부족하기 때문에 틈을 타서 지금 중국이 대만을 침공할 수 있는 가능성이 있고 그럴 때 가용한 것은 주한미군밖에는 없습니다. 지금 만약에 그런 상황이 생기면 어떤 대책이 있는지 그걸 윤 후보께 묻고 싶습니다.

◦윤석열 : 제가 좀 여쭈어보고 싶은 게 지금 우크라이나 사태가 지금 원자재 에너지 가격이 폭등하고 금융 불안이 또 일어날 수 있고 국내 안보위협이 지금 벌어지고 있는데, 우리 이재명 후보께서 이것 우크라이나 침공이 딱 터지니까 '지구 반대편 먼 나라 일이고 우리하고는 무관한 일인데' 이런 말씀을 처음에 하셨어요. 지금은 다른 얘기를 하시지만. 대통령직에 도전하는 사람

으로서 전혀 이런 안보에 대한 준비가 전혀 안 돼 있는 거 아닙니까?

[주도권 토론, 9분]

◦윤석열 : 우리 이재명 후보께서 석사학위 논문으로 지방 정치 부정부패 극복 방안에 관한 연구를 쓰셨습니다. 또 지난 토론회 때는 판례를 들고 나오셔가지고, 그분이 대장동에 김만배가 지칭하는 그분이 자신이 아니라 어떤 실명을 거론하면서 현직 대법관 얘기를 하셨는데 나중에 알고 보니까 아파트 집을 사들인 그분하고 천하동인 1호 소유의 반은 그분 거라고 하는 것은 다른데 이거를 이제 거의 섞어가지고 이게 현직 대법관이니까. 나는 아니니 나를 몸통이라고 주장을 한 윤석열 후보는 사과하라 이렇게 말씀을 하셨는데 어제 그제 현직 대법관께서 이제 인터뷰도 하시고 그리고 이게 내용이 완전히 다른 거라 사실은 이제 이런 주장이 완전히 허위로 다 드러났고요. 그리고 또 제가 그날도 녹취록, 판넬에 적혀 있는 녹취록 뒤에 보면 이재명 게이트라는 말을 김만배가 한다고 하니까 그거 사실하고 다르다 그거 사실 아니면 후보 사퇴하겠느냐까지 하셨는데 그게 사실로 다 드러났습니다.

그리고 또 금년 2월 중순경에 제2경인고속도로 분당 출구 부분의 배수구에서 대장동 관련 문건 버려진게 발견이 됐는데 오늘 언론에서 제가 봤습니다마는 여기 보면 도시개발공사의 정민용 그 변호사라고 이분이 기획본부에 있던 그분인데 우리 이재명 후보하고 독대해서 결제받았다는 이런 식의 서류, 결제내용들 이런 게 다 지금 발견이 됐습니다. 그리고 이런 거 보면 다른 자료들도 다 보고받고 결제를 했는데, 이게 또 국회에서 물어보면 이 자료 공개를 또 거부를 하고 있어요. 그래서 이런 걸 종합해서 보면 이게 계속 그렇게 거짓말 거짓말 얘기를 많이 하시는데 지금 그동안 하신 얘기들이 전부 이게 사실하고 다른 거 아니겠습니까?

◦이재명 : 정말 윤후보님 정말 문제십니다… 저축은행 비리 수사 봐줬지 않습니까? 그들한테 이익 본 것도 윤 후보님, 그 녹취록이 맞다면 거기 본인 죄를 많이 지어가지고 구속돼서 바로 죽을 사람이라고 돼있어요. 그러니까 더 책임이 크다 이 말입니다.

◦윤석열 : 거기 윤석열 죽을 거다라고 하는 얘기는 벌써 다 나온 것 보면 제가 중앙지검장 때 법관에 대해서 많이 수사하고 기소해서 나중에 보복당 당할지 모른다는 그런 얘기인 것이 이미 다 언론에 다 드러났고요, 잠깐만 있어보세요. 그리고 제가 몸통이라고 하는데 제가 몸통이면 제가 성남시장을 했습니까? 경기지사를 했습니까? 아니면 제가 관용카드로 초밥을 먹었습니까? 어디 엉뚱한 데다가 마치 이완용이 안중근에게 나라 팔아먹은 사람이라고 하는 얘기나 똑같은 거지. 제가 대구 고검으로 좌천 가

서 앉아 있는데, 어떻게 몸통이 된다는 얘기입니까? 좀 상식적으로 말이 되는 말씀을 하셔야죠.

◦이재명 : 그러면 부산저축은행 일반 대출인데 다른 건 기소하면서 왜 대장동 대출만 봐줬습니까?

◦윤석열 : 아니 부산저축은행 SPC 대출로 배임 혐의가 되는 부분만 기소를 한 겁니다.

◦이재명 : 일반 대출도 두 건 기소하셨다니까요?

◦윤석열 : 부산저축은행에서는 벌써 80여 명 이상 기소를 하고 56명을 구속기소…

◦이재명 : 그런데 그중에서 왜 대장동 1,150억 불법대출을 알면서도 기소 안 하고 봐줬냐는 말이죠. 나중에 2016년인가에 결국은 다 구속…

◦윤석열 : 아니, 불법대출이 아니라 무슨 사람이 어디 가서 커미션 받아먹은 거를 또 기소를 안 했다면서 왜 또 불법대출이…

◦이재명 : 오은영한테 커피는 왜 사주셨어요?

◦윤석열 : 저는 그 사람 본 적이 없습니다.

◦윤석열 : 내가 질문을 하겠습니다. 지금 또 녹취록이 하나 발견된 거 보면 2014년 6월 29일 밤 이제 우리 후보님이 재선하고 난 후입니다. 성남시장. 여기 보면 김만배, 정진상, 김용, 유동규가 모여서 도원결의 의형제를 맺습니다. 그리고 김만배가 정진상, 김용에게 "야 그전에 어디 국회의원들한테 얘기했더니, 잘 안 되던데…" 이 대장동건 또 얘기를 하고 부탁을 합니다. 정진상은 "신속하게 저희가 추진해서 마무리 짓겠습니다." 이런 얘기를 하고.

이 후보께서 유동규나 나는 김만배하고 가까운 사이 아니다라고 늘 얘기를 하셨는데 적어도 측근이 되려면 정진상이나 김용 정도는 돼야지, 그런데 이 네 사람이 이렇게 의형제 도원결의 맺은 게 드러났고 그리고 후에 화천대유라는 것이 특혜를 받아가지고 도시개발 사업자로 선정이 됩니다.

이거 보면 그러고 또 그다음에 또 다른 녹취록이 보도가 된 걸 보면 남욱 변호사가 정영학 회계사한테 "4,000억짜리 도둑질하는데 완벽하게 하자, 이거 문제 되면 게이트 수준이 아니라 대한민국 도배질 할 거다." "무간도 영화 찍는 것처럼 도시개발공사 안에 우리 사람 집어넣었다." 이런 얘기가 나오고 또 수사가 작년 하반기 시작이 되니까 김만배가 남욱한테 천하동인 1호가 김만배 거라고 진술해 달라. 왜냐하면 김만배가… 아니 제가 지금 여기 나와 있는 객관적인 자료로 물어보는 거니까요?

◦윤석열 : 이게 지금 '그분이 누구냐' 갖고 논란이 되니까. 그게 그냥 김만배라고 진술해 달라 이렇게 얘기합니다. 이거 보면 결국 이 네 사람과 우리 이재명 시장이 모든 것을 설계하고 승인하고 기획한 그리고 도장을 찍은 이재명 후보가 몸통이라는 것이 명백하게 나오지 않습니까?

◦이재명 : (생략) 똑같은 게 어떻게 여기는 중요한 증거가 되고 본인에 관한 건 헛소리가 됩니까. 그런 식으로 수사했으니까 지금 문제가 많이 생기는 것 같고요. …

◦윤석열 : 안철수 후보님께 언론에 많이 나온 거니까요. 지금 경기도 법인카드 가지고 우리 이 후보자 배우자께서 소고기 초밥 백숙 이런 거 엄청나게 이제 해서, 이게 누가 봐도 명백한 세금 횡령이고 그런데 이거를 사과하는 것도 아니고 부하 직원이 이건 잘못 쓴 거다 이렇게 이 후보님이 주장을 하신단 말이에요. 이 후보님이 만약에 대통령이 되신다면 공직 사정이라든가 이런 감찰이라든가 이런 감사 이런 공직기강 잡는 일이 가능하겠습니까? 한번 여쭤보겠습니다.

◦안철수 : 그건 제게 여쭤보실 일이 아닐 것 같은데요.

◦윤석열 : 그리고 이 업무추진비 내역도 지금 공개를 안 하고 있는데, 이거 일반 공무원들은 기관장들 다 이거 공개하고 있습니다. 근데 이거 지금 안 하고 있지 않습니까?

◦이재명 : 윤 후보님은 좀 어려우시겠죠?

◦윤석열 : 지금 질문한 거를 제가 못 들었습니다.

◦이재명 : 못 들으셨군요. 제가 드린 말씀 요약하면 1인 1표가 가능하도록 비례대표제도도 좀 개선하고, …

◦윤석열 : 그건 제가 아까 이미 말씀을 드린 것처럼 지금 1당으로서 워낙 다수당 횡포를 많이 부렸기 때문에 진정성이 떨어지고 이런 거 하려고 그러면 선거운동을 시작할 때부터 좀 주장을 하면 모르는데 마지막 열흘 남겨놓고 이 정권교체의 여론을 좀 물타기 하기 위해서 정치개혁 얘기를 꺼내는 거는 시기적으로도 저는 적절하지 않다. 그래서 진정성이 의심되기 때문에 거기에 대해서 제가 따로 답변 드릴 게 없습니다.

◦이재명 : 알겠습니다. … 또 한 가지는 결선투표제 문제인데

단일화 이런 걸로 정말 정치적 억압하지 말고 국민에게서 선택을 맡긴 다음에 50퍼센트 못 넘으면 결선투표하자 저는 이게 제 개인적으로는 개헌하지 않고 입법으로 가능하다고 저는 생각합니다. 저는 이렇게 하는 것이 정치발전에 정말 도움이 되고 다당제가 가능하게 되는 길이라고 생각하는데 윤 후보님은 어떻습니까?

◦윤석열 : 이건 민주당에서도 이 대선 후보 뽑는데 결선투표를 하게 돼 있는데, 이 결선투표라고 하는 것은 처음 후보들이 얻은 표를 다 산정을 해 가지고 결선투표 여부를 결정하는 건데 민주당은 그렇게 안 했지 않습니까? 그러니까 제도를 만들어 놓으면 뭐하냐 이겁니다. 이렇게 파행 운영을 하는데, 그래서 저는 진정성이 없다는 말씀을 드리는 겁니다.

◦이재명 : (생략) 마지막으로 정치개혁 관련해서 이거 하나 여쭤보겠습니다. 일단은 저는 아까 말씀드렸습니다만 선거 과정을 어떻게 치르든 간에 결론이 난 다음에도 저는 각 정치 세력들이 연합을 해서 각 특장점이 있는 부분들의 정부 운영을 하고 그 결과에 대해서 국민들에게 평가받는 그런 방식으로 가는 즉 국민내각, 통합 내각 이런 거 필요하다고 보는데. … 그래서 이것도 윤 후보님한테 여쭤보고 싶은데 어떻습니까? 연합정부 국민내각에 대해서 동의하시느냐?

◦윤석열 : 저는 그거는 얼마든지 정치 상황에 따라서 협치를 해야된다고 생각합니다. 예를 들어서 의석수를 많이 갖고 있는 다수당이라 하더라도 소수당과 늘 협치하고 의견을 존중해 주는 게 그게 공화주의고 민주주의라고 저는 생각을 하기 때문에 너무나 당연한 얘기라고 생각합니다.

◦이재명 : (생략) 경제 안보를 구체적으로 어떻게 하실 건지 한번 말씀해 주시죠

◦윤석열 : 아니 경제와 안보라는 것이 지금은 떨어질 수가 없고 예를 들어서 요소수라든가 또는 반도체의 아주 필수적인 희귀광물이라든가 이런 것들을 구하지 못했을 때 산업에만 영향을 주는 것이 아니라 우리 안보에도 지장을 줄 수가 있는 거기 때문에 경제와 안보라는 건 뗄 수가 없는 문제고 그래서 경제 문제를 또 안보적 차원에서도 봐야 된다 그래서 결국은 지금 뭐…

◦이재명 : 알겠습니다. … 우리 윤 후보님 식량 안보 얘기도 하신 거 같아요. 그러면서 식량 안보직불제 탄소중립직불제도 하겠다. 이거 전 좋은 의견이라고 생각하긴 하는데 구체적으로 내용 한번 설명해 주시죠.

◦윤석열 : 우리 식량 안보라고 하는 것은 절대농지라는 것을

정해놓고 저희가 예를 들면 쌀이 남아돈다 하더라도 일정량의 곡물을 생산을 해야 된다 하는 그런 우리가 필요한 최소한의 확보해야 되는 것을 유지하는 차원에서 식량 안보 얘기를 하는 것이고, 그렇기 때문에 이제 직불제라든가 또는 과다 생산된 거를 또 정부에서 사주기도 하고 이런 거 아니겠습니까?

◦심상정 : 윤 후보님 지난해 합계출산율이 지금 0.81입니다. 현재 징병제는 몇 년만 지나면 유지가 불가능해요. 그래서 병력 감축 계획이 있으십니까? 계획은 없으세요?

◦윤석열 : 그래서 저는 징모혼합제를 해가고 그리고 우리 국방계획 4.0으로 우리 국방을 더욱 첨단화시키고 병사 수는 좀 줄여 나갈 수밖에 없는 그런 상황이기 때문에…

◦심상정 : 제가 보도를 통해서 보니까, 2040년까지 30만 명 감군 계획 갖고 계시더라고요… 제가 계산해 보면 백 퍼센트를 징집하거나 아니면 복무기간을 연장해야 될 상황입니다. 이런 것 검토가 중요하지 않으신가요?

◦윤석열 : 그래서 지금 군의 여러 병과 중에 나머지 전투 병과를 제외한 나머지는 가급적 민간인으로 대체하면서 하고 사병기간 마치고 나면 자기가 전문 병과로 해가지고 부사관제로 해서

연장 근무를 하면서 거기에 맞춘 처우를 하고 그렇게 해서 나중에 사회에 나올 때 일자리를 제대로 찾을 수 있게 지원을 하는 이런 식으로 이제 갈 수 밖에 없지 않느냐, 징집병만으로는 채울 수 없기 때문에 그렇게 보고 있습니다.

◦심상정 : 그러면 모병제를 도입을 하시겠다는 뜻입니까?

◦심상정 : 그리고 우리 윤 후보님. 이제 박근혜 씨가 얼마 전에 나오셨어요… 결론적으로 박근혜 씨는 국정농단 중범죄자입니까? 아니면 부당한 정치 탄압입니까? 어떻습니까?

◦윤석열 : 저는 검사로서 제가 맡은 일을 한 것이고 거기에 대한 평가를 다른 분들이 어떻게 하신다고 해도 검사는 공소장으로 말하지 그 이외에…

◦심상정 : 지금 대통령 후보님께 여쭤보는 거예요.

◦윤석열 : 제가 처리했던 일이기 때문에 지금 제가 아무리 정치에 발을 딛었다고 해도 제가 처리한 사건과 관련해서 이러고 저러고 하는 정치적 평가하는 거는 저는…

◦안철수 : 그래서 사실 저는 모든 부분에 대해서 지금 현재 공

수처의 그런 실력은 빵점이다 그렇게 생각을 합니다. 그래서 개인적으로 공수처는 폐지하는 것이 맞다 이런 의견을 가지고 있는데, 윤 후보께 물었습니다.

◦윤석열 : 저는 검찰총장 인사청문회 때부터 공수처가 우리나라의 공직 사정 역량을 강화시키는 취지라면 난 찬성한다 이렇게 얘기를 했는데요. 저도 우리 안 후보님과 마찬가지로 하는 거 보니까 참 일단 실력이 없고 그리고 실력이 없다 보니까, 어떻게 해야 되는 지도 모르는 것 같고, 그래서 통신사찰이니 이런 것들을 하면 안 되는 건지 어떤 건지조차도 모르고 이런 것이 아니냐, 그래서 좀 고칠 만큼 한번 고쳐 보고 그래도 안 되면 폐지 수순으로 갈 수밖에 없지 않느냐 이런 생각을 하고 있습니다.

◦안철수 : (생략) 혹시 그러면 공수처를 없앤다고 했을 때 그것에 대한 복안이 있으신지요.

◦윤석열 : 그래서 일단 공수처가 정치 권력하고 너무 유착됐기 때문에 이렇게 탈선을 한 거라서 제가 정부를 맡게 되면 선을 분명하게 그을 것이고 그리고 공수처든 검찰이든 경찰이든 삼자 상호 간에 서로의 수사 과정에서의 불법과 권력 남용에 대해서 서로 수사하고 견제할 수 있게끔 그렇게 하는 것이 먼저 우선이라고 생각하고요. 그리고 제가 볼 때는,

◦안철수 : 지금 그러면 지금 현재 현행 법안들이 이렇게 마련이 돼 있는데, 안에서 어떤 운용할 수 있는 묘가 있다고 생각하시는 겁니까?

◦윤석열 : 아니 저는 정권이 바뀌면 지금 거대 야당도 이 공수처가 잘못하면 또 자기들에게 또 공격을 할 수가 있기 때문에 공수처를 좀 합당하게 개편하는 거에 대해서는 반대 안 할 거라고 생각합니다.

◦안철수 : 그러면 또 윤 후보께 묻겠습니다. 윤 후보께서는 이런 정치 보복하지 않으시겠습니까?

◦윤석열 : 제가 여러 번 말씀드렸는데 보복하면 국민들이 가만히 놔두겠습니까? 결국은 공정한 시스템에 의해서 처리가 돼야죠.

◦안철수 : 네 지금 말씀을 들어보니깐 사실 이 부분에 대해서는 저 포함한 네 명의 후보들이 모두 다 정치 보복은 있어서는 안 된다 거기에 대해서는 뜻을 모두 다 같이 하는 것 같습니다. 그럼 사실 이 문제에 대해서는 정치 보복 대 국민 선언을 저는 함께 할 수 있다고 생각하는데 다들 어떻게 생각하시는지요?

◦윤석열 : 그게 우리 헌법의 자유민주주의 기본 원칙인데 그걸

선언까지 해야 되는지 하면 또 뭐 나쁠 거야 없겠습니다마는 하여튼 너무 당연한 말씀입니다.

[윤석열 마무리 발언]

국민 여러분 저는 26년간 국민을 괴롭히고 약탈하는 부정부패와 싸워왔습니다. 저는 이쪽저쪽 가리지 않았고 인사 불이익도 여러 번 받았습니다. 저는 검사직을 수행하면서 제 개인적인 사익을 쫓은 적이 한 번도 없습니다. 제가 나이 50이 넘어 결혼했습니다마는 정말 전세 한 칸 없이 그렇게 공직생활을 해 왔습니다. 정치 보복이라고 하는 것은 자기의 이익을 위해서 사익을 위해서 권력자의 사익을 위해서 또 그 하수인인 칼 든 관계자들이 있다면 그 사람 사람들도 자기들의 인사와 사익을 위해서 하는 것입니다. 저는 부정부패와 싸우면서 단 한 번도 사익을 취해 본 적이 없기 때문에 제게 정치 보복이라고 하는 것 있을 수 없다는 것을 분명히 말씀드립니다.

그리고 지금 우크라이나 사태를 보는 각도가 서로 다르기는 합니다마는 결국은 우리가 스스로 지킬 힘과 강력한 동맹이 없다면 말뿐인 또 종이와 잉크로만 되어 있는 그런 협약서라든지 선언문 가지고 절대 평화가 유지될 수 없고 평화는 힘에 의해서 유지되는 것이라 했습니다. 평화를 원하거든 전쟁을 준비하라 했습니다. 그거는 전쟁을 막기 위해서 전쟁을 억제하기 위해서 우리 청년들이 죽어 나가지 않게 하기 위해서 우리가 이렇게 하는 것입니다. 그래서 이거를 전쟁광이다 이렇게 주장을 한다면 그게 오히려 평화를 더 위협하고 그리고 나라를 위험에 빠뜨리는 일이라고 생각합니다.

국민 여러분께서 비정치인인 정말 8개월밖에 안 된 신출내기를 이 자리까지 불러주신 이유는 이 나라의 흐트러진 법과 어떤 상식 이것을 분명히 세워서 이걸 기초로 국가발전이 될 수 있게 기틀을 닦으라는 그런 뜻으로 알고 매진하겠습니다.

3. 선관위 초청 1차 토론회

일시 : 2022년 2월 21일 월요일(모든 방송)
(https://www.youtube.com/watch?v=9KeYjptMeYs)

[사회자 공통 질문, 첫 번째 주제]

“코로나19로 인한 경제 위기에 대응하기 위해 어떤 구상과 대책을 가지고 있는지?”

◦윤석열 : 코로나로 인해서 빈곤층이 많이 발생했습니다. 국가의 첫 번째 의무가 빈곤층을 보호하는 것입니다. 지금 빈곤층을 제대로 보호하지 않으면 나중에 엄청난 복지재정이 또 들어가게 됩니다. 그리고 자영업자 소상공인은 방역이라는 공공정책에 의해서 손실을 본 그분들이기 때문에 헌법상 손실 보상의 개념으로 확실하게 그리고 신속하게 피해 보상을 해야 됩니다. 그리고 금융지원과 세제 지원을 해야 하고 또 코로나 대응을 위해서 확장재정과 또 금융 확장 정책 때문에 돈을 많이 썼지만 우리가 다시 건전성 확보를 위해서 정부가 많은 주의를 기울여야 한다고 생각합니다.

◦이재명 : 우리 윤석일 후보님. 우리 자영업자들 어려움 겪는

거 보면 안타까우시죠. 그런데 국민의힘은 왜 정말 피해 입은 지금 이 순간에도 정말 극단적 선택을 고민할 정도로 힘든 우리 국민들을 위해서 신속하게 좀 지원하자는 것에 대해서 반대를 하는 것인지 정말 이해가 안 됩니다. … 우리 윤석열 후보님 의견 좀 들었으면 좋겠습니다.

◦윤석열 : 저는 작년 9월부터 코로나 피해자인 우리 자영업자 소상공인에게 약 50조 정도의 재원을 시급히 마련해서 손실 보상을 해야 된다고 강조했습니다. 그런데 민주당은 손실 보상 없는 손실 보상법을 작년 7월에 날치기 통과를 했습니다. 그리고 이재명 후보께서도 그동안 손실 보상 얘기는 한 적 없이 전국민 재난지원금 얘기만 작년 내내 30만 원에서 100만 원 사이 얘기만 하셨고 저보고는 포퓰리즘이라고 하셨습니다. 그런데 해가 바뀌고 선거가 다가오니까 손실 보상 소급해서까지 주겠다고 하셔서 일단 50조를 추경을 보내라고 여당이니까. 정부 설득해서 보내라 했더니, 겨우 찔금 예산 14조를 보내놓고 합의를 하자 해서 우리 당에서는 더 예산을 확보를 해야 된다고 한 것이고 그렇게 해서 아마 오늘 17조 정도의 어쩔 수 없이 민주당이 날치기로 또 통과를 하려고 하기 때문에 저희도 일단은 거기서 합의를 하고 제가 차기 정부를 맞게 되면 나머지 37조를 신속하게 지원해 드리겠습니다.

◦이재명 : 정말 이 주장을 들으면 제가 정말 황당한데요. 재원을 마련해 와야 되는데 기존 예산을 깎아서 만들어 오라고 억지를 쓰니까 못하는 거 아닙니까? 그리고 저번에 50조 말씀하셨지만 사실은 내가 당선되면 하고 당선 안 되면 안 하겠다. 이렇게 말씀하시지 않았었든가요?

◦윤석열 : IMF 때 160조 나갔지만 상당 부분은 공적자금 회수가 됐다는 점을 말씀을 드리고요 그리고 저는 심상정 후보님의 헌법상의 보상 청구권이라는 말씀에 전적으로 동의하고 저도 작년부터 자영업자 소상공인에 대한 보상은 헌법상 권리이기 때문에 법을 빨리 거기에 부합해서 만들어서 지원해야 된다는 그런 입장을 작년부터 계속 강조를 해 왔고요 그런데 민주당에서는 손실보상법을 작년 7월에 자기들끼리 날치기 처리는 했습니다마는 이런 헌법상의 어떤 방역이라는 공공정책에 따른 재산권 제한에 대해서 헌법상의 보상권 개념을 거론하지 않다가 최근에 이제 선거를 앞두고 소급 손실을 보상한다라고 했지만 결국은 그걸 하려면 최소 50조가 필요합니다.

그 말씀을 드리고 오늘 우리 이재명 후보께서 이번 선거 이후에 코로나 대응이 확 바뀐다라고 이제 선언을 하셨고 마치 야당처럼 지금 정부가 마치 국힘정부라든 되는 것처럼 이렇게 하셨는데 170석 여당이 이렇게 법안을 날치기 통과할 때는 그냥 방관하시다가 또 여당 후보로서도 지금 이 집권당의 집권 정부의 방역 정책의 실패를 이제 인정을 하셨는데 결국은 그렇다면 이 민주당이 대선해서 책임을 져야 된다는 그런 뜻 아니겠습니까? 야당 코스프레이 하는 게 아니라 저는 이걸 한번 우리 심상정 후보님께 의견을 한번 듣고 싶어요.

◦심상정 : (생략) 지금 코로나가 조금씩 회복되고 있지만 중소기업들은 여전히 지금 어렵거든요. 제일 어려움이 뭐냐? 원자재 가격이 상승하는데 이게 하청 단가에 납품 단가에 포함이 안 된다는 거예요. 그동안에는 조정 위원회에 만들어가지고 조정을 했지만 조정이 안 됩니다. 그렇기 때문에 이런 오래된 중소기업의 숙원 과제인 납품 단가 연동제를 물가 연동제를 법으로 만드는 것에 대해서 어떻게 생각하십니까?

◦윤석열 : 제가 알기로는 미국에서도 이런 납품단가연동제를 좀 하는 거로 왜냐하면 원자재 가격이 올랐을 때는 예상 밖의 일이기 때문에 그걸 하는 것이 정의와 공정에 맞다고 해서 법원에서도 인정해 주는 것으로 알고 있습니다. 그러나 이제 어느 정도 원청과 하청 또 납품회사 간에 상당한 정도의 어떤 종속 관계가 조금 있을 때 이렇게 하는 것이 맞지 않나 그런 생각을 가지고 있습니다.

◦안철수 : 윤 후보께 묻겠습니다… 금리를 올리게 되면서 동시에 또 확장 재정을 하게 되면 이것이 금리 인상 효과가 상쇄돼서 더 많은 금리를 올려야 됩니다. 그리고 그렇게 되면 지금 현재 수많은 사람들이 특히 굉장히 많은 형편이 어려운 사람들이 돈을 갚지 못 하는 그런 상황으로 몰리게 되는데 왜 이런 상황이 우리나라에만 생겼다고 생각하십니까?

◦윤석열 : 원래는 재정이나 금융이나 확장할 때 같이 확장하고 긴축할 때 같이 긴축하는 것이 정상적인 상황이겠습니다마는 지금의 재정 확장은 아까 말씀드린 대로 임의적인 재량 재정이라기보다 코로나 손실 보상이라고 하는 어떤 법상의 국가가 의무를 지는 부분이라서 이거는 불가피한 필요한 측면이 있고 또 금리 인상이라는 거는 전 세계적으로 코로나 지원 때문에 금융이 많이 풀렸으니까 미국에서도 소위 테이퍼링이라고 하는 긴축을 하면서 장기 이자율만이 아니라 단기 이자율까지 지금 상승을 하고 있기 때문에 우리나라도 이게 불가피한 측면이 있습니다.

그래서 우리 한국은행이나 또 우리 재정 당국에서 국민들이 이걸로 피해를 보지 않도록 여러 가지 물가 관리라든지 또 주택이라든가 담보대출의 실수요자에 대해서는 그래도 피해가 나지 않도록 잘 관리를 해야 된다, 그리고 재정문제도 어려울 때는 이렇게 쓰지만 이게 지나가면 빨리 우리가 재량지출을 줄여서 건전성을 다시 확보를 해야 된다 이렇게 생각합니다.

◦안철수 : (생략) 지금 현재 우리가 서로 다른 두 가지를 두 마리 토끼를 동시에 우리가 잡아야 되지 않습니까? 재정은 확장해야 되고 그렇지만 재정 건전성은 확보를 해야 됩니다. 그러면 생각하신 방법이 있으신지요?

◦윤석열 : 말씀을 드렸고요. 불가피하게 재정 확장과 금융긴축이라는 게 올 수밖에 없기 때문에 이게 어느 당국이라 하더라도 여기에 무슨 일반적인 해답은 없습니다. 이걸로 우리 시장과 가계가 부담을 느끼지 않도록 미세한 대책이 필요하다 이런 말씀을 드리겠습니다.

◦윤석열 : 우리 이재명 후보님의 말씀이 그렇게 작년부터 계속 바뀌시는 거를 보니까, 오늘 선언하신 내용도 과연 지켜질지 믿기가 참 어렵습니다.

[사회자 공통 질문, 두 번째 주제]

"후보들이 구상하고 있는 차기 정부의 중점 경제 정책 방향과 목표?"

◦윤석열 : 지금은 초저성장 시대고 초저성장 시대는 우리 양극화를 해소하기 어렵고 또 계층 이동이 어렵습니다. 계층이 고착화되기 쉽습니다. 이 초저성장을 극복하는 방법은 재정정책이나 금융정책 이런 것으로는 어렵습니다. 결국은 우리가 새로운 패러다임을 만들어 내야 되고 저는 여기서 강조하는 것이 디지털 전환에서 더 한 걸음 나선 디지털 데이터 경제를 강하게 키워야 된다고 생각합니다. 정부는 시장과 기업을 존중하고 규제를 풀면서 이 교육개혁과 이 노동개혁을 추진해 감으로 해서 우리가 산업구조를 고도화하는 것만이 초저성장에서 탈피하고 양극화를 극복할 수 있는 방안이라고 생각합니다.

◦안철수 : 윤 후보께 묻겠습니다. 아까 공통질문 답변을 듣다가 디지털 데이터 경제라는 말씀을 하셔서요. 윤 후보께서 생각하시는 디지털 데이터 경제가 뭡니까?

◦윤석열 : 우리가 통상 디지털 전환이라고 합니다마는 그거는 우리가 한 30년 전부터 우리가 자료들을 다 디지털화하고 컴퓨터를 쓰고 또 컴퓨터 네트워크를 구축을 해갔습니다마는 지금은 디지털 기기들이 전부 서로 연결돼 있으면서 정보 데이터들이 물 흐르듯이 흐르고 있습니다. 이 속도를 더 빠르게 해야만 자율주행 자동차라든지 이런 4차 산업혁명의 이런 총아들을 만들어 낼 수 있다는 말씀입니다.

◦안철수 : 그럼 그중에서 제일 핵심이 뭐라고 생각하십니까?

◦윤석열 : 저는 이 5G라든가 이런 데이터들이 신속하게 움직일 수 이동할 수 있는 그런 네트워크를 구축하고 그리고 이것이 전부 클라우드에 모여서 집적하고 분석할 수 있는 AI 알고리즘이 중요하다고 생각합니다.

◦안철수 : 그건 전부 하드웨어 쪽이지 데이터나 인프라 쪽은 아닌데요.

◦윤석열 : 그렇지 않습니다. 이거를 운용하기 위해서는 상당한 소프트웨어의 기술 개발이 필요합니다.

◦안철수 : (생략) 그러면 정부 데이터 개방에 대해서는 어떻게 생각하십니까?

◦윤석열 : 정부 데이터는 공유할 수 있는 것도 있고 또 보안 사항도 있는 거 아니겠습니까?

◦이재명 :(생략) 윤석열 후보님 제가 하나 여쭤보고 싶은 게 이 부분입니다. 얼마 전에 이 우리나라의 구조적인 성평등은 없다 성차별은 없다, 이런 말씀하시면서 이건 개인의 문제다 이렇게

말씀하셨어요. 정말 무책임한 말씀 아니냐 아니면 좀 딴생각을 하시다가 좀 잘못 말씀하신 거 아니냐 이 생각이 드는데 좀 사과하실 생각 없으십니까?

◦윤석열 : 제가 이 질문에는 말씀을 많이 드렸기 때문에 굳이 답변할 필요도 없고 다만 집합적인 남자 집합적인 여자의 문제에서 개인 대 개인의 문제로 바라보는 것이 훨씬 더 피해자나 약자의 권리와 이익을 더 잘 보장해 줄 수 있다는 말씀만 드리고요, 나온 김에 제가 하나 여쭤보겠습니다.

우리 이재명 후보께는 지금 1930년대 미국 루스벨트 대통령의 뉴딜 정책을 본인이 집권했을 때 경제 정책의 모델로 제시를 하셨는데 결국은 국가가 주도해서 많은 재정을 쓰면서 어떤 강력한 경제 부흥책을 쓰겠다는 말씀인데 루스벨트의 뉴딜 정책 쓰던 당시에는 금융공황으로 인해 가지고 유효 수요가 부족했기 때문에 정책이 먹혔을지 몰라도 지금 4차 산업혁명의 이 시대에 이런 식의 정부가 나서서 하는 이 투자는 오히려 민간의 구축 효과로서 민간 투자를 위축시키기 때문에 일반적인 우리 경제 전문가나 학자들은 이 주장이 말이 안 되고 실현성이 없다라고 얘기를 하는데 계속 이렇게 같은 생각을, 또 원래 잘 바꾸시지 않습니까? 생각을.

◦안철수 : 윤 후보께 질문하던 것 연속입니다. 사실 국가 데이터 공개에 대해서 제가 굉장히 중요하게 생각하는 것이 그것이 데이터 산업과 인공지능에 가장 근본입니다. … 근데 정부에서 전혀 이런 것들은 공개를 하지 않다 보니까, 우리나라가 갈수록 굉장히 뒤처지고 있어서 저는 차기 정부의 가장 중요한 국정 운영 목표 중의 하나가 사실 공공데이터 공개라고 믿고 있는 입장이라서 제가 윤 후보께 그렇게 여쭤 보는 겁니다…

◦윤석열 : 데이터 문제에 대해서 그렇게 관심을 가져주셔서 감사하고요. 우리 안 후보께서는 삼성전자 같은 회사가 다섯 개 있으면 우리 경제가 부강해진다고 말씀을 하셨는데 이제는 삼성전자는 디지털 회사입니다. 삼성전자도 애플처럼 데이터 플랫폼 기업으로 바뀌어야 되고요. 지금 전 세계의 주름 잡는 기업들은 전부 데이터 플랫폼 회사입니다. 디지털 데이터 플랫폼.

그래서 우리 안 후보께서 생각하시는 그런 기술 첨단 이런 디지털 기술 이것만 가지고 우리가 경제를 부흥할 수 있는 것이 아니라 이 데이터들을 어떻게 활용해서 상용화를 하고 새로운 상용 가치를 창출하는 플랫폼 기업을 끌어내느냐 하는 문제고 정부의 공공데이터라고 하는 것은 제가 말씀드린 대로 디지털 플랫폼 정부를 구성을 하면 거기에 많은 민간인과 관계자들이 들어오면서 저절로 공공데이터들이 공유되게 돼 있고 특별히 보안을 요하는 거 제외하고는 정부가 어떤 국가 전체의 데이터 플랫폼에서 중심적인 역할을 할 거라고 저는 보고 있습니다.

◦심상정 : 윤석열 후보님 주식 양도세 폐지를 약속을 하셨는데 이 주식 양도세가 왜 도입됐는지 혹시 아세요?

◦윤석열 : 글쎄 한번 좀 가르쳐 주십시오.

◦심상정 : 삼성 이재용 변칙 상속에서 비롯됐거든요. 그런데 이제 지금 이재용 부회장 일가가 지금 상속세 12조를 5년간 내야 돼요. 올해만도 한 2조 이상 매각하겠다. 이렇게 이야기를 했는데… 이게 혹시 삼성 이재용 일가 감세법 아닙니까?

◦윤석열 : 지금 삼성 얘기를 하셨는데 그런 재벌 기업의 대주주들이 자신들의 주식을 증권 시장에서 샀다 팔았다 하는 경우보다 그건 사실 그게 크게 많지 않습니다. 자식에게 이전하거나 누구에게 증여를 할 때는 상장법에 따라서 제대로 세금을 물릴 수 있는 것이고요. 주식 양도세는 대만에서 실시했다가 주가 폭락이 돼 가지고 그걸 제안한 경제 장관이 경질이 됐습니다. 이거는 지금 우리 주식시장도 굉장히 어려운데 이 양도세를 만들어 놓으면 연말이 되면 전부 이탈 현상이 생겨서 주식시장이 왜곡이 됩니다.

그래서 이거는 많은 개인 투자자 개미 투자자들에게 아주 치명타를 주는 것이기 때문에 그들을 보호하기 위해서 하는 것이지 그래서 우리 증시가 어느 정도 자리를 잡으면 이제 증권거래세를 폐지하면서 미국처럼 주식 양도세로 이렇게 가는 것이 맞는데 지금은 워낙 증시가 어렵기 때문에 일반 투자자 보호를 위해서 부득이한 조치라고 말씀을 드립니다.

◦이재명 : (생략) 민주주주의 위기가 곧 경제 위기를 불러온다는 말씀드리는데 동의하십니까? … 지정학적 리스크의 핵심은 우리가 군사적 대치를 하고 있다는 것입니다. … 그런데 사드(THAAD) 불필요하게 배치하겠다. 어디다 배치하실 겁니까 대체? 다시 경제 혼란 오겠죠. 지금 현재 타격한다고 하니까 한반도 리스크가 올라가서 지금 미국에서 전쟁 위협을 걱정하지 않습니까? 이런 게 바로 경제를 망치는 길이다. …

◦윤석열 : 저는 성남시장이나 경기지사 하면서 하신 그런 부정부패에 대해서 제대로 법을 적용하는 것이야말로 민주주의고 그것이 경제 발전의 기초라고 생각하는데 거기에 대해서 한번 한 말씀 해보시죠.

◦이재명 : 답을 하시죠. 다른 얘기 하지 마시고 엉뚱한 거 답을 하는 거는 옳지 않은 겁니다.

(중략)

◦윤석열 : 아까 민주주의와 경제 발전 얘기를 하셨는데 지금 언론에 연일 나오는 경기지사 법카 공금횡령에 대해서는 말씀을 안 하시네요. 이거 공무원들의 지금 마음이 다 떠나가고 있고 여기에 대해서 제대로 조사하고 본인이 엄정하게 책임지는 것이 민주주의고 이렇게 해서 사람들의 일할 의욕을 북돋아 주는 것이 경제 발전의 기본 아니겠습니까?

[주도권 토론, 9분]

◦심상정 : 우리 윤석열 후보께 제가 묻겠습니다. 요즘 유세에서 20억짜리 집에 산다고 갑부 아니다 세금으로 다 뺏어간다 이렇게 말씀하셨어요. … 시가 한 30억 정도 되는 집에 살고 계신데 … 종부세 92만 원 내셨어요. 30억 집에 종부세 92만 원이 폭탄입니까? 92만 원 내시고 지금 집 무너졌어요. 폭탄 맞아서?

◦윤석열 : 아니 그거는 시가가 그렇고 아마 공시지가나 공정시장 비율로 하면 그렇게 안 나올 겁니다.

◦심상정 : (생략) 제가 드리는 말씀이 뭐냐 대통령이 되시겠다는 분 아닙니까? 조세는 시민의 의무예요. 공동체 유지를 위해서 서로 나눔의 정신으로 분담을 하고 있는 건데 마치 국가가 무슨

약탈이라도 하는 것처럼 세금 내는 것을 악으로 규정하고 국가를 강도 지시나 하는 것처럼 이렇게 규정하는 게 대통령 후보로서 옳은 일입니까?

◦윤석열 : 지금 이 정권의 부동산 정책이 잘못돼서 집값들이 너무 치솟았고 또 퇴직하고 집 한 칸 가지고 별도의 수입이 없는 사람들도 많이 있기 때문에 그런 거를 고려해서 해야 되고 종부세를 폐지한다는 얘기가 아닙니다. 재산세하고 합쳐서 하고 또 차입으로 또 집을 가지고 있는 분들은 그러면 순자산을 가지고 기준으로 해야지 빚내서 집을 가지고 있는 게 경우도 그거를 일률적으로 세금 내는 거는 합리적으로 바꿔야 된다.

◦윤석열 : 아까 이재명 후보께서 얘기한 것 중에 제가 시간이 없어 답을 못한 게 있는데, 화천대유 어쩌고 해가지고 김만배하고 정영학 회계사가 통화한 녹취록을 말씀을 하시는데 그 사람들은 우리 이재명 후보하고 훨씬 가까운 측근이고 저는 10년 동안 본 적도 없고 정영학이라는 사람은 알지도 못할 뿐만 아니라 내용이 없지 않습니까? 거기다가 제가 듣기로는 녹취록 끝부분을 가면 이재명 게이트란 말을 김만배가 한다고 그러는데 그 부분까지 다 좀 포함해서 말씀을 하시는 게 어떠냐 이런 말씀을 드리고 싶고요.

우리 이재명 후보께서는 이제 국채 재정건전성이라고 하는 거는 대통령의 굉장히 중요한 이슈입니다. 그런데 이제 늘 말씀하시는 게 국채는 외채 아니면 상관없다, 한 나라 안에서 오른쪽 주머니에 있는 돈이 왼쪽 주머니로 가는 거고 또 장부상 수치에 불과한 거다, 또 국채를 국민들이 갖고 있으면 국민한테는 자산이 되는 거니까 이거는 큰 문제 될 게 없다는 말씀을 해 오셨기 때문에 제가 한번 물어보겠습니다. 그러면 국채는 얼마든지 발행해도 된다는 뜻인지요. 아니면 어느 정도의 적정 수치를 좀 보고 계시는 건지 한번 그걸 한번 좀 여쭤보고 싶습니다.

◦이재명 : 우리나라에서 국민들의 가계 부채비율이 너무 높아서 전 세계적으로 제일 높다고 합니다. 국가 부채비율은 전 세계에서 가장 낮은 축에 속하죠. 다른 나라는 110퍼센트가 넘는데 우리나라는 50퍼센트가 아직 안 됩니다. 이유는 국가가 가계소득 지원을 거의 안 했기 때문입니다…

◦윤석열 : 질문에 자꾸 딴 얘기를 하시니까, 지금 제가 국채 발행은 얼마든지 해도 되느냐에 대해서 말씀을 지금 안 하셔서. 그러면 그런 얘기나 똑같죠. 공무원이 뇌물을 받아먹으면 국민의 주머니에서 공무원 주머니로 가는 것이고 대장동에 성남시 주민이나 재산이 만약에 저렇게 해서 강제 수용당해서 약탈됐다 이러면 아니 이 주머니에서 김만배 주머니로 가는 것이 뭔 대수냐 다

대한민국에 있는 돈인데 그런 말씀이신 것 같은데 그러면 우리가 정부가 세금 걷을 필요 있습니까? 그냥 국채 발행하면 되는 거지. 그게 아니라면 국채는 도대체 GDP 대비 몇 퍼센트 정도까지 하는 게 맞다고 보시냐 하는 거를 지금 물어보는 겁니다.

◦이재명 : 자 제가 답은 드리겠습니다. IMF나 국제기구들은 85퍼센트 정도까지 유지하는 것이 적정하니까 너무 낮게 유지하지 말라고 말하고 있고요. 우리는 지금도 여전히 50퍼센트 정도밖에 안 된다는 말씀을 드리면서 윤 후보님 내가 언제 얼마든지 발행해도 된다고 했습니까? …

◦윤석열 : 그만하십시오. 질문이 저거니까 이따가 하세요. 그러면 계속 질문을 하면 자꾸 딴 얘기를 하시니까 토론이 안 돼요. 그러면 몇 프로가 적정 수준이라고 생각하시는 겁니까?

◦이재명 : 지금이 매우 낮아서 충분히 여력이 있다가 답입니다. 본인은 몇 퍼센트라고 생각합니까?

◦윤석열 : 한 50%~60%를 넘어가면 비기축통화국가인 경우에는 좀 어렵다고 향후에 이것이 스웨덴 같은 경우도 40% 넘어가면서 이자율이 올라가기 시작을 했다는 겁니다.

이런 말씀도 그전에 하셨는데 가계 부채를 해소하기 위해서 제로금리의 국채를 발행해서 가계소득 이전을 해줘서 가계 부채를 좀 줄여야 된다고 말씀을 제가 한 거를 봤거든요. 페북에 올린 거를. 그런데 가계소득 이전이라는 거는 그러면 국채를 발행해가지고, 그걸로 기본 소득을 준다든지 국민들에게 나눠줘서 가계 부채를 갚게 한다 이런 뜻인가요?

◦이재명 : 국가의 지출은 여러 가지 방식이 있는데, 현금 지원도 있고 물적 지원도 있고 제도상 지원도 있는데요. … 지금 후보님이 생각하는 것과 좀 다르다 국가부채비율 지나치게 낮고 가계부채비율 너무 높으니 외국만큼의 가계소득 지원을 좀 하자라고 한 겁니다.

◦윤석열 : 다시 하나 또 여쭈어볼게요. 그 국채는 장부상의 수치에 불과하다 이런 말씀도 하셨는데 국채가 과도하게 발행이 됐을 때 우리 국민이 가지고 있으면 문제없고 외국이 가지고 있을 때는 문제가 된다고 하셨는데 이게 신용등급이 떨어지고 또 외채 차입 이자율이 올라가고 국내 이자율이 올라가고 이런 식이 되면 우리 내국인 국채 갖고 있는 사람은 이거 투매 안 합니까? 이거 다 투명하게 돼 있고 이렇게 되다 보면 이제 결제가 제대로 이루어지지 않아서 우리나라 신용도가 떨어지면서 우리나라에 와 있는 외국 자본이 이제 유출이 되고 이렇게 하면서 어떤 실물과

금융 모두 혼란을 가져오는데 국채 문제에 대해서 그렇게 편하게 생각을 하신다면 국채가 많아질 때 어떤 일들이 생기는지 한번 생각해 보셨습니까?

◦이재명 : (생략) 우리나라는 다른 나라 선진국들에 비해서 국채 비율이 매우 낮다 절반에도 미치지 못한다 첫 번째. 두 번째로 우리가 곧 기축 통화국으로 될 가능성이 매우 높다. …

◦윤석열 : 기축통화국가가 아닌 비기축통화국가는 대부분 우리나라보다 다 낮습니다. 그러니까 잘 모르고 하는 말씀은 다시 한번 찾아보시고요. 그리고 우리 안철수 후보님께 좀 여쭤보겠습니다.

아까 재정 확장하고 그 다음에 금융긴축하고 이거를 지금 같이 이렇게 병행해 나가니까 좀 혼선이 생기고 엇박자가 생겨서 거기에 대한 해결책으로 아까 특별기금 같은 거 말씀을 하셨잖아요. 특별회계. 근데 이게 지속적으로 나가는 돈 같으면 특별회계가 가능한데 이를테면 코로나 같이 몇 년에 한 번씩 오고 간헐적으로 나가는 거에 대해서 특별회계라는 것을 쭉 쓰는 것이 맞습니까?

◦이재명 : (생략) 2010년 5월 이후 추가의 주식 거래가 있었는

지, 두 번째로 주식거래해서 돈을 벌은 게 있는지 손해만 봤는지?

◦윤석열 : 손해 본 것도 있고 뭐 좀 번 것도 있고 하니까 정확하게 순수익이 얼마나 되는지를 알 수 없습니다.

◦이재명 : 그러면 어쨌든 주식 투자 주가 조작에 참여해서 돈을 벌은 건 사실이군요.

◦윤석열 : 주가 조작에 참여한 사실은 없습니다.

◦이재명 : 부인께서는 월급 200만 원을 꽤 오랫동안 받았던 것 같은데 왜 수입은 없었고 어떻게 70억 자산가가 됐을까요?

◦윤석열 : 원래 오래전부터 재산을 가지고 있었고 2010년 이전부터도 상당한 자산을 가지고 있었습니다.

◦이재명 : (생략) 대장동 화천대유 관련해서 지금 그분이 조재연 대법관이다라는 게 지금 확인이 돼서 보도가 나오고 있는데, 윤 후보님 아무 근거한 거 없이 모든 자료가 그분이 이재명을 가리킨다고 페북에 써 놓고 지금도 가지고 계시죠. 그거 국민들한테 속인 건데 사과하실 생각 없습니까?

◦윤석열 : 전혀 없습니다. 대장동이라고 하는 것은 3억 5천 들고 들어간 사람들이 지금 1조 가까운 수익을 번 것이고 그리고 설계자와 승인권자가 그리고 수용권자가 바로 우리 이재명 후보셨습니다. 성남시장. 그리고 범죄자들끼리 지들끼리 떠들고 녹취하고 한 얘기에 대해서는 전 관심이 없습니다마는 그런 지들끼리 한 얘기를 가지고 그분이 조재연 대법관이면 우리 후보님은 면책되는 겁니까?

◦이재명 : (생략) 이 범죄 집단한테 이익을 준 사람이 문제입니까? 피해를 준 사람이 문제입니까? 저는 피해를 줬잖아요. … 김만배 내가 피해만 입었다 나한테 괴롭힌 사람이다 12년 동안 씨알이 안 먹히더라 정영하 우리끼리 돈 주고 받은 거 이재명이 알면 우리 큰일 난다 절대 비밀이다 이렇게 얘기하지 않습니까? 그런데 그럴 때 검사의 양심으로 누구를 의심해야 됩니까?

◦윤석열 : 당연히 우리 후보님을 의심하죠. 시장이 전부 했으니까. 대한민국 국민들 모두가 그렇게 생각을 하고 계십니다. 우리 이재명 후보를 지지하시는 분만 빼놓고는. 그냥 아니 자기편끼리 하는 얘기고 그리고 만약에 그 사람들은 우리 이재명 후보가 대통령이 되면 다 살아나갈 사람들인데 실체가 있으면 벌써 했겠죠. 제가 이 자리에 서게 놔뒀겠습니까? 터무니없는 얘기니까, 저 얘기가 무슨 의미가 있는 겁니까?

◦이재명: (생략) 윤 후보님. 이거 녹취록 다 알고 있으면서 끝에 이재명 게이트라고 말했다라고 하는 거 책임지실 수 있습니까?

◦윤석열: 아니 저도 들었으니까요, 언론에서 나와서 들었으니까.

◦안철수 : 공정거래위원회는 워낙에 검찰에서 많이 다뤄보셨을 겁니다. 저는 굉장히 잘 아실 거라고 생각하고 여쭈어 봅니다. … 지금 대기업의 중소기업 기술 탈취에 대해서 어떤 부서에서 이 문제 다루고 있는지 혹시 아십니까? (공정위요.) 공정위도 있고 지금 여러 부서에서 다루고 있습니다만…

◦윤석열 : 검찰에서는 그런 사건들이 오면 부정경쟁방지법이라든지 이런 사건으로 고소 고발이 돼오면 처리를 하고 있는 거로 알고 있습니다.

[윤석열 마무리 발언]

국민 여러분 지난 15일 법정 선거운동이 시작돼서 전국을 다닐 때마다 엄청나게 지지해 주시고 성원해 주셔서 대단히 감사합니다. 저는 민간과 시장을 존중해서 민주당 정권에서 여러분이 고통받았던 일자리 집값 또 코로나 이런 문제들을 제가 잘 해결을 하겠습니다.

그리고 그동안 여러분들 다 봐오셨겠지만 여러분들이 만약에 자식이나 딸이나 또는 아들의 상대를 구하신다면 정직하고 헌신적이며 합리적이고 유능한 사람을 구하신다면 누구를 여러분이 택하실 것인지 제가 일선에 유세를 다니다 보니 이런 말씀을 하시더군요. 여러분의 사위와 며느리를 누구를 고를 것이냐, 누가 정직하냐? 여러분의 자녀는 누구한테 맡길 수 있느냐 판단해 주시길 부탁드립니다.

4. 신문사 초청 토론

일시 : 2022년 2월 11일 금요일(모든 방송)
(https://www.youtube.com/watch?v=EQFrc9D6S7o)

[윤석열 모두 발언]

◦윤석열 : 우리 자랑스러운 대한민국 국민 여러분. 굴종 외교로 안보가 위태롭고 또 비상식 정책과 부패로 경제가 흔들리고 있습니다. 그리고 양극화는 더 심해지고 있습니다. 국민이 키운 윤석열, 상식을 바로 세우고 산업 기반을 고도화해서 신나는 나라 역동적인 나라를 만들겠습니다. 그리고 여기서 나온 생산 가치를 많은 어려운 국민들과 함께 나누고 두텁게 경제 주체로서 다시 자립할 수 있는 그런 따뜻하고 생산적인 복지 반드시 실현하겠습니다. 국민 여러분 저 윤석열 믿어주십시오, 감사드립니다.

[주제 토론 Ⅰ, 청년정책]

◦안철수 : 윤 후보께 묻겠습니다. 윤 후보께서는 누구보다도 공정과 상식을 주장하셨습니다. 아마 우리나라가 공정과 상식이 뿌리 박히지 못해서 그런 문제의식을 가지고 계신 것 같은데요. 그렇다면 우리나라에서 공정과 상식을 해치는 가장 근본적인 원

인은 뭐라고 생각하십니까?

◦윤석열 : 청년 입장에서 보면 상급학교 진학하는 데 있어서의 불평등 불공정 그리고 취업에 있어서의 불평등 불공정 그리고 주거를 장만하는 데 있어서의 부모의 지위가 세습이 되는 경향이 있기 때문에 거기서 나오는 불공정 이런 것들이 가장 문제가 되지 않나 이렇게 생각합니다.

◦안철수 : 한마디로 정리해서 말씀드리면 사실 반칙과 특권 그리고 또 기득권 때문 아니겠습니까? 이런 것들이 모두 다 모여서 어떤 사회의 변화를 가로막고 있는데 그럼 윤 후보께서는 여기에 대한 어떤 대책을 가지고 계십니까?

◦윤석열 : 제가 공약 발표할 때도 많이 말씀을 드렸습니다마는 입시제도라든지 또 주거에 있어서의 청년의 기회를 부여하는 문제라든지 또 일자리를 청년에게 넓은 기회가 갈 수 있도록 그렇게 공약을 다 발표하고 말씀을 드린 바 있습니다.

◦안철수 : 사실 기득권의 힘을 사회적인 합의로 통제하는 것이 저는 굉장히 중요하다고 생각합니다. … 윤 후보께서는 지난번에 공기업의 노동이사제를 찬성한다고 하셨는데 어떤 기사를 보니까 이렇게 말씀하셨습니다. 노동이사가 그것이 노조 출신이 아니

라 노조에서 추천한 변호사들이 많다. 그렇게 말씀하신 것 같은데 맞습니까?

◦윤석열 : 그렇습니다. 전문가들이 많이 선출이 되는 것 같습니다. 추천이 되는 것 같습니다.

◦안철수 : 그래서 실제로 조사를 해봤습니다. 그랬더니 서울시 산하 20개 공기업에서 … 노동이사의 85%가 변호사가 아니라 바로 노조 출신인 것이죠. 그럼 이렇게 잘못 알고 계신 부분이 있으신데도 여전히 노동이사제에 찬성하시겠습니까?

◦윤석열 : 저는 공공기관은 국민의 것이기 때문에 정부에서 임명한 간부들에다가 좀 그와 다른 입장에 있는 사람들이 이사가 돼서 도덕적 해이 이런 것들을 제어할 필요가 있고 제가 지난번에도 말씀드렸지만 한수원에 만약에 노동이사가 있었다면 아마 원전 경제성 평가 조작 같은 일은 벌어지지 않았을 것이라고 저는 생각합니다.

◦이재명 : (생략) 제가 사법시험 체제 이걸 부활하자라고 하고 있는데 이 점에 대한 의견이 어떠십니까?

◦윤석열 : 저는 개천에서 용 날 기회를 넓게 부여하자는 말씀

의 일환인 것 같은데 지금 변호사가 1년에 한 2천 명이 나오고 취업도 제대로 안 되고 있습니다. 그래서 그런 별도의 시험을 부활하게 되면 더 이게 전문 직업의 자격증은 딴다고 하더라도 일하기가 더 어려워지기 때문에 저는 로스쿨에 야간 로스쿨이라든지 또는 로스쿨에 직업 생업에 종사하다가 갈 수 있는 특별전형이라든지 그리고 장학금제도라든가 이렇게 해서 기회의 문을 넓히는 것이 사법시험 부활보다는 더 효과적이라고 저는 생각합니다.

◦윤석열 : 이재명 후보께 좀 물어보겠습니다. 지금 청년 실업률이 역대 최악이고 취업이 바늘구멍인데 불공정 채용에 대해서 분노하고 계셨는데 시장 재직 시절에 성남산업진흥원을 보면 34대 1, 68명이 지원해서 2명을 뽑고 또 어떨 때는 35대 1로 140명이 지원해서 3명을 뽑는데 대부분이 선거운동을 했던 선거대책본부장의 자녀라든지 또 시장직 인수위원회 자녀라든지 이렇게 해서 성남 산하의 중요한 일반인들이 가기가 쉽지가 않은 이런데 막 들어가는데 이 부분에 대해서는 공정을 평소에 주장하시는 거 하고는 좀 다른 게 아닌가 싶고요.

또 한 가지는 청년에게 제일 중요한 것이 일자리 다음으로는 주거고 또 기본 주택에서 임대주택 100만 채 말씀을 선거 공약에도 하셨는데 대장동 개발에서도 기반시설로 임대주택 부지를 만들어놨는데 그것 역시 LH에 팔면서 6.7%만 임대주택 짓고 나머지는 분양주택 질 수 있도록 이렇게 해주고 또 백현동에도 1,200세대 아파트를 허가해 주면서 임대주택 비율을 10분의 1로 줄였는데 이거는 우리 이재명 후보께서 대선 공약으로 말씀하신 거하고 너무 차이가 나서 기본 주택으로서의 임대주택 100만 채가 정말 진정성이 있는 공약인지 제가 한번 좀 궁금합니다.

◦이재명 : (생략) 지금 부인께서 지금 도이치모터스 이거 지금 주가 조작에 연루돼 있다는 말이 많은데 … 이 점을 한번 설명해 봐 주시죠.

◦윤석열 : 청년하고는 무관한 일이지만 제가 답을 좀 해 드리고. 검찰에서 한 2년 이상을 관련되는 계좌와 관계자들을 별건의 별건을 거듭해가면서 조사를 했고 우리 이재명 후보가 연루된 대장동 게이트에 비해서 작은 사건임에도 불구하고 훨씬 더 검찰에서 연인원을 더 많이 투입해서 했고 아직까지 무슨 문제점이 드러난 적은 없습니다. 그리고 제가 5월까지 2010년 5월까지인가 했다고 하는 것은 재작년에 유출된 첩보에 등장하는 인물과의 거래가 그랬다고 말씀을 드렸고 벌써 제가 경선 당시에도 계좌까지 전부 다 공개를 했습니다.

◦이재명 : 노동시간은 점점 앞으로 단축해 가야 되는데 이 청년들이 장시간 노동 크런치 타임 이런 것 때문에 죽어가고 있습

니다. 96시간, 89시간인가요 일하다가 과로사한 청년도 있는데 120시간씩 일하는 건 정말 어렵거든요. 우리 심상정 후보님은 4일제 주장하시고 저는 4.5일제를 시범적으로 하자 이렇게 하고 있는데 이 점에 대한 노동시간 단축에 대한 의견을 한번 듣고 싶습니다.

◦윤석열 : 노동시간이나 단축하면 싫어할 사람이 없습니다마는 우리 경제 산업의 현실을 감안해서 해야 될 문제 아니겠습니까? 그리고 대장동이라고 하는 것은 당시의 시장인 이재명 후보께서 하신 것이고 박상도든 박영수 변호사든 간에 여기서 나온 돈 8,500억이 도대체 어디로 흘러갔는지 전혀 지금 검찰이든 조사도 안 하고 특검도 안 되지 않습니까? 저는 이 자금이 지금 누구 주머니에 있고 어디에 숨겨져 있고 어디에 쓰였는지 반드시 진상 규명이 확실히 돼야 된다고 생각합니다.

◦심상정 : 저는 이제 이 문제에 대해서는 구체적인 정책적 그런 걸 따지기 전에 저는 이제 우리 청년들에게 빚내서 집 사라 이런 정책들은 그만 내셔야 된다고 생각합니다. … 저는 갚기 어려운 수준으로 돈을 빌려주는 약탈적 대출을 청년 주거대책으로 내모는 것은 투기판에 내모는 것과 마찬가지다 그런 점에서 윤석열 후보도 같은 지적을 드리고 싶습니다.

◦윤석열 : 뭘 좀 잘못 알고 계시는 것 같은데요. 수도권에… 아니 지금 말을 하고 있으니까 수도권에 서울을 얘기하는 것이 아니고 저는 청년주택을 신도시의 GTX 있는 데 짓겠다고 했고 그걸 계산을 해보면 월 한 100만 원 정도 101만 원 정도로 계산이 되고요. 그리고 이것 자체가 하나의 자산 축적이 되기 때문에 그렇게 문제 있는 제도는 아닙니다. 그리고 미국이든 영국이든 이런 선진국에서도 대도시 주변에 거의 한 80%, 90%, 심지어는 95%까지 LTV를 올려서 그렇게 대출해 주는 것이 일반화돼 있습니다.

◦안철수 : 지금 답변은 못 하실 텐데 아까 윤 후보께 강성 귀족노조 말씀을 연이어서 드리고자 합니다. 사실 젊은 사람들의 새로운 일자리를 만드는 것을 지금 막고 있습니다. 본인들의 처우가 훨씬 더 중요하고 그러다 보니까 기업에서는 새롭게 사람들을 고용할 수가 없는 것이죠. 그런데 노동이사제까지 도입이 되면 공기업의 개혁이 심각하게 타격을 받을 수가 있습니다. …

◦윤석열 : 노동개혁이라는 것도 대타협을 해서 받아들일 건 받아들이고 또 너무 과도한 고용보장이라든가 노동의 경직성은 좀 유연하게 완화하고 이렇게 가는 것이지 시종일관 어떤 한 가지 그 방향으로 쭉 간다고 해서 그것이 노동 유연성을 보장하고 청년의 일자리를 만들어내는 것은 저는 아니라고 생각합니다.

[두 번째 주도권 토론1, 자유 주제]

◦안철수 : 윤 후보께 묻겠습니다. 주식 양도세 폐지한다고 하셨죠. 그리고 또 종부세도 폐지한다고 하셨다가 나중에 재산세와 합해서 이렇게 계산한다고 하셨는데 결국은 더 줄이겠다 그 말씀 아니십니까? 그러니까 여러 가지 감세 정책들을 내신 것 같습니다. 그런데 지금 윤 후보께서 지금까지 발표하셨던 공약들의 전체 소요 예산이 얼마나 되는지 아십니까? … 어디에서 재원을 마련할 수 있겠습니까?

◦윤석열 : 우리 안 후보께서 상대 공약에 대한 준비가 좀 안 되신 것 같은데 원가주택은 분양주택이기 때문에 잘 아시다시피 임대주택이라 자산을 보유하는 게 아니라서 그거는 문제될 게 없습니다. 별도의 예산이 들어가지 않고요 다 회수하는 것이고요. 그거를 300조라고 말씀하시는 것 자체가 알고 하시는 건지 일부러 하시는 건지는 모르겠습니다만 그건 좀 아닌 것 같고요.

그리고 250조에서 260조 저희는 예산 전문가 붙여서 다 계산을 하고 있는데 그러면 이게 1년에 600조만 잡고 예산이 늘지 않는다고 해도 5년이면 3천조인데 그중에 재량 예산이 한 50%가 됩니다. 그러면 재량 예산에서 한 10% 정도의 지출 조정을 하고요. 그리고 자연적인 세수 증가가 있기 때문에 그걸 감안을 하면 증세나 국채발행 없이도 충분히 할 수가 있습니다.

◦안철수 : 조금 디테일이, 약간 더 제가 보완을 해야되겠습니다. 말씀하신 대로 전체 올해 예산이 600조이고 그중에 재량 예산이 300조입니다. 그런데 거기에 국방비와 공무원 인건비가 포함돼 있습니다. 그러니까 그건 또 마음대로 쓸 수가 없는 돈이죠. … 그러면 지금 현재 윤 후보 공약을 제대로 실행하기 위해서는 턱없이 모자라는 그런 돈이라는 뜻이죠.

◦윤석열 : 예산에서 한 절반 정도가 법정 예산이고 또 재량 예산 중에서도 일부 경직선 예산이 있습니다마는 그 남은 예산은 어떠한 정권이든지 간에 자기들이 중요하다고 우선순위를 두는 데 위주로 쓰게 돼 있기 때문에 지출 구조조정을 얼마든지 할 수 있고요.

또 경제 성장에 따라서 많은 규제 완화라든가 기업에 대한 성장 지원을 통해서 자연 세수 증가가 일어나고 있습니다. 그렇게 해서 그걸 합치면 1년에 한 50조 원 정도의 선거 공약과 관련된 50조 정도의 예산을 쓰는 것은 어느 정부에서나 크게 무리가 없이 가능했습니다.

◦안철수 : 글쎄요 저는 아까 지출구조 조정에 대해서도 그 정

도로 우리가 비용을 만들기는 굉장히 힘들다 사실 10% 정도 기존의 예산들을 바꾸는 것은… 엄청나게 어렵습니다. 여러 사람들이 거기에 대해서 여러 가지 이해관계가 있기 때문이죠. 그래서 최대가 저는 10%라고 보는 입장이고 그리고 자연 세수 증가가 올해 아마도 60조가 더 걷혔을 겁니다. 그거 말씀하시는 거죠.

◦윤석열 : 초과 세수도 있지만요 그거는 초과세수라는 것은 기재부에서 세입 세출을 제대로 저걸 못한 것이고 세수가 조금씩 늘죠 매년.

◦안철수 : 올해 초과 세수 중에서 가장 많은 부분을 차지하는 건 뭐라고 생각하십니까?

◦윤석열 : 토지에 관한 세금들이 많이 있다고 저도 알고 있습니다.

◦윤석열 : 오늘은 대장동은 제가 좀 그만 물어보고 백현동 식품연구원 부지 옹벽 50m짜리 올라가는 걸 조금 한번 물어보겠습니다. 유능한 경제 행정의 달인이라고 늘 말씀을 하시니까 이게 지금 용도 변경이 두 번이나 반려를 하다가 우리 이 후보님의 법률사무소 사무장이자 또 성남시장 선거 선대본부장을 하신 분이 개발 시행업체에 영입이 되니까 이게 자연 녹지 산속에 있는

자연녹지에서 4단계를 뛰어서 준주거지가 되면서 용적률이 5배가 늘고, 제가 질문을 하고 있으니까 이거 다 확인한 겁니다. 답을 하시면 됩니다. 그래서 지금 이 업자는 한 3천억 가량의 특혜를 받습니다.

물론 거기서 임대주택을 10분의 1로 낮춰주는 재승인도 했는데 지금 문제는 여기 50m 이 옹벽이라고 하는 것은 지난번에도 산림청장이 자기는 이런 거 처음 본다고 하거든요. 그래서 이게 지금 붕괴 위험이라든가 여기가 지금 상도동 유치원 무너진 데하고 토지 형태가 비슷해서 그래서 지금 이게 준공 승인이 지금 반려가 돼 있고 그러다 보니까 여기에 입주한 수천 명의 주민들은 등기도 못하고 또 대출에도 아주 어려움을 지금 겪고 있는데 특정 업자에게는 수천억의 천문학적 이익을 주고 그리고 또 수천 명의 주민들에게는 어떤 위험한 데서 살게 하면서 준공도 안 되게 이렇게 하는 것이 이게 공정하고 정상적인 행정이고 본인이 경제 행정의 달인이라고 말씀하실 수 있습니까?

◦이재명 : 일단 팩트를 확인하면 사무장이다. 이거 전혀 사실이 아닙니다. 법률사무소의 사무장 이야기는 전혀 사실이 아니고요 두 번째 2006년 떨어지는 선거에. 한참 후에 벌어진 일이라는 말씀 드리고요 저는 연락도 잘 안 되는 사람…

◦윤석열 : 말씀하시면 늘 사실하고 다른 말씀을 하시니까. 좋습니다. 그러면 또 하나 같은 종류의 걸 한번 물어보죠. 분당 정자동에 보면 두산건설 소유 병원부지 3천 평짜리가 있는데 이것도 상업용지로 용도 변경을 해주시고 그래서 72억에 취득한 것이 지금 수천억으로 급상승해서 두산은 또 이걸 가지고 담보대출 1,300억을 받아가지고 자금난을 또 해소합니다. 그리고 두산건설은 그 직후 다음에 그다음에 1년에 21억씩 해서 42억을 성남FC에다가 후원금으로 기부하는데 부지를 담보대출 받아서 자금난 해소할 만한 그런 기업이 성남FC에 40억 원이 넘는 후원금을 낸다는 것도 좀 납득하기가 어렵고요.

이건 대가 관계 없이는 이루어지기가 어려운 데다가 후원금을 유치하게 되면 성남시 규정에 따라서 10~20%의 간부들 성과급을 받게 돼 있고 성과급의 결정은 구단주인 시장이 하게 돼 있는건데 시의회에서도 도대체 FC에 들어온 우리 후보님이 시장으로 재직할 때 3년 동안 165억 원이라는 현안이 걸려 있는 기업으로부터 이렇게 후원금을 받았는데 165억 원의 사용처와 그리고 도대체 성과급이 누구한테 갔는지 그걸 밝히라고 하는데 그걸 왜 떳떳하게 밝히지 못하고 거부하시죠.

◦이재명 : (생략) 자꾸 사실이 아닌 얘기를 하시는데 그렇게 하시면 안 됩니다. 이거 경찰에서 3년 6개월 동안 국민의힘이 고발

해서 몇 차례 수사한 겁니다. 그래서 그 자금 추적 다 했어요. 자금 추적을 경찰이 다 했다고요 그런데 이런 거 아닌 사실 가지고 자꾸 왜 검사가 왜 그러십니까?

◦윤석열 : 관련해서 한번 여쭤보겠습니다. 우리 안철수 후보님 이게 경찰이 부실 수사하고 검찰에서도 이 자금을 따라가기 위해서 시도를 했다가 상부에서 누르고 해서 차장검사가 사표 내고 최근에 보도된 것 보셨습니까? 어떻게 생각하십니까 이게 검경에서 제대로 수사했는데 우리 이재명 우리 후보께서 전혀 문제가 없다고 확인이 된 거라고 보십니까? 어떻습니까?

◦안철수 : 저는 지금 현재 문재인 정부의 검찰 개혁 방향이 완전히 잘못됐다고 생각합니다. 다시 한번 더 검경 수사권 조정을 하고 그리고 또 이제는 유명무실화된 그런 고위공직자 수사처를 없애고 그런 식으로 정리가 필요하다고 봅니다.

◦이재명 : (생략) 경제적으로 손실이 큰, 별로 도움이 안 되는 사드(THAAD)를 지방에 배치하겠다고 하셨는데 구체적으로 어디 배치하실지 지방이 아니고 거기에 필요한 곳에다 설치를 하든지 설치를 포기하든지 해야 하는데 한 번만 더 의견을 말씀해 주시겠습니까?

◦윤석열 : 군사 전략 전술적인 거니까 가장 수도권 방어에 유리한 위치에 있는 그 지점을 선택을 해야 되겠죠.

◦이재명 : 글쎄요. 원전 문제도 마찬가지인데 원전을 지금 추가 설치하시겠다고 하셨지 않습니까? 그건 또 어디다 설치하실 겁니까?

◦윤석열 : 저는 지금 짓고 있는 것은 다 짓겠다고 했지 추가로 새 지역에다가 넣겠다고는 아직 말씀을 안 드렸습니다.

◦이재명 : 4기 추가 건설한다고 하지 않았습니까.

◦심상정 : 우리 윤석열 후보님. 윤 후보께도 제가 질문을 드리겠는데요. 도이치모터스 주가 조작 사건과 관련해서 일전에 공개하신 우리 김건희 님의 계좌와는 다른 계좌가 발견이 됐고 또 수상한 거래 내역도 지금 나온 것으로 보도가 되고 있습니다. 문제가 실제 없다고 하면 거래내역을 공개하십시오. …

◦윤석열 : 지금 검찰 수사 과정에서 나온 자료들이 어떻게 언론에 유출이 돼서 뭐를 의미하는 건지도 알 수가 없고 처음에 재작년 이맘때에 등장했던 경찰의 첩보가 뉴스타파에 넘어가서 나왔던 그 부분에 대해서 제가 다 해명을 했고요.

[공통 질문 I]

"통합형 언론 자율규제기구 그리고 공영방송의 독립성 보장에 대한 질문"

◦윤석열 : 언론은 자유민주주의의 파수꾼입니다. 그런데 그것은 언론이 세상에 진실을 알리기 때문입니다. 언론 보도가 진실이냐 아니냐의 문제를 어떤 행정기구나 다른 데서 하는 것보다는 어떤 사법적인 절차 시간이 걸리더라도 그리고 그에 준하는 준사법적인 언론 중재기구를 통해서 하는 게 맞고요. 신속하게 한다고 해서 섣불리 들어가다가는 언론 자유를 침해하고 취재원 보호가 안 될 수 있습니다.

저는 그동안 우리나라가 여기에 대한 사법적 재단이 이루어지지 않아서 이런 문제가 생긴 것이지 시간이 걸리더라도 법적 사법적 절차에 따라서 결론이 나오면 거기에 따라서 철저하고 혹독하게 책임을 물어왔다면 아마 지금 이런 일이 생기지 않았을 겁니다. 원칙에 따라서 하는 것이 저는 맞다고 생각합니다.

[주제 토론 II, 코로나 상황에 대한 방역 평가와 피해 대책]

◦윤석열 : 아까 이재명 후보께서는 우리 정부의 지금 K방역이

그래도 성공적이라고 말씀을 하시는데 저는 전혀 그렇지 않다고 보고 있고 가장 첫 번째 이유는 우리 안 후보님 말씀하신 것처럼 전문가 얘기를 안 들었다는 겁니다. 재작년 구정 전에 대한의학협회에서 많은 전문가들이 여섯 차례에 걸쳐서 우한 바이러스 때문에 중국인의 입국을 막으라고 6차례에 걸쳐서 정부에 아주 간곡히 청원을 했는데 다 무시됐습니다. 그리고 두 번째는 전혀 데이터 관리가 안 돼 있다.

저희도 당에서 이 코로나 이런 비상대책회의를 하면서 당국에 계신 분들 함께 얘기를 해보면 이게 역학조사라든지 또는 기저증이라든지 또는 치료 과정 이런 것이 전혀 안 된 것이 바로 데이터 관리가 안 됐다. 그야말로 주먹구구식 방역이다. 이렇게 볼 수가 있습니다.

질문을 계속 하나 하겠습니다. 이제 주먹구구식의 비과학적인 방역으로 많은 자영업자 소상공인들이 피해를 많이 봤습니다. 이건 정부의 방역이라고 하는 소위 공용 제한에 대해서 입은 손실이기 때문에 이거는 헌법상으로도 보상을 해줘야 되는데 저는 이거를 8월 9월부터 최소 50조의 보상 손실 보상이 필요하다고 했고 어떤 방식으로 보상해야 되는지에 대한 틀까지 만들어서 제시했는데 당시에 민주당에서는 포퓰리즘이라고 하고 우리 이 후보님께서도 그렇게 말씀을 하셨는데…

처음에는 지금까지 최근까지는 전 국민 지원금이라는 개념으로 접근을 하셨어요. 그래서 30에서 50만 원 준다 또 100만 원 준다 이렇게 하다가 야 이게 아무래도 선거에 좀 불리하겠다 싶으니까 소상공인 자영업자들에게 두텁게 지원해야 한다 또 역시 지원이라는 말씀을 하시다가 최근에 이제 과거에 입은 손실까지 전부 보상한다고 이렇게 말씀을 하시는데 이게 과연 진정성이 있는 건지 지금까지 해 온 입장을 봤을 때 이게 과연 손실 보상으로 이제 바뀌신 겁니까? 전 국민 지원금에서 소상공인 자영업자의 피해에 대한 손실 보상으로 개념이 바뀌신 겁니까? 아니면 그냥 좀 더 두툼하게 해 줘야 된다는 그런 뜻인지 한번 여쭤보고 싶습니다.

◦이재명 : (생략) 우선 제가 먼저 하나 여쭤볼게요? … 만약에 코로나 방역을 방해하는 세력이 있다면 거기에 대해서 엄중하게 제재하는 게 맞겠죠. 당연히 검사시니까 그러겠죠. 그런데 신천지가 코로나 방역을 방해했을 때 분명히 법무부 장관이 압수수색하라고 지시했는데 복지부 의견을 들어서 압수수색을 거부했다라고 말씀하셨던 것 같거든요. … 진짜로 압수수색 안 한 이유가 뭡니까

◦윤석열 : 오늘 아주 보니까 방어하기 위해서 준비를 많이 하신 것 같아요. 근거 없는 이런 네거티브 가지고 말씀을 막 하십니다. 본론부터 말씀을 드리면 복지부에서 30만이 되는 신도가 반

발할 경우에 관리가 안 되니까 강제 수사는 지금 단계에서는 안 되니 조금만 미뤄달라고 해서 바로 중대본과 함께 대검의 디지털 수사관들을 투입을 해서 압수수색보다 더 광범위한 범위로 신천지 과천본부의 서버를 다 들어와서 중대본에 넘겨주고 또 우리 대검의 디지털 수사관들을 한 달간 붙여서 전부 포렌식을 해서 다 넘겼습니다.

그리고 복지부의 당시에 중대본에 파견 나가 있던 이 모 국장께서 저희들한테 이거 30만 되는 사람 반발하면 도저히 뒷감당이 안 된다고 했고요. 법무부 장관의 압수수색 지시는 그건 완전히 쇼입니다. 왜냐하면 압수수색 지시를 언론에 공개하면서 하는 기자들이 다 그때 웃었습니다. 왜냐 그 당시에는 우리 이 후보님도 그렇고 추미애 장관도 그렇고 뭔가 튀는 행동을 좀 하고 싶어 한 것으로 보여지는데 그날 아침에 대검에서 여기에 대한 강제 수사를 논의하고 그리고 그래서 중대본에는 한번 물어보고 하자 이렇게 돼서 과장들을 세종시로 보냈는데 아마 대검에 있는 간부들이 장관한테 그런 모양이에요. 총장이 이거 압수수색 할 텐데 장관이 선수를 치십시오 그래서 이거를 언론에 풀면서 압수수색 지시가 내려왔습니다. 그러니까 이거는 완전히 코미디 같은 쇼죠. 다 웃었습니다.

◦이재명 : 윤 후보님 제가 이 말씀만 드리겠습니다. 지사의 조

사권으로 다 명단 입수했다는 말씀드립니다.

◦이재명 : 윤석열 후보님 제가 하나만 확인해 보겠습니다. … 지금 당장 얘기를 해 보면 50조 원 지원 얘기하시다가 내가 당선돼서 하겠다. 이렇게 말씀하셨고 또 35조 원 지원 얘기를 하셨다가, 그 조건을 붙이셨지 않습니까? 이미 확정된 예산을 깎아서 해야지 국채 발행은 안 된다 이미 확정된 예산을 어떻게 깎습니까? 그 조건 철회하실 생각 있으십니까?

◦윤석열 : 저는 제가 그런 얘기를 한 사실이 없기 때문에 철회하고 말 것도 없고 그리고 민주당 정권이니까 제가 대통령에 당선되면 즉각 100일 이내에 하겠다는 말씀을 드린 겁니다.

◦안철수 : 윤 후보께 묻겠습니다. 오미크론 때문에 지금 많은 분들이 고통을 겪고 계십니다. 그래서 정부에서도 지금 새 방역 지침이 발표가 됐습니다. 새 방역 지침에서 어떤 문제들이 있다고 보십니까?

◦윤석열 : 아무래도 오미크론이 이제 방역보다는 치료가 중심이 되는 그런 상황으로 이제 바뀌었다고 합니다. 그래서 일단 자가진단 키트가 원활하게 공급이 돼야 하고 또 PCR의 검사 역량을 강화해야 되고 그리고 백신이나 또 치료제 개발을 서둘러야

되는데 좀 정부의 대처 방안은 오늘도 키트 좀 더 나눠주겠다. 이런 정도로 좀 많이 부족하지 않나 이렇게 생각합니다.

◦이재명 : 저희도 보상 비율이 너무 낮다. 보상 대상이 너무 적다. 보상 금액이 너무 약하다 이 지적은 계속 하고 있습니다.

◦심상정 : 매번 할 때마다 이렇게 논쟁 입씨름하지 말고 법으로 정해야 한다고 저는 생각합니다. 우리 윤석열 후보님은 어떻게 생각하세요.

◦윤석열 : 저는 제가 당선이 돼서 업무를 시작하면 100일 이내에 이거를 해내겠다고 말씀을 드렸습니다. 법보다도 그 예산을 만들어서 즉각적으로 집행할 수 있게 협조를 해 주시는 게 우선….

[공통 질문 II]

첫 번째, "대통령이 되실 경우 국민 언론과 어떻게 소통하실 예정이신지" 두 번째, "지역 언론 발전 방안"

◦윤석열 : 저는 민주당 정권의 언론 정책은 낙제점이다라고 말씀을 드리고요. 제일 나쁜 것이 친여 매체를 악용해서 어떤 가짜

뉴스 여론조작 정치공작 획책 언론을 하수인 노릇 시키는 이런 아주 나쁜 관행을 만들어 왔습니다. 그래서 이제 전 세계 언론으로부터도 비판받는 언론중재법으로 또 반정부적인 비판 언론에 재갈 물리기를 시도를 해 왔는데요. 대통령은 언론에 자주 나와서 기자들로부터 귀찮지만 자주 질문을 받아야 하고 솔직하게 답을 해야 된다 생각합니다. 저도 우리 심상정 후보님과 마찬가지로 대통령에 취임을 하면 아마 특별한 일이 없으면 주 1회 정도씩은 기자들과 기탄없이 이렇게 만나도록 하겠습니다.

[주도권 토론 II, 경제,외교,기후,연금 개혁]

◦안철수 : 저는 지난주에 이어서 연금에 대해서 좀 여쭤보고 싶습니다. … 보험료율을 어떻게 할 것인지 그리고 수급 개시 연령을 어떻게 할 것인지 또 소득 대체율을 어떻게 설정할 것인지 이 세 가지가 제일 중요한 키입니다. 여기에 대해서는 어떤 정책을 가지고 계십니까?

◦윤석열 : 어차피 연금 개혁이라고 하는 것은 노후 소득 보장을 확실하게 해주면서 세대 간의 공정을 기하자고 하는 것인데 이게 지난번에도 말씀을 드렸지만 대원칙은 맞지만 방안에 대해서 각각이 다르기 때문에 이것 대선 공약으로 해서 만약에 그 공약을 내세운 분이 대통령이 된다면 자기가 주장했던 그 공약을

또 밀고 나갈 가능성이 많기 때문에 이거야말로 전 국민의 광범위한…

◦안철수 : 그러면 남은 것은 우리의 보험료율을 올리는 겁니다. 거기에는 동의하십니까? 그리고 수급 개시 연령은 어떻게 생각하십니까?

◦윤석열: 어차피 재원이 한정되어 있으면 수급 개시 연령도 좀 뒤로 갈 수밖에 없지 않겠나 싶은데요.

◦안철수: 국민연금이 빈부격차를 완화시키겠습니까 증가시키겠습니까?

◦윤석열: 저는 오히려 국민연금 제도가 빈부격차 해소에 큰 도움은 안 된다라고 생각을…

◦안철수: 왜 그렇게 생각하십니까?

◦윤석열 : 그러니까 소득이 적은 분들은 아무래도 보험료율이 적고 나중에 받는 것도 적고 이러기 때문에 이것이 연금도 결국은 좋은 직장 보수가 많은 직장에 가졌던 분들이 계속 아무래도 더 나은 위치에 있다 보니까 이것이 퇴직 후에도 그런 빈부격차

를 해소하는 데는 도움이 별로 되지 않는다.

◦윤석열 : 이재명 후보께 외교안보에 대해서 질문을 좀 하겠습니다. 지난번에도 그렇고 오늘도 그렇고 질문에 대해서 답을 하시기보다는 답변하기 어렵다고 자꾸 반문을 하거나 이렇게 좀 도망가시는데 그건 좀 올바른 태도가 아니고 답변을 못하면 못하는 대로 그냥 좀 질문에 대해서 솔직한 입장을 얘기해 주시기를 부탁드리겠습니다. 지금 종전선언을 해야 된다고 주장을 하시는데 지금이 종전 상태라고 생각하십니까? 딱 결론만 먼저 얘기를 해 주십시오.

◦이재명 : 일단은 사실상은 종전 상태가 맞는데 그러나 법률상은 정전 상태인 거죠. 그래서 정전이기 때문에 정전 관리를 하고 있는 국제기구까지 남아 있는 겁니다.

◦윤석열 : 우리가 6·25 전쟁을 했고 어느 나라나 전쟁이 끝나면 양쪽의 군대를 철수하고 자유롭게 교통을 하고 경제 문화 교류를 합니다. 지금 남북은 그런 상태도 아니고 휴전선을 중심으로 해서 약 40개 사단이 지금 대치돼 있고 수천문의 방사포 장사정포 미사일 기지가 구축돼 있습니다. 그리고 북은 핵 미사일을 고도화해서 계속 실험을 하고 있고요. 위협적으로.

지금 이런 상황을 종전 상태로 보신다면 사실상의 종전이라고 본다면 참 큰 시각의 차이인데요. 이게 지금 정전 상태로 정전 관리가 되고 있다는 것은 유엔사와 그 배후 기지를 유지함으로써 불의의 사태가 벌어졌을 때 자동 개입을 할 수가 있다라고 하는 것인데 이것 자체가 바로 전쟁 억지력을 갖는 것인데 이거를 종전이라고 만약에 우긴다면 이건 전쟁 억지력을 약화시키는 거라고 저는 생각합니다만 어떻게 보십니까?

◦이재명 : 우선은 저는 윤석열 후보님의 이런 발언들을 보면 이런 생각이 듭니다. 전쟁을 피하고 평화를 만들려는 노력보다는 어떻게든지 대립을 격화시키려는 의지가 읽어지는 것 같아서 참으로 안타깝다는 말씀을 드립니다. … 상대가 현실적으로 있는데 거기에다가 선제타격하겠다. 이런 소리해서 군사 긴장 도발하고 그러면 안 되는 거예요. 국가 지도자는 최소한 그래야 되는 것입니다.

◦윤석열 : 그러니까 지금 통일 문제에 대해서도 통일 필요 없다. 이미 시간이 늦었다. 그러니까 그냥 이 상태를 그냥 고착화시키자 이게 사실상 잘 지내면 통일 아니냐 하는 얘기 또 북한의 핵 그냥 인정해 주자 비핵화 굳이 갈 거 있냐 또 북핵 미사일을 막기 위한 3축 체제라든지 이거 필요 없고 또 스냅백이라고 그래서 먼저 제재 풀어주고 나중에 또 핵을 고도화하면 그때 가서 다시 제

재를 하자든지 또 이게 지금 종전 상태가 아닌데 종전 선언을 하자라고 하는 거라든지 또 지난번에 늘 말씀하시지만 전작권 회수하는데 조건이 뭔 필요가 있냐 그냥 회수하면 되는 거지 이런 게 전부 다 저는 하나의 생각이라고 보고 있는데요.

이게 결국은 친중 친북 반미라는 어떤 이념적 지향에서 단단히 서 있는 것이지 국가의 안보라든가 평화를 유지하기 위해서 저희가 전쟁 억지력을 가져야 한다는 거 하고는 거리가 먼 거 아닌가요?

◦이재명 : 저는 우리 윤석열 후보님 명색이 법률가신데 허위 주장을 너무 많이 하십니다… 어떻게 얘기한 4가지가 다 거짓말입니까? 얘기해 보십시오.

◦윤석열 : 3축을 부정한다는 것은 지금 선제타격이라는 3축이 제일 먼저 나오는 것을 부정하시기 때문에 말씀을 드린 거고 스냅백은 제재를 풀었다가 다시 나중에 제재를 하려고 하면 UN에 중국하고 러시아가 동의를 하겠습니까?

그리고 전작권은 조건 붙일 거 있냐고 하는 것은 작년 12월 30일 언론 협회에 가서 토론하시면서 이미 얘기하신 것으로 보도가 다 나온 것을 말씀을 하는 거지 거짓말할 이유가 있겠습니까? 제가 다른 분한테 여쭤보겠습니다.

우리 안철수 후보님 지금 사드(THAAD) 배치하면 추가 배치하면 중국하고 경제 관계가 파탄이 난다. 이렇게 이재명 후보가 말씀을 하셨는데 얼마 전에는 또 중국 어선이 우리나라 영해에 들어와서 불법 어로하면 격침시킨다는 얘기까지 하셨습니다. 한번 제가 우리 안 후보님께 여쭤보겠습니다. 우리가 미국의 사드(THAAD)를 사서 우리가 배치를 하고 엑스밴드 레이더를 저희가 대북 쪽으로만 딱 정해놓고 쓰는 거 하고 그리고 만약에 중국 어선을 저희가 격침을 시키는 거 하고 대중 관계에서 어느 게 더 심각한 문제를 야기합니까?

◦안철수 : 물론 어선을 파괴하는 게 더 심각하겠죠.

◦윤석열 : 그러니까 말이 이렇게 왔다 갔다 해요. 그러니까 또 다시 최근에는 말을 바꾸셨는데 국민이 죽고 사는 이런 안보 문제를 가지고 이렇게 말이 휙휙 바뀌어서 되겠냐 이 말씀입니다.

◦이재명 : (생략) 제가 드리는 말씀은 정치 지도자가 군사령관이나 할 소리를 군 전술가가 할 얘기를 너무 쉽게 한다는 거예요. 이게 예를 들면 군사적 긴장을 유발해서 한반도의 전쟁 위기가 올라가면 어떻게 할 겁니까 더 힐이라고 하는 군사 잡지에서

한반도의 전쟁 발발 가능성이 높아지고 있다. 그중에 4가지 중에 한 원인이 윤석열 후보다 이렇게 한 거 혹시 보셨습니까? 외국에서 그렇게 걱정하고 있어요.

◦윤석열 : 저자는 국제정치학계에서 거의 인정받지 못하고 엉뚱한 얘기하는 분으로 유명한 분인데 이런 대선 토론에서 그런 분의 글을 인용한다는 것이 참 어이가 없습니다.

◦이재명 : (생략) 전작권 회수 관련해서 지금 원점 선제타격 말씀하시는데 전작권 회수는 반대하고 계시죠. 전작권 회수를 반대를 하면서 선제 타격을 얘기하는 것 자체가 모순이다 이 말씀 드리고 사드(THAAD) 관련해서도 지금 필요가 없다고 브룩스 사령관이 얘기했는데 저번에 브룩스 사령관이 그렇게 얘기한 일이 없다는 사실은 말씀하셨는데 잘못된 얘기인 건 인정하시겠습니까?

◦윤석열 : 아니 우리 이 후보님 말씀이 전혀 사실에 근거하지 않은 엉터리 얘기죠. 그분이 어떻게 그런 얘기를 했습니까? 그리고 우리나라 합참의장이 인사청문회에서도 얘기를 했고 북한의 핵 위협이 고도화되면 필요하다고 얘기를 했고 브룩스 사령관은 성주 사드(THAAD)에다가 우리나라 적어도 방어 시스템을 결합해서 쓰는 것이 참 바람직하다 이런 얘기지 추가 배치에 대해서 언급한 것이 아닙니다.

◦윤석열 : 초과이익 환수를 안 하고 누구한테 다 천문학적인 이익을 주고 초과이익 환수법을 나중에 만들자고 하는 얘기나 똑같은 것이기 때문에 정치 도의와 양식에서 벗어났으면 먼저 책임지는 게 우선이지 무슨 또 법을 만든다고 그런 말씀을 하십니까?

◦심상정 : (생략) 창의력은 노동 시간이 아니라 여가 시간에 비례합니다. 그래서 세계 선진국들이 지금 선진국들과 혁신기업들이 주 4일제 도입에 박차를 가하는 겁니다. 우리 나라가 세계 10위권에 선진국인데 주4일제 대열에 동참해야 되지 않겠습니까? 윤 후보님 어떻게 생각하세요?

◦윤석열 : 아까도 얘기 나왔지 않습니까? 저는 주4일제 보다 3일제가 더 좋죠. 그러나 산업의 현실을 봐서 따져봐야 하는 문제라고 한 거죠. 그게 좋고 나쁜 문제가 아니죠. 현실적으로 할 수 있냐 없냐의 문제이지 안 그렇겠습니까?

◦심상정 : 우리 윤 후보님한테 한 가지 더 질문드리겠습니다. 기후위기 문제와 관련해서 탈 에너지 전환에 대해서는 동의를 하시는 거잖아요. 저는 100% 재생에너지로 가자는 거고 윤 후보님은 원전을 확대하자는 것이죠.

◦윤석열 : 원전은 유지를 해가면서 지금 짓고 있던 것은 마저

짓고 제가 석탄도 지금 짓고 있는 것 아깝게 돈 들여서 한 것을 중단하지 말고 더 효율이 높은 거니까 하다가 점차 없애 나가자 이런…

◦심상정 : 아니 그런데 점차 없애 나가자는 입장이십니까? 제가 알기로는 재생에너지도 늘리지만 원전 비중을 더 늘리자. 이런 입장으로 알고 있는데 그건 아닙니까?

◦윤석열 : 이제 에너지 믹스는 이제 봐가면서 해야 하는 건데 아까 그 주4일제랑 똑같은 얘기예요. 세계에서도 생산성이 높으니까 주4일제 시험을 하는 거지 회사가 힘든데 주4일제를 어떻게 먼저 합니까? 뭐가 선이고 뭐가 뒤냐 하는 것을 따져…

◦심상정 : (생략) 지금 윤 후보님 계획을 제가 보니까 2030년도에 원전 비중이 한 34%로 지금 돼 있어요, 윤 후보님 계획에. 그러면 신한울 3·4호기를 포함해서 SMR(small modular reactor, 소형원전)을 하시겠다고 하니까 한 30기를 더 지어야 됩니다. 그래서 SMR은 전력 수요가 많은 지역 인근에 짓는 게 효율적이거든요. 예를 들어서 서울에서 지금 전기를 가장 많이 쓰는 데가 강남입니다. 그러면 강남에 짓는 거 동의하시나요. 혹시?

◦윤석열 : 제가 SMR을 그렇게 신속하게 짓는 데는 말씀을 드

린 적도 없고 지금 원전이 한 23~26% 정도니까 신한울 3, 4호기를 마저 짓고 그러다 보면 한 30% 정도 넘어가지 않겠냐 이런 것이고 또 지금 프랑스도 원전 르네상스라고 하지만 그렇게 해서 원전을 14기를 더 짓기로 했지만 또 반면에 신재생 분야에도 적극 투자하기로 했습니다.

[윤석열 마무리 발언]

국민 여러분 잘 보셨습니까? 어느 후보가 가장 솔직하고 진정성이 있는지 잘 판단하셨을 거라고 믿습니다. 저 역시 국민들께 솔직한 모습을 보여드리려고 노력을 했습니다. 제가 많이 부족한 점이 있더라도 저를 힘차게 응원해 주시기를 부탁드리겠습니다. 국민의 선택 윤석열입니다. 감사합니다.

5. 방송사 초청 토론

일시 : 2022년 2월 3일 목요일(MBC·KBS·SBS)
(https://www.youtube.com/watch?v=61iM5tbDzMA)

[윤석열 모두 발언]

국민 여러분 안녕하십니까? 임인년 새해 복 많이 받으십시오. 국민께서 저를 불러주시고 이끌어 주시고 가르쳐 주셔서 오늘 제가 여기까지 왔습니다. 여러분들 삶이 많이 팍팍하시죠? 그러나 이권으로 배불린 사람들은 많습니다. 사정기관도 사법기관도 온데 간데 없습니다. 국민을 위해서 헌신하겠습니다. 감사합니다.

[사회자 공통 질문, 첫 번째 주제]

"만약 대통령이 되신다면 취임하자마자 가장 먼저 손볼 부동산 정책은 무엇입니까?"

◦윤석열 : 내 집이든 전셋집이든 일단 집을 구하는 데 걸림돌이 되는 제도들을 제거해야 될 것 같습니다. 그래서 먼저 대출 규제를 완화해서 집을 사는 데 좀 대출을 받을 수 있게 하고 그리고 지금 7월이면 또 임대 기한이 만료돼서 전세가 상승이 예상되기

때문에 임대차 3법을 개정을 먼저 하겠습니다.

◦윤석열 : 민주당 정권의 부동산 반시장적인 부동산 정책으로 인해서 주택 가격이 수직상승했고 젊은 층들이 영끌 매수를 해왔습니다. 거기에다가 LH 사태, 대장동 게이트 이런 권력과 유착된 부정부패에서 비롯된 이런 반칙 특권 이런 것들이 우리 사회의 갈등을 더 심화시키고 미래 세대에 좌절감을 줬습니다.

우리 이 후보님께 좀 질문하겠습니다. 우리 이 후보님께서 성남시장으로 재직할 때 대장동 도시개발로 김만배 등이 3억 5,000만 원을 투자해서 시행 수익 그리고 배당금으로 6,400억을 챙겼는데요. 여기에 관해서 작년 9월 기자회견에서 이 설계 내가 했다. 또 10월달에 서울 공약 발표 기자 간담회에서 이 엄청난 이익이 발생하는 대장동 개발 사업에서 성남시 몫이 얼마큼 확실하게 확보될 것인지 설계한 것이다. 다시 하더라도 이렇게 하겠다라고 말씀을 하셨는데 우리 이 후보께서 시장으로서 대장동 개발 사업에 대해서 어쨌든 들어가는 비용과 수익을 정확히 가늠하고 설계하신 거는 맞습니까?

◦이재명 : (생략) 윤 후보님 오늘 우리 국민들의 민생과 경제 정말로 어렵습니다. … 이런 얘기 다시 하시면서 시간 낭비하기보다는 가능하면 우리 국민들의 민생과 경제 얘기를 좀 많이 하시

면 어떨까 싶습니다. 어렵게 만든 토론자리이지 않습니까?

◦윤석열 : 민생과 경제, 대단히 중요한 문제입니다. 반시장적인 정책도 문제지만 이런 특정인에게 천문학적인 특혜를 주는 이런 부분에 대해서 국민들이 관심을 많이 가지고 계시고, 좋습니다. 지난번 법정에서도 김만배 씨가 이 설계는 시장의 지시방침에 따른 것이라고 했는데요.

이런 개발 사업에서 어떤 특정인 또는 몇 사람에게 3억 5,000만 원 투자한 사람에게 배당받을 수 있는 최상한선의 캡을 씌우지 않고 이렇게 설계를 했다는 거 자체가 이게 문제에 있는 거 아닙니까?

◦심상정 : 윤석열 후보께 묻겠습니다. 윤 후보는 다주택자 투기로 집값 오르는 거 아니다. 민간개발 완화해서 공급 늘리면 집값 잡는다. 이렇게 이제 호언장담을 하셨어요. … 수도권에서 민간 개발하면 집 없는 서민들 청년들 사실상 접근 가능하지 않습니다. 어떻게 청년들 집 장만해 주시겠다는 거죠?

◦윤석열 : 전국적인 주택공급의 숫자가 중요한 것이 아니고 국민들이 실제 필요로 하고 수요를 하는 곳에 공급을 늘려야 되는데 기본적으로 서울에 주택공급이 늘지를 못했고요. 그리고 집값

이라고 하는 것은 일반 수요공급곡선하고 다릅니다. 가격이 낮더라도 일반 상품은 가격이 낮으면 수요가 커지지 않습니까? 집은 가격이 오를 것 같을 때 비싸도 수요가 늡니다. 그래서 정부가 계속적으로 주택을 공급한다는 신호를 시장에 보낼 때 주택 수요의 주택 수요가 좀 진정이 되면서 가격이 안정이 되는 거다. 이런 말씀 드리고 싶습니다.

◦안철수 : 여러 가지 발표한 공약을 살펴보니까, 2030 청년을 위해서 군필자에게 청약 가점 5점 부여한다고 공약하신 걸로 압니다. 맞습니까? 혹시 윤 후보님께서 청약 점수 만점이 몇 점인지 아십니까?

◦윤석열 : 40점으로 알고 있습니다.

◦안철수 : 예, 84점인데요. 그런데 그중에서 3인 가구가 받을 수 있는 최고 점수가 64점입니다. 그러니까 그것도 30대가 만점을 받으려면 스무 살이 되자마자 이 청약 저축을 하면 그때야 가능한 그 정도 점수인데요. 그럼 혹시 윤 후보님께서 작년에 서울 지역 청약 커트라인이 어느 정도인지 혹시 아시는지요?

◦윤석열 : 글쎄 거의 만점에 거의 다 돼야 …

◦안철수 : 62.6점입니다, 사실 그래서 제가 말씀드리고 싶은 점이 군필자에게 청약 점수 5점을 더 주더라도 그 5점을 더 받아서 청약에 안 될 사람이 이렇게 당첨되는 그런 경우는 거의 존재하지가 않는 겁니다. ….

◦윤석열 : 저는 부동산 정책으로 냈다기보다 국방 정책의 일환으로 군필자에게 어떤 식의 보상과 혜택을 줘야 된다는 차원에서 제시를 한 겁니다.

◦심상정 : (생략) 지금 이제 청년들이 4~5평짜리 서울에 월세 살면서 60~70만 원 냅니다. 그러니까 1년에 700~800만 원 내는 거예요. 그런데 25억 사는 분이 50만 원 세금 내는 거를 폭탄이라고 이야기하니까 제가 다 부끄럽습니다. 우리가 이렇게 종부세 깎아주는데 혈안이 되는 게 아니라 진짜 청년들 60~70만 원씩 월세 내는 거 어떻게 지원해 줄 건가 이거 가지고 정치권이 머리 맞대야 되는 거 아닙니까 어떻게 생각하세요?

◦윤석열 : 청년 원가주택은 서울이 아니고 수도권에 광역도시철도가 연계된 신도시를 중심으로 제가 말씀을 드렸고 그리고…

◦심상정 : 어떻게 청년들이 가난한 청년들이 들어갈 수 있는지 말씀해 주세요.

◦윤석열 : 아니 그러니까 한 80%까지 청년들 앞으로 돈을 계속 벌 거기 때문에…

◦심상정 : 그러니까 한 달에 250만 원씩 내야 된다니까? 20년을.

◦윤석열 : 수도권에 있는 신도시에 있는 집들은 서울 하고는 좀 다르죠. 그리고 어찌됐던 임대주택을 쓰지 않는 경우에는 집을 살 수 있는 그리고 그렇게 해서 자산 축적을 할 수 있는 기회를 줘야 되고요. 그리고 종부세는 그냥 폐지하는 것이 아니라 재산세와 두 개를 합쳐가지고 합당한 과세를 하겠다. 이렇게 말씀을 드렸습니다.

◦심상정 : 그러니까 재산세는 종부세는 이제 그거 가지고 어려운 지역에다가 전액 지급해서 균형발전을 도모하지 않습니까?

◦윤석열 : 균형발전은 그것 말고도 쓸 수 있는 여러 예산들이 많죠. 그러나 집에 대해서 그렇게 두 가지, 세 가지의 과세를 한다는 것이 합당하지 않다 이 말씀입니다.

◦이재명 : 시간이 거의 없으신 것 같아서 제가 이거 하나만 여쭤보겠습니다. LTV 완화 말씀하셨습니다. 얼마나 완화하셨어요?

◦윤석열 : 제가 공약 발표할 때는 80%까지 청년원가주택의 경우에는…

◦이재명 : 90으로 지금 완화하셨죠 DSR은 어떻게 처리하실 생각이었습니까?

◦윤석열 : 지금 DSR하고 DTI는 아직 제가 수치를 제시 안 했고요. 공약에서는 LTV만 80%를 했습니다. 그러나 거기에 맞춰가지고 DSR이나 DTI도 그게 결국은 금융권에서 이걸 부실 채권으로 볼 거냐 안 볼 거냐라는 마지노선에 관한 것이기 때문에…

◦이재명 : 그래서 제가 정책을 발표하실 때 LTV를 80으로 할 건지 90으로 할 건지 정말로 중요한데 아무 설명도 없이 80% 주장하시다가 갑자기 공약을 90%로 바꾸면…

◦윤석열 : 80%를 유지하고 있습니다, 초기부터. 9월에 발표할 때부터 지금까지 LTV는 80으로 제가…

◦안철수 : 저는 책임 있는 청와대 참모 그리고 또 주무 장관들 대상으로 부동산 정책 실패에 대해서 국회에서 청문회가 필요하다고 생각하는데 윤 후보님 생각은 어떻습니까?

◦윤석열 : 아마 필요합니다마는 그런다 그래서 반성하거나 개전의 정이 없기 때문에 답은 정권교체밖에 없다고 생각합니다.

◦안철수 : 그러면 국회청문회 필요 없이 바로?

◦윤석열 : 이제 선거도 얼마 안 남았으니까 정권교체를 해가지고 뭐가 문제였는지 전 정부에서의 과오를 하는 것이 좋을 거 같습니다.

[주도권 토론]

◦안철수 : 윤 후보께서 최근에 관훈 토론회에서 이렇게 말씀하셨더라고요. 연금개혁은 어느 정당이든 선거 공약으로 들고나오면 선거에서 지게 돼 있다. 그래서 솔직히 구체적인 연금개혁 방안을 내놓지 않는다고 말씀을 하셨죠? 그러면 연금개혁을 할 생각이 없으신 겁니까? 아니면 할 생각은 있는데, 표에 도움이 안 되니까 말은 못 하시는 겁니까?

◦윤석열 : 연금개혁을 해야 되고 연금개혁은 굉장히 복잡한 문제이기 때문에 시간이 아주 많이 걸리는 거라 후보들이 대선 기간에 짧게 어떤 방향을 만들어서 공약으로 발표하기에는 대단히 위험한 거기 때문에 그리고 국민적인 합의가 필요하고 그래서 초

당적으로 해야 되는 문제입니다. 그래서 정권 초기에 이거를 해야 된다는 것이죠. 이번 정부에서 그걸 안 했기 때문에 다음 정부는 초당적으로 정권 초기부터 국민적 합의를 만들어 내야 된다는 것이죠.

◦안철수 : (생략) 3대 직역연금이 있는 건 아실 겁니다. 공무원연금, 군인연금, 사학연금 이렇게 있는데요. 2025년이 되면 적자가 어느 정도 정도되는지 혹시 아시는지요?

◦윤석열 : 벌써 3대 직역연금은 벌써부터 국가 재정이 투입되고 있는 걸로 알고 있습니다.

◦안철수 : 2025년이니까. 이제 앞으로 3년 정도 후인데 11조 원 정도가 적자가 나고 그걸 전부 100% 국민 세금으로 메워주게 그렇게 되어 있습니다. 그런데 그러면 지금 3대 직역연금을 국민연금과 통합하자 이제 그런 안이 있습니다. 어떻게 생각하십니까?

◦윤석열 : 지금 국민연금도 점점 부실화돼 가고는 있습니다다마는 부실 정도가 지금 특수 직역연금의 부실 정도가 더 심하기 때문에 통합을 했을 때에는 또 국민연금의 부실이 또 과속화되니까 조금 더 검토를 해야 될 문제인 것 같습니다. 그리고 공무원연금

이라고 하는 것은 과거에는 워낙 월급을 조금 줬기 때문에 어떤 퇴직 후의 보상이라는 차원에서 공무원연금이 생겼는데 그게 중간에 공무원 봉급이 올라가면서 연금 제도를 개혁하지 못해가지고 지금 여기까지 이르러서 이 부분을 우리 대선 후보들도 연금 제도를 어떻게 하겠다고 말씀을 못 하고 계시지 않습니까?

◦안철수 : 저는 구체적으로 공약을 했습니다. 저는 일본과 같은 제도입니다. 일본이 2015년부터 통일연금 개혁을 했습니다. 그래서 자기가 근무하는 기간 그리고 또 그동안의 낸 액수에 따라서 똑같은 기준을 적용하는 겁니다. …

◦윤석열 : 하여튼 국민적 합의를 해가는 과정에 우리 안 후보님의 방향도 충분히 경청할만한 것이라고 저는 생각하고 있습니다.

◦안철수 : 기본적으로 세 분이 다 동의를 하시니까 국민연금 개혁은 누가 대통령이 돼도 하겠다. 이렇게 우리 네 명이서 공동 선언하는 건 어떠십니까?

◦윤석열 : 이 자리에서 약속을 하죠. 안 할 수가 없으니까요.

◦심상정 : (생략) 얼마 전에 폭로된 녹취록에서 부인 김건희 씨가 나랑 우리 아저씨는 안희정 편이다 강간이 아니다. 이러면서

성폭력 가해자를 두둔한 사실이 밝혀졌습니다. 그래서 지금 이 순간에도 성폭력으로 고통받고 있는 여성을 대신해서 제가 묻습니다. 윤 후보님은 정말로 성범죄자 안희정 씨 편입니까?

◦윤석열 : 모르겠습니다. 제 처가 저는 알지도 못하는 사람과 무슨 대화를 그렇게, 저는 안희정 씨나 또 오거돈 씨나 박원순 씨나 다 권력을 이용한 그런 성범죄라고 저는 생각하고 있습니다.

◦심상정 : 그러시다면 녹취록 공개로 2차 가해 등 이렇게 여러 고통을 받고 있는 피해자 김지은 씨한테 이 자리를 빌려서 정확하게 사과하실 용의가 있으십니까?

◦윤석열 : 제가 수차 그것뿐만이 아니라…

◦심상정 : 이 자리에서 김지은 씨한테 정확하게 사과하실 용의가 있으세요?

◦윤석열 : 사과하겠습니다. 그렇게 마음의 상처를 받으셨다면 제가 그런 말을 한 거는 아니지만 하여튼 그런 거로 인해서 상처를 받으신 분에 대해서는 김지은 씨를 포함해서 모든 분들에게 공인의 아내도 공적인 위치에 있으니까 제가 사과를 드리겠습니다.

◦이재명 : (생략) 지금 현재 코로나 확산에 따른 보상 지원을 위해서 추경을 편성하고 있지 않습니까? … 이번에도 35조 원 추경하자라고 말씀은 하시면서 단, 다른 예산 확정된 거 깎아서 해라 이렇게 말하면 옳지 않은데 이 주장 계속 유지하실 생각이신가요?

◦윤석열 : 전부 제가 한 얘기가 아니고 우리 당에서 한 모양인데 제가 처음에 50조를 9월에 내놓을 때는 정확한 근거와 사용처를 전부 정해서 내놨습니다. 그리고 피해자들에게 어떻게 지원금을 분배를 할 것인지에 대해서도 전부 구체적인 안을 다 해서 국민들께 제시를 했고 그 당시에는 우리 이 후보님께서는 또 민주당 많은 정치인들께서는 이거는 포퓰리즘이다 이렇게 하셨거든요. 근데 이제 나중에 영세 소상공인들에 대해서 하시겠다고 나중에 따라오신 거고 저희는 제대로 된 된 안을 내놓으라 이겁니다. 14조 안, 그거는 저희가 얘기하고…

◦이재명 : 후보님. 제가 말씀드리는 거는 조건 떼시고 어떤 방법으로든 정부가 마련을 하면 나머지는 우리가 취임한 이 중에 누군가가 될 테니 책임을 질 테니까 35조 원 조건 달지 말고 국채 발행 확대해서라도 해 달라고 하실 용의 있으십니까?

◦윤석열 : 아니 그 돈을 어디에 어떻게 쓸 건지를 정해놔야 국채를 발행하던 초과세수를 쓰던 지출 조정을 하던 하는 것이지

어디에다가 쓰지도 않고 35조라는 돈만 가지고 이렇게 정해놓으면 안 되죠. 저는 14조라는 거 자체도 용처 잘못됐다. 이런 말씀이거든요.

◦이재명 : 지금 말씀은 논리적 모순이 있는데요. 35조 원을 주장한 것은 국민의 힘입니다. 필요하니까 했겠죠. …

◦윤석열 : 아니죠. 추경이 들어올 때 이 돈을 추경이라고 하는 건 만들어 놓은 예산이라는 거는 재원과 용처가 정해져야 그게 예산이고 추경이라고 하는 건 그걸 변경하는 거 안 그렇습니까?

◦이재명 : 알겠습니다. … 아주 간단하게 우리 윤 후보님이 생각하는 일자리의 보고라고 할 수 있는 중소기업 육성 정책은 어떤 게 있습니까?

◦윤석열 : 여러 가지가 있습니다. 일단은 중소기업을 지금까지는 너무 얇게 넓게 지원을 했는데, 가급적이면 기술 경쟁력이 있는데, 좀 집중적으로 지원하는 그렇게 해서 키우는 방향이 재원은 그런 데 써야 된다는 것이 있고 그다음에 공정한 거래 관행을 보장을 해서 중소기업이 좀 숨 쉴 수 있는 여지를 만들어줘야 된다 이런 것들이죠.

◦이재명 : 미래 산업의 핵심은 재생에너지고 재생에너지의 중심은 수소가 될 것인데 … 블루 수소 생산산업과 관련된 혹시 어떤 비전이나 아니면 생각을 가지고 계시면 잠깐 말씀을 해주시죠.

◦윤석열 : 글쎄 저는 미래 산업의 핵심이 재생에너지는 그중에 조그마한 하나이지 미래산업의 핵심은 전 거기에 있지 않다고 봅니다. 미래 산업의 핵심은 데이터 AI 이런 수소 이런 것이고 그리고 바이오 이런 거지 수소 재생에너지를 그것도 물론 우리가 탄소 중립 2050을 실현하기 위해서 신재생도 저희가 투자를 해야 되는 거지만 굳이 뭐…

◦윤석열 : 아까 이 후보님께서 성남시장으로 계실 때 왜 그 대장동 개발 사업 얘기를 하니까 자꾸 국민의힘 얘기를 하시던데 국민의힘 의원이 대장동 사업을 기획하고 발 진행한 건 아니지 않습니까? 그러니까 여기에 대해서 입장을 명확하게 말씀을 해 주셨으면 합니다. 많은 국민들이 궁금해하고 있습니다. 제가 질문을 할게요.

지금 이제 작년 10월에 얘기하신 거 보면 엄청난 이익이 발생하는 대장동 개발 사업에서 성남시 몫을 얼만큼 확보하느냐 이게 문제다. 그래서 내가 거기에 맞춰서 설계를 했다. 그러면 시장으로서 당연히 개발 사업의 비용과 수익은 정확히 인식을 하셨을 것이고 그리고 개발 사업이라고 하는 거는 아파트만 짓는 것이 아니라 도로도 만들고 터널도 뚫고 공원도 만들고 다 이렇게 하는 겁니다. 그래서 주거 공간을 이제 활용하기 좋게 만드는 것인데 그런 거를 만들었다고 해서 우리가 이익을 환수했다고 얘기하지는 않습니다.

그거는 이제 다 도시 기반 사업을 도시 기반 조성을 전부하고 그리고 이제 현금이 남았다고 할 때 그걸 어떻게 배당하느냐에 문제가 남은 거지 아니 터널 뚫고 도로 만들고 공원 생겼다고 그거를 시가 아니 그럼 모든 개발 사업은 다 환수를 하게요. 그러니까 그런 말씀은 제가 보기에는 상식에 거슬리는 얘기니까 좀 안 맞는 것 같고…

◦윤석열 : 아니 국민의힘이 막을 것도 없고 시장이 한 건데 국민의힘이 어떻게 막으며 그리고 이걸 한번 여쭤볼게요. 본인은 이제 김만배나 유동규가 이제 기소가 됐는데 기소된 배임 범죄 사실은 나하고 관계없이 자기들이 한 거다 왜냐하면 거기에다가 조 단위 이익을 줬으니까 그런데 그렇게 이제 나하고는 관계없다고 얘기를 하시면서 또 내가 이익을 다 따져봐서 설계를 했다고도 하시고 또 한편으로 이런 얘기를 하십니다.

그분들한테 그렇게 많은 이익을 줄 수밖에 없었던 거는 굉장히 리스크가 큰 사업이었다. 그래서 손해 볼 수가 있었기 때문이다라고 하는데 손해를 그분들이 봐봐야 투자금 3억 5,000밖에 더 봅니까 그리고 거기 자체가 지금 강남에 연결돼 있는 판교 땅인데 그야말로 성남에서는 마지막 남은 금싸라기 땅이라고 하는 것이고 또 본인이나 변호인들도 선거법 위반 재판에서 이거는 이익이 확실하게 남는다는 얘기를 여러 번…

◦이재명 : 저도 발언할 기회를 주시는 게 좋겠습니다.

◦윤석열 : 그러니까 도대체 입장이 뭐냐 이겁니다. 내가 안 한 거다 또는 내가 한 거지만 이거는 리스크가 크기 때문에 이렇게 줄 수밖에 없었던 거다 둘 중에 하나가 뭡니까? 입장이.

◦윤석열 : 제가 또 질문을 하겠습니다. 제가 지금 물어보는 거는 다른 걸 물어보는 게 아니에요. 이거는 지금 공공개발이 아니라고 하지만 분양은 일반 개발처럼 상한가 적용 안 하고 하셨지만 다 수용하고 땅도 마음대로 감정평가에서 그냥 받아왔다 이 말입니다. 그런데 제가 묻는 거 국민들이 궁금해하는 거는 어떻게 김만배나 저 남욱이나 정영학 같은 사람들한테 합쳐서 3억 5,000 넣은 사람한테 1조 가까운 이익이 돌아가게 설계를 했냐 이걸 묻는 겁니다.

그게 제일 국민들의 관심이거든요. 그게 그 사람들이 마음대로 시장 제쳐놓고 만든 겁니까? 그래서 기소된 겁니까? 아니면 우리 후보께서 시장 시절에 이게 너무 사업의 위험성이 많아서 3억 5,000밖에 리스크는 없지만 하여튼 남는 거는 다 먹게 그렇게 설계를 해준 거냐 둘 중에 하나 어느 거냐를 여쭤보는 겁니다.

◦이재명 : 후보님은 이거 한번 생각해 보셨습니까? 저축은행 대출 비리는 왜 봐줬을까? 우연히 김만배의 누나는 왜 아버지의 집을 샀을까? … 국민의힘은 왜 업자들을 위해서 저렇게 극렬하게 공공개발을 막고 LH 포기시켰을까? 왜 관계자가 전부 국민의 힘밖에 없을까?

◦윤석열 : 제가 제 질문에 대해서 자꾸 이렇게 다른 걸 얘기를 하시는 거 보니까, 여기에 대해서 답을 못 하시네요.

◦이재명 : 여기는 특검 뽑는 자리가 아닙니다.

◦윤석열 : 특검 뽑는 것이 아니라 국민들이 궁금해하는 것을 다른 후보에게 주자들끼리 이렇게 지금 얘기를 하고 있는 건데 엉뚱한 얘기만 지금 하지 않습니까? 왜 거기에 대해 답을 못 하시는지 답을 하실 수가 없죠? 이걸 어떻게 답을 하겠습니까?

그럼 제가 안철수 후보님께 여쭤보겠습니다. 지금 들으셨죠? 이게 도대체 시장이 바보여가지고 밑에 사람이 다 해 먹고 조 단위 이익을 해 먹고 기소가 된 겁니까? 아니면 시장이 정말 여기가 리스크가 크다고 판단해서 이렇게 설계를 한 겁니까? 어느 거라고 보십니까? 우리 안 후보께서는…

[사회자 공통 질문, 두 번째 주제]

"대통령이 되고 나면 취임 후에 미국의 바이든, 일본의 기시다, 중국의 시진핑, 북한의 김정은, 네 정상을 만날 순서를 우선순위로 뽑아주시면 되겠습니다."

◦윤석열 : 저는 먼저 미국 대통령 그다음에 일본 수상 그리고 중국 시진핑 주석과 김정은 위원장 제가 순서를 정하라면 그렇게 하겠습니다. 왜냐하면 저희가 민주당 정권의 집권 기간 동안에 너무 친중 친북의 굴종 외교를 하는 가운데 한미 관계 한일 관계가 너무 많이 무너져서 이걸 정상적으로 회복하는 것이 우선이라고 생각합니다.

◦이재명 : (생략) 그래서 우리 윤석열 후보께 묻겠습니다. 사드(THAAD) 배치 … 왜 그걸 다시 설치해서 중국의 반발을 불러와서 경제를 망치려고 하는지 이거 어디다가 설치할 건지 그거 한번

말씀 한번 해 봐 주시죠.

◦윤석열 : 사드(THAAD)에 대해서 조금 더 알아보셔야 될 것 같은데요. 거기에 대해서 이게 없다가 오늘 롱샘이라고 하는 어느 정도 중고도를 요격하는 시스템을 개발해야 된다고 말씀을 하셨는데 롱샘이라고 하는 거는 40에서 한 60킬로 고도고 사드(THAAD)는 40에서 50킬로 고도인데 북한에서 수도권을 겨냥할 경우에는 고각 발사를 하는 경우가 많기 때문에 당연히 수도권에 필요합니다.

그러나 이 요격 장소는 꼭 수도권이 아니어도 강원도든 충청도든 아니면 경상도지만 하지만 조금 더 땡겨오든 그건 제가 볼 때는 위치는 군사적으로 정해야 될 문제라고 저는 생각합니다.

◦이재명 : 브룩스 전 주한미군 사령관도 추가 사드(THAAD) 필요없다. 이렇게 말을 했는데, 왜 말씀을 계속해서? 이거 안보 불안을 조성해가지고 표 얻으려고 경제 망친다는 지적이 있는데, 어떻게 생각하세요?

◦윤석열 : 안보가 튼튼해야 주가도 유지가 되고 이 대한민국의 소위 말하는 어떤 국가 리스크라는 것이 이제 주는 거고요. 그리고 브룩 사령관의 얘기는 성주에 있는 사드(THAAD)를 우리 저층

방어 시스템하고 연계를 했을 때 더 효과적이라고 한 것이지 그 분이 사드(THAAD) 추가 배치가 필요 없다는 얘기를 한 사실이 없습니다.

◦심상정 : 윤석열 후보님 최근에 선제타격 몇 차례 말씀하셨어요. … 국민들은 정치초년생 윤석열 후보가 이렇게 선제타격을 운운하면서 전쟁 가능성을 거론한 것에 대해서 매우 불안해하고 계십니다. 어떻게 생각하십니까?

◦윤석열 : 전쟁을 하려는 것이 아니라 전쟁을 억제하기 위해서 우리 지금 민주당 정부에서도 만들어 놓은 국방백서에 3축 체계에 선제타격 킬체인이 있고요. 정권 초기에도 우리 문재인 대통령께서도 국방부를 방문해서 킬체인을 차질 없이 준비하라고 하셨고 또 국군의 날 기념식에도 그 말씀을 하셨습니다.

선제타격이라고 하는 킬체인은 전쟁을 억제하고 평화를 지키기 위해서 하는 것이고 무기 체계에도 아직 준비가 좀 덜 돼 있습니다마는 이 전력화한 무기 체계만이 중요한 것이 아니라 적극적인 의지를 우리가 드러내는 거 천명하는 것 자체가 전쟁을 막는 것이죠. 이거를 전쟁을 벌이려는 것이라고 말씀하시는 거에 대해서는 글쎄 국민들께 한번 어떻게 생각할 수 있냐고 여쭤보고 싶습니다.

◦심상정 : 그거는 이제 대통령의 언어가 저는 아니라고 생각하고요. … 선제타격 운운 자체가 그거는 전쟁하겠다는 선전 포고와 같은 거예요. 그걸 군사 지휘관이 하는 건 모르겠는데 대통령 후보가 그런 말씀하시면 그거는 불안을 조성하는 그런 안보 포퓰리즘밖에 안 됩니다.

◦윤석열 : 오히려 그 말씀이 저는 국민들에게 더 불안을 조성하는 것이고 지금 선제타격이라고 하는 킬체인을 가동할 때쯤 되면 사실상 전쟁 상태라고 봐야 됩니다. 사실상 전쟁 상태고 그리고 여러 가지 정보와 감시정찰자산에 의해서 이거는 핵미사일인 극초음속 핵미사일이 날아오는 것이 거의 확실하다. 그리고 이미 전쟁 상태 돌입한 거나 다름이 없다라고 할 때 하는 것이지 멀쩡히 있는데 그냥 선제타격 그거는 완전히 개념이 다른 겁니다.

◦심상정 : 극초음속 미사일은 킬체인으로 방어가 안 됩니다.

◦윤석열 : 이 자리에서 말씀하기가 시간이 좀 부족하니까 그러나 핵미사일 공격이라고 하는 거는 맞으면 대량 응징 보복이라는 건 아무 의미가 없습니다. 그리고 킬체인을 가동할 때 되면 그건 이미 전쟁 상태입니다. 그렇게 말씀드리겠습니다.

◦안철수 : (생략) 제가 북핵 관련 질문 좀 드리려고 합니다. 그러

니까 대한민국 안보 핵심 과제가 바로 북한 비핵화 아니겠습니까?

그런데 만약에 북한이 끝내 핵 포기 안 하고 핵 보유 위협이 현실이 된다면 그러면 후보님은 어떤 대책을 가지고 계십니까?

◦윤석열 : 늘 그런 가정적인 상황을 가지고 우리가 핵 공유나 또는 우리도 핵무기 개발을 해야 된다. 이런 얘기들을 많이 하시는데 핵 공유나 우리가 핵을 보유한다면 북한의 핵 보유를 인정하는 게 되고 그때부터는 비핵화 문제가 아니라 핵 군축 문제로 넘어가게 되기 때문에 저희가 핵 문제를 다루는 데 있어서의 어떤 협상력이나 레버리지가 많이 떨어지기 때문에 전 세계적으로도 NPT 소위 핵확산 금지라고 하는 이 틀 안에서 그러한 가정이나 전제는 일단은 그걸 가정으로 해서 한반도 핵 문제를 다루지는 않습니다.

◦안철수 : 지금 윤 후보님께서 다른 방법이 있다는 걸 모르시고 그러시는 거 같은데요. … 제가 말씀드리는 한미 핵공유 협정은 한반도에 이런 핵무기를 들여오지 않고 오히려 괌이나 오키나와에 있는 것들을 이용할 수 있는 핵 공유 협정입니다. 그래서 그걸 더 강화하자는 거죠. 저는 그게 제일 이상적인 방법이라고 생각합니다.

◦윤석열 : 그것도 결국은 확장억제의 한 부분이라고 볼 수 있

습니다. 지금 현재 확장억제를 하고 있고 그리고 문재인 정부 5년 동안에 한미 관계가 많이 소원해졌는데 한미동맹을 훨씬 강화해서 확장억제를 더욱 견고하게 하면 그 부분은 확장억제로 지금 해결할 수 있는 문제라고 봅니다.

◦심상정 : 우리 윤석열 후보께서 핵 보유에 반대하고 핵 확장억지력으로 커버해야 된다 그런 말씀하신 것에 대해서 굉장히 긍정적으로 생각합니다. … 그런데 수도권 방어를 하려면 제가 이해하는 사드(THAAD) 시스템으로 보면 개성쯤에 사드(THAAD)를 배치해야 돼요. 그렇지 않고는 불가능합니다. … 지금 이제 북한이 SLBM을 전략 자산화 했지 않습니까? 그래서 잠수함 타고서 측면에서 공격을 하면 방어가 불가능해요. 그래서 어떤 군 전문가도 사드(THAAD) 배치하자는 얘기를 안 하는데 군에서도 얘기를 안 하는데 정치인들이 나서서 지금 사드(THAAD) 배치를 이렇게 이야기하는 거 자체가 저는 이게 안보 포퓰리즘이라고 생각하거든요. 답변해 주시기 바랍니다.

◦윤석열 : 그건 잘못 알고 계시는 것이고요. 우리가 격투기 싸움을 한다고 할 때 측면으로 옆구리도 치고 다리도 치고 복부도 치고 또 머리도 공격하면 다 방어를 해야 되는 거기 때문에…

◦심상정 : 사드(THAAD)가 그게 안 된다니까요.

◦윤석열 : 사드(THAAD)는 이제 고고도니까 저희가 다층적인 고고도 중고도 저고도 그다음에 측면 공격 이런 다양한 방어 체계를 만들어야 되는 것이지 사드(THAAD)는 옆에서 칠 때는 못 쓴다 당연하죠. 다양한 중층적인 방어 체계를 만들어야 된다.

아니 그러니까 그래서 어느 분에서 지금 사드(THAAD)가 불필요하다고 말씀하시는지 모르겠습니다마는 아까 우리 안 후보님 얘기하시던 소위 L-SAM 2라고 하는 게 있습니다. 그것도 사드(THAAD)하고 비슷한 거거든요. 그럼 우리나라 군대가 아니 왜 L-SAM 2를 개발하려고 하겠어요.

[일자리와 성장 경제 문제를 주제로 한 주도권 토론]

◦윤석열 : 이 후보님 발표하신 경제비전에 대해서 작년 7월과 금년 1월에 말씀하신 거에 대해서 제가 간단간단하게 한번 질문을 할 테니까 가급적 짧게 좀 답변을 부탁드리겠습니다. 그 작년 7월에 전환적 공정성장을 발표하시고 금년 1월에 신경제 비전을 또 발표를 하셨는데 이거를 종합적으로 제가 한번 보니까, 대대적인 재정 투자 그다음에 억강부약이나 기본소득으로 해서 공정을 강화하고 그리고 어떤 신재생에너지의 그런 어떤 송배전망을 구축해서 바람과 햇볕이 달리는 고속도로를 만든다 이런 것들이 이제 주요한 내용으로 눈에 들어옵니다. 그러면 정부가 해야 한다는

대대적인 재정 투자는 어디다가 어떤 식으로 쓰실 계획입니까?

◦윤석열 : 답변이 너무 길어가지고 질문을 할 수가 없어요. 좋습니다. 하여튼 뭐 그렇게 광범위 얘기를 하시는데 디지털 전환에 135조 써서 200만 개 일자리를 만드시겠다고 했는데, 지금 민주당 정부 5년 동안에 650조를 전 정부보다 더 썼습니다. 예산이 지금 400조에서 600조까지 올라갔으니까 5년 동안에 200조가 올라갔고요. 그러니깐 매년 50조씩 올라갔고 그다음에 국채가 또 400조가 올라갔습니다. 650조를 더 썼는데 변변한 일자리가 하나 없습니다. 그런데 이 디지털 전환 135조로 200만 개 일자리를 만드시는 그 로드맵이나 어떤 기본적인 방향만이라도 말씀을 간단히 해주시죠.

◦이재명 : 이게 이제 공공영역 민간영역에서 아까 말씀드린 인프라 구축 투자를 정부가 대대적으로 하고 예를 들면 핵심이 이제 에너지 고속도로인데요.

◦윤석열 : 에너지 고속도로 가지고 일자리가 이렇게 많이 나오겠어요?

◦이재명 : 제가 말씀마저 드리면 에너지 고속도로를 만들면 전국에서 재생에너지 생산을 위한 설비 산업 또 기술 발전 또 생산

유통소비 산업이 일어날 거다. 두 번째는 관련 예를 들면 지능형 송배전망이라고 하는 게 매우 중요한데요…

◦윤석열 : 어쨌든 디지털 전환으로 135조 쓰신다는 거하고 조금 다른 말씀을 하셨는데 좋습니다. 재원으로 국토보유세 한 50조, 탄소세 한 30조 해서 65조를 언급하셨는데 국토보유세는 지금 입장이 조금씩 바뀌어서 토지이익배당금이라고도 말씀을 하시고 하는데 이거는 하여튼 하실 겁니까, 앞으로?

◦이재명 : 저는 국민의 뜻이 반하지 않는 한 한다 이 입장이고요. …

◦윤석열 : 근데 국토보유세도 할지 안 할지 명확하지 않고 탄소세도 이걸 가지고 기본소득에 쓴다고 하면 도대체 디지털 대전환이라든가 대대적인 대전환을 위한 재정 투자를 어떻게 이런 거로 조달할 수 있는지 일단 좀 의문인데 이거 하나만 더 여쭤보겠습니다. 그 2017년에 대선 출마하기 전이나 대선 출마한 직후에 재벌 해체에 내 정말 목숨을 건다고 하고 하셨는데 지금도 그런 생각이신가요?

◦이재명 : 팩트를 정확하게 말씀드리면 재벌 체제 해체를 말했습니다. 예를 들면 재벌의 1인 지배 체제나 아니면 내부 거래나

부당 상속이나 지배권 남용 이 문제를 저희가 해체하고 정상적인 대기업군으로 만들겠다 그 말입니다.

◦윤석열 : 해체라고 하는 거는 남용 이런 거는 어떤 행위고 해체라고 하는 건 어떤 조직을 말하는 건데 이 재벌을 이런 비리가 있기 때문에 재벌을 해체해서 이런 남용이나 이런 것이 일어나지 않겠다는 말씀이시죠?

◦이재명 : 제 말씀을 잘 이해를 안 하신 것 같은데요. 재벌을 해체한다는 게 아니고 재벌 체제를 해체한다 이 말입니다. 그 부당한 시스템을.

◦윤석열 : 안철수 후보님께 여쭤보겠습니다. 과학기술에 앞으로의 명운이 걸려 있다 하는 건 다들 우리 안 후보님께서도 그렇게 늘 강조를 해 오셨는데 안 후보님께서는 우리 경제가 아주 크게 도약하는 데 필요한 과학기술 분야 그리고 정부가 좀 투자를 해야 될 방법 이런 게 어떤 거라고 보십니까? 어떤 분야에 어떤 방식으로 재정 투자를 해야 된다고 보십니까?

◦안철수 : 그럼 저도 윤 후보께 여쭙겠습니다. 공공기관 노동이사제 도입에 찬성하셨죠? 그런데 여러 우려가 많습니다. … 그렇게 될 경우에 제일 걱정되는 시나리오는 기업들이 민노총의 지

배를 당해서 경제에 치명적인 손실을 끼칠 수 있습니다. 이런 것들은 생각을 안 해 보셨는지, 그리고 만약에 생각을 해보셨다면 철회할 생각은 없으신지 묻고 싶습니다.

◦윤석열 : 깊이 생각해서 내린 결정입니다. 저는 공공기관은 국민 거입니다. 그런데 노동이사제라는 거는 노조가 그냥 이사를 하는 것이 아니라 노조에서 근로자들이 추천하는 겁니다. 그럼 대개가 변호사들이 하게 되는데 보고는 물론 해야 되고 그런데 도덕적 해이가 오히려 정부에서 마구 임명한 사람들이 하는 경우가 정부 입김에 의해 가지고 이런 공기업들이 도덕적 해이를 일으키는 경우가 많고 대표적인 예로 만약에 한수원에 노동이사제가 있었다고 한다면 월성 원전의 경제성 평가 조작으로 저렇게 쉽게 문 닫게 되지 않았을 것이라고 저는 생각을 합니다.

그리고 민간 분야에게 넘어가느냐는 완전 별개의 문제입니다. 이것이 어떻게 진행되는지를 국민들이 지켜보고 그리고 민간 분야로 넘어갈 수 있냐 없냐는 상법 개정 문제는 여기서 만약에 심각한 문제가 생긴다면 그거는 무조건 안 되겠죠. 그래서 저는 국민이 주인은 공기업을 보호하기 위해서 필요하다고 봅니다.

◦안철수 : 지금 근데 독일하고 다른 건 아시죠. 독일은 이사회가 두 가지 종류가 있습니다. 집행이사회 그리고 또 우리나라의

감사와 같은 곳인데… 노동이사들이 근무하는 곳은 감사위원회에 해당되는 감독 이사회 쪽입니다. 그러니까 우리나라는 이렇게 따로 떨어져 있지 않고 집행 이사회만 있기 때문에 집행 이사회 자체 노동 이사가 들어온 거는 우리나라가 처음이라는 거 알고 계시죠.

◦윤석열 : 공기업이고 경영 상태를 근로자들이 정확하게 알고 기업이 투명하게 운영되도록 하는 그래서 국민의 기업을 지킨다고 하는 그런 점이 있다고 저는 봅니다.

◦안철수 : 근데 그게 그렇게 저는 안 될 거라고 봅니다. 왜 그러냐면 여러 가지 공기업이라는 것이 개혁이 많이 필요합니다. … 직원들이 반발할 경우에 노동이사가 그런 기업이 나름대로 발전하려고 하는 것 기업이 국민들을 위해서 일하려고 하는 방향을 막을 수가 있는 가능성이 저는 굉장히 많다고 봅니다.

◦윤석열 : 저는 그렇지 않다고 보는 것이 노동 이사 한 명이 개혁을 막을 수도 없거니와 개혁이라고 하는 거는 정부가 50% 이상을 지분을 보유하고 있는 정부 주주에 의해서 개혁이 이끌어질 것이고 그리고 저는 오히려 개혁을 하기 위해서는 근로자들도 설득을 하고 함께 가야 되는 거지 근로자의 의사에 반한 일방적인 개혁이라는 게 어렵기 때문에 노동이사제가 저는 긍정적인 역할

을 충분히 할 수 있다고 저는 기대하고 있습니다.

◦안철수 : 그것 말고 다른 방법이 많지 않습니까? … 저는 대기업 이사회 임원으로 참석해 보면 거기서 깨달은 것이 숫자로 따지면 사실은 한 사람밖에 되지 않는 경우라고 할지라도 이 사람이 끝까지 고집을 피우고 반대를 하면 결국은 전체 이사회에서 그걸 통과시킬 수가 없습니다. 그게 우리나라 이사회 관행입니다. 그런 것까지는 생각 안 해 보신 것 같아요.

◦윤석열 : 우리나라 이사회가 결국은 기업의 오너의 뜻을 따라주다 보니까 그런 것이지 사실 그래서 사외이사 제도도 좋지만 결국 효과를 못 보고 있는 거라 저는 공공기관, 국민이 주인인 공공기관부터 이거를 해보는 것이 만약에 여기서 부작용이 나타난다고 그러면 아마 더 지속되기 어려울 것입니다. 그러나 저는 이거를 반대할 이유는 굳이 없다고 생각합니다.

◦안철수 : 근데 제가 경험했던 지금 말씀드렸던 이사회가 오너가 없는 원래는 공공기업이다가 이제 국민주로 해서 상장된 기업을 말씀합니다. 말씀드립니다. 오너가 없는 데도…

◦윤석열 : 민간 기업의 이사회도 운영에 문제가 있다고 봐야 안 되겠습니까? 왜 그렇게 되는지. 어떤 한 사람의 반대 의견을

갖다가 다수의 이사들이 쩔쩔맨다고 하면 오히려 뭐가 문제가 있는 거 아닐까요?

◦안철수 : 그게 보통 이사회들의 관행입니다. 가급적이면 전체가 다 동의하는 가운데서 이게 통과되는 겁니다.

◦윤석열 : 지금 사실 그렇지 않아도 공공이사제가 많이 쓰이고 있습니다. 근데 공공이사 지금 민주당 정부가 장악하고 있는 지방자치단체 산하 공공기관에서는 지금 이미 많이 쓰이고 있는데, 거기에서 크게 문제가 생겨가지고 했다면 그거 아마 이 얘기 꺼내지도 못했겠죠. 한번 해보고 더 지켜보시죠.

◦심상정 : 윤 후보님 주 120시간 말씀하실 때 제가 사람 잡는 대통령 되시려고 하나? 이렇게 이야기 하면서도 실언이겠지 그렇게 생각했어요. 그런데 이후에 말씀하시는 거 보니까, 신념이신 것 같아요. …

◦윤석열 : 글쎄 사실 하고 다른 얘기로 좀 너무 좀 네거티브를 심하게 하시는 거 같은데 제가 120시간을 매경 인터뷰 때 언급을 했던 것은 이런 얘기를 하는 사람도 있더라 제가 바로 직전에 스타트업 기업인들을 만났거든요. 그랬더니 그런 얘기를 하는 사람도 있다고 전하면서 좀 유연하게 해주는 것이 대기업 같으면 52

시간을 주 단위로 나눈다고 해도 서로 교환할 수 있는 인력이 많이 있으니까 상관이 없지만 스타트업 같이 작은 기업들도 보호를 해줘야 되지 않습니까?

◦심상정 : 근데 지금 매일 노동자가 죽어나가는데 산재는 노동자 책임이라 하고 중대재해처벌법도 없앤다고 하셨잖아요. 52시간도 폐지한다고 하고 … 잠깐만 계셔 보세요. 그리고 최저임금도 폐지하자고 하고 5인 미만 사업장 적용은 시기상조라고 하고…

◦윤석열 : 아니, 정확하게 알고 나오셔야 되는데 저는 최저임금제 폐지 얘기해 본 적도 없고요. 주 52시간제 폐지 얘기한 적도 없고 그리고 또 뭘 말씀하셨죠? 5인 이하 사업장은 노동의 기본권과 관련된 거는 하되 임금 지급 문제에 있어서는 그건 5인 이하 사업장이 워낙 열악하니까 그거는 좀 상황을 봐서 하자 이렇게 말씀을 드렸거든요.

◦이재명 : 윤석열 후보님 아까 우리 말씀 나누다 못한 거 마저 제가 좀 여쭤보겠습니다. 아까 이제 수소 경제 별로 안 중요하지 않다 이런 말씀을 하셨는데요.

◦윤석열 : 중요하지 않은 건 아니고 우리 성장 동력의 우선순

위를 정할 때 조금 신재생 부분은 다른 이런 데이터나 디지털 이런 거에 비해서 조금만 떨어진다 이런 얘기죠.

◦이재명 : 그러면 RE100에 대해서는 어떻게 대응하실 생각이십니까?

◦윤석열 : RE100이 뭐죠? 재생에너지 100% 그게 현실적으로 저는 가능하지 않다고 봅니다.

◦이재명 : 가능하지 않다고 생각하시지만 전 세계 유수한 글로벌기업들이 이미 RE100을 채택해서 재생에너지 100%로 생산하지 않는 부품을 공급받지 않겠다. 정말 많지 않습니까? … 화석연료 계속 의존했다가 유럽에서 탄소 국경 조정 제도가 발동되면 그때 어떻게 대응하시려고 합니까?

◦윤석열 : 신재생에너지를 고도화하는 것도요 디지털이나 디지털 데이터나 바이오 융합 기술이 있어야 그게 고도화되는 거지 그냥 수소 경제라고 하는 건 너무 막연한 말씀입니다.

◦이재명 : 아니, 수소 경제,

◦윤석열 : 수소 경제라는 것도 수소 아까 말씀하신 포집 기술

부터 활용 기술 이런 모든 것이,

◦이재명 : 제가 드리는 말씀은 재생에너지로 제품을 생산하지 않으면 즉 탄소에 의존해서 생산하면 유럽이나 미국 수출할 때 국경 조정 부담금을 부과받는다. 알고 계시죠?

◦윤석열 : 그거는 석탄인 경우지 꼭 재생에너지만이 아니고 원자력이라든가 이런 다른 전기 에너지들인데 탄소를 발생시키지 않는 전기 에너지를 쓴다는 뜻이지 그게 어떻게…

◦이재명 : 자 그러면요 알겠습니다. EU 텍소노미가 현재 매우 중요한 의제인데요. EU 텍소노미에서 지금 원자력 관련된 논란이 있지 않습니까? 원전 전문가에 가깝게 원전 주장하시는데 이 문제는 어떻게 해결해 나가실 생각이신가요?

◦윤석열 : 아니 지금 유럽을 봐도 지금 독일이 원전을 없앴다가 결국은 프랑스에서 수입하고 또 러시아에서 가스 들여오고 그렇게 하고 있지 않습니까?

◦이재명 : 제가 드리는 말씀은 뜻이 아니고 EU 텍소노미라고 하는 새로운 제도가 논의되고 있는데, 여기에 대해서 원전 문제를 어떻게 대응하실 생각이냐고요?

◦윤석열 : 아니 EU 뭐라는 건 저는 들어본 적이 없으니까 좀 가르쳐 주세요.

◦이재명 : 그러면 제가 설명해서 말씀드릴게요. EU 텍소노미는 녹색 분류 체계를 말하는데 여기에 원전을 포함시킬 것이냐 말 것이냐 논란이고요. 이걸 녹색 에너지를 인정할 거냐 말 거냐 인데…

◦윤석열 : 아니, 그러면 제가 한번 여쭤보겠습니다. 신재생에너지만 가지고 지금 2050의 탄소 중립과 산업 경쟁력이 유지가 된다고 보십니까?

◦이재명 : 아니 제가 말씀드리는 거 먼저 답을 해주시고 제가 질문하는 시간이니까요.

◦윤석열 : 원전을 어디에다 짓느냐 하는 문제는 그거는 원전의 입지 문제는 지금 여기서 제가 어떻게…

◦이재명 : 이미 핵폐기물이 제대로 처리되지 못하고 있는 상황인데 그건 어떻게 처리하실 겁니까?

◦윤석열 : 지금도 핵폐기물은 향후에 파이로프로세싱이라든가

이런 걸 통해 가지고 폐기물 처리할 수 있는 기술이 아마 제가 볼 때는 신재생에너지 고도화시키는 거 못지않게 빨리 되지 않겠나 싶습니다.

◦이재명 : (생략) 세금을 줄이면서 어떻게 복지를 확대하실 생각인가요?

◦윤석열 : 증권거래세는 이제 새로운 금융과세 제도가 생긴다고 하니까 제가 있을 필요가 없다 했지만 제가 우리나라 지금 증권시장이 워낙 좋지를 않기 때문에 당분간 양도세를 폐지하고 증권거래세는 현행으로 돌리겠다고 얘기를 했습니다.

◦이재명 : 뒤집은 건가요?

◦윤석열 : 뒤집은 거죠. 그러나 양도소득세를 포함한 새로운 금융과세 … 현재 부적절하다고 이제…

[윤석열 마무리 발언]

◦윤석열 : 대선은 정부 최고 의사결정권자 대한민국의 CEO를 뽑는 선거입니다. 저는 새로운 산업 전략을 통해서 우리의 역동적인 경제 도약과 또 이를 통해서 따뜻하고 생산적인 맞춤 복지

를 실현하겠습니다. 국민이 키운 윤석열이 대한민국의 미래를 확실하게 바꾸겠습니다. 감사합니다.

3
본선 연설 약속

1. 공식 선거운동 피날레 유세 연설

일시 : 2022년 3월 8일 (홍대앞)
“내일, 대한민국이 승리합니다” 서울 피날레 유세

존경하는 서울 시민 여러분.
그리고 우리 사랑하는 대한민국 국민 여러분,
고맙습니다. 여러분.

여러분께서 불러주시고 또 이 자리에 오기까지 많이 응원해 주셔서 이제 대장정의 마라톤이 거의 끝나갑니다.
이제 스타디움에 들어왔습니다. 여러분.
여러분의 응원과 압도적 지지로 이제 내일 결승선을 1등으로

끊게 도와주십시오. 여러분.

국민 여러분과 함께 이 나라 제대로 한번 바꿔보겠습니다.

민주주의라는 게 뭡니까?

위정자, 정치인, 공직자가 국민을 주인으로 제대로 모시는 게 민주주의 아닙니까? 여러분.

국민의 머슴으로서 오로지 국민의 이익만 생각하고 부정하지 않으며 정직해야 하는 것이 그게 바로 민주주의 아닙니까? 여러분.

지난 이 민주당 정권이 서울 시정을 장악한 10년 재건축, 재개발 다 틀어막고 서울의 집값이 폭등하지 않았습니까?

이들이 집권 5년 동안 28번의 부동산정책을 고쳐왔다 하지만 이거는 전부 다 '쇼'입니다. 자기 집을 갖게 되면 국민들이 보수화 돼서 민주당 찍지 않는다 바로 이런 생각이 부동산 정책의 출발점입니다.

그래서 집값 오르고, 전세 오르고, 월세 오르고, 집값 폭등이 전국으로 다 번지지 않았습니까?

그리고 세금도 엄청나게 오르고, 퇴직하신 분들 건강보험료까지 감당하기 어려운 수준까지 왔습니다.

그러면 국민을 모셔야 하는 머슴이 주인에게 고통 주고, 자기들의 정치적 이익을 챙긴다면 민주주의 맞습니까?

저 대장동 한 가지만 얘기하겠습니다. 도대체 도시개발사업한다고 3억 5천만 원 들고 간 김만배 일당이 8,500억을 챙겨나왔습니다. 교도소에 앉아서도 1조까지 계좌에 돈이 따박따박 꽂힙니다.

이 돈 누구 돈입니까? 여러분.

이게 국민의 돈이고 시민의 돈 아닙니까?

이런 천문학적인 돈이 도시개발사업에서 나왔으면 이것이 업자에게 갈 것이 아니라 임대주택 지어서 기반시설로 만들어 서민과 청년이 싼값에 들어가게 해야 맞죠?

그러면서 무슨 임대주택 100만 채 지어서 기본주택 운운한다는 것이 말이 됩니까? 여러분.

이런 부정부패 몸통 어떻게 국민들 부끄럽게 대통령 후보로 선출한 이 민주당이 정상입니까? 여러분.

청렴한 사람이 부패한 사람 좋아합니까?

부패한 사람이 청렴한 사람 좋아합니까?

청렴한 사람은 부패한 사람 경멸합니다.

부패한 사람은 청렴한 사람 두려워합니다.

그래서 부패한 사람끼리 끼리끼리 같이 갈라 먹고 노는 겁니다. 여러분.

그러면 이렇게 부정부패한 사람들이 국민을 주인으로 모시는 제대로 된 머슴이 맞습니까?

그러면 우리 집권 여당이라는 것이 민주주의 제대로 못하는 거 맞죠?

그럼 이 사람이 국민에게 정직합니까?

대통령선거 열흘 남겨놓고 국민들의 정권교체 열망을 물타기하기 위해 정치교체라는 황당한 뻔뻔한 얘기를 했죠, 여러분.

교체될 사람이 누굽니까?

양당제 폐해를 시정하기 위해서 다당제 하겠다고 하는데 양당제라도 제대로 했습니까? 국민들이 중앙권력 몰아주고, 지방권력 몰아주고, 코로나 잘해 보라고 입법권력까지 몰아줬더니 자고 나면 날치기, 상임위원장 독식에 해방 이후 처음입니다.

다수당의 횡포 부릴 건 다 부리고 국민의힘과 협치했습니까? 이건 야당 국민의힘을 무시하는 것이 아니라 국민을 무시하는 것입니다.

그리고 2년 전에 패스트트랙으로 다당제 활성화하려고 준연동형 비례대표제 통과시켰죠? 제1야당의 반대에도 불구하고 이것도 해방 이후에 선거법 개정, 야당과 협의 없이 통과한 첫 번째 사례입니다.

그래서 어떻게 했습니까? 위성 정당 만들어서 정의당 뒤통수 쳤죠? 그래놓고 지금 국민들 앞에 다당제 … 위한 정치교체 필요하다는 게 국민 존중을 존중하는 겁니까, 무시하는 겁니까?

그럼 이게 민주주의 제대로 하는 겁니까?

집값이 이렇게 올라서 서민들과 청년들이 수십 년을 안 쓰고 저축해도 집 한 칸 번듯하게 부부 이름으로 등기부에 이름 못 올리면 일할 맛이 납니까, 안 납니까? 여러분?

그러면 경제 발전하겠습니까?

업자가 3억 5,000 들고 가서 1조를 벌어버리면 박한 이익에도 불구하고 사업하는 사람들이 사업하고 싶겠습니까? 하고 싶지 않겠습니까,?여러분?

그러면 이 나라 경제가 발전하겠습니까? 일자리가 생기겠습니까, 여러분?

그래서 이 민주주의라는 것과 경제 발전이라는 것은 동전의 양면입니다, 여러분.

지금 우리나라는 말은 선진국이지만 선진국에 비해서 대기업 일자리가 너무 적습니다. 대기업에 근무하는 분들이 전체 임금 노동자의 12%입니다. 나머지 88%는 중소기업이나 자영업에 근무하고 있습니다. 지금 우리나라 강성 노조가 대변하는 노동자가 전체 임금 근로자의 한 4% 됩니다, 여러분.

이 정부가 강성노조와 손잡고 철석 동맹 맺어서 정권 쟁취하고 계속 집권 연장을 노리고 있습니다. 민주당 정권의 전이자로서 여론조작, 불법 심의, 선동 모든 걸 다 하고 있습니다. 그럼 나머지 96%의 노동자들은 누가 돌봅니까? 왜 같은 노동을 하고 같은 고생을 하는데 임금의 차이가 이렇게 나고 근로조건이 다른 것입니까?

이 강성 노조가 대변하는 노동자는 대한민국에서 월급 제일 많이 받고 근로조건이 제일 좋은 사람들입니다. 여러분.

그러면 우리 노동의 가치와 노동자의 권익이 공정하게 보장되고 공정한 보상이 주어지지 않는다면, 자본과 기술만 가지고 우리가 지속 가능한 성장과 발전하기 어렵습니다. 그래서 이 노동자의 권위가 공정하게 존중돼야 됩니다. 그러려면 이분들의 일터가 안전하고 발전할 수 있어야 됩니다.

이 강성 노조 이게 왜 강성인 줄 아십니까? 세고 열심히 해서만 강성이 아닙니다. 불법을 일삼습니다. 여러분. 그리고 이 민주당 정권은 본 척도 안 합니다. 그러니 어떻게 기업하는 사람들이 대등한 위치에서 협상하고 싸우겠습니까? 그러니까 보따리 싸가지고 해외로 나가는 거 아닙니까? 여러분. 그럼 우리 청년들의 일자리와 미래의 꿈은 어떻게 되는 겁니까, 여러분.

그리고 중소기업 더 어려운 소상공인 기업에서 일하는 노동자들은 누가 돌봅니까. 이 소득 주도 성장으로 연공주의 대기업에서는 월급이 쭉쭉 올라가죠. 그러나 그 월급 못 주면 회사 접어치우라고 합니다.

이 정권은 그래서 많은 기업이 문 닫고 거기서라도 일해 보려고 하던 근로자들 실업자 되고, 자기들이 받던 월급의 3분의 1, 4분의 1도 못 되는 기초생활 보호를 받는다는 게 말이 됩니까 여러분. 이런 강성 노조를 전위대로 내세우고 정치 동업하는 정치 세력을 국민들께서 바로 심판해 주셔야 나머지 96% 노동자들의 공정한 권익이 보장됩니다, 여러분.

그래야 일자리가 생기고, 외국에서도 기업이 들어오고, 우리 기업들도 공장 더 짓고 일자리 더 만들어냅니다, 여러분.

이 민주당 정권의 대선 공약을 보면 마치 대공황 때 미국의 뉴딜 정책처럼 세금 걷고 국채 발행해서 공공사업 벌여서 경기 부양시킨다는 것입니다. 이거 나라 망하는 지름길입니다.

대공황 때는 은행도 망하고 기업도 망해서 국민들도 다 실업자 되고 먹고살 수가 없어서 정부에서 나눠주는 죽을 배급받아 먹으면서 연명했습니다. 그때 어쩔 수 없이 한 정책입니다. 그리고 완전 후진국가가 공업화를 할 때 일시 쓸 수 있는 정책입니다, 여러분.

지금은 은행도 기업도 다 돈이 있고 투자 여력 가지고 있습니다. 세금 가지고 일자리 못 만듭니다, 여러분. 속지 마십시오. 이 정권이 박근혜 정권보다 세금과 국채를 합쳐서 500조를 더 썼습니다. 그런데 주 36시간 이상 비교적 괜찮은 일자리 오히려 더 많이 줄었습니다. 그래서 우리 경제가 이렇게 어렵고 국민들이 그걸 피부로 느끼고 계시는 겁니다.

이 철 지난 운동권 이념 수십 년 된 걸 신줏단지처럼 모시고 정치권 주변을 수십 년간 맴돌면서 벼슬자리 이권에 집착해 온 사람들의 정체를 이제 정확하게 보십시오. 여러분. 그들이 정권을 장악해서 한짓이라고는 국민을 더구나도 어려운 분들을 고통에 몰아넣은 것 말고 뭐가 있습니까? 정치가 망가져도 부자들은 그럭저럭 먹고 삽니다. 그러나 서민과 어려운 분들 청년들은 죽습니다, 여러분.

우리 서울 시민 여러분. 우리 위대한 대한민국 국민 여러분.

왜 자유민주주의가 소중한 것이고 법치가 중요한 것인지 그게 바로 우리의 먹고사는 문제와 직결되기 때문에 말씀드리는 겁니다, 여러분.

권력이 부패하고 권력이 자기들의 정치적 이익만 생각하고 권력이 국민들을 속이면 민주주의가 무너지고 경제가 망합니다, 여러분.

이제 우리와, 우리는 좀 더 힘들더라도 우리 아이들이 행복한 나라, 우리 청년이 꿈꾸는 나라를 지금부터 만들어야 하지 않겠습니까. 여러분.

그리고 지금 우리가 해야 할 또 중요한 과제가 있습니다. 이 초저성장을 극복해서 우리 경제가 도약하지 않으면 지금 이 민주당 정권 들어와서 더 심각해진 이 양극화를 해결할 방법이 없습니다. 정치가 망가지고 민주주의가 무너지면 즉 양극화는 더 심해지는 법입니다, 여러분.

아니, 일자리가 생기고 돈 벌 기회가 있어야 양극화도 해결될 거 아니겠습니까? 기회가 없는데 어떻게 계층 이동을 하고 양극화를 해결하겠습니까? 우리가 도약적 성장을 만들어내야 됩니다.

그게 바로 이 4차 산업 혁명의 과학기술을 우리가 빨리 선두적으로 이끌어 가야 됩니다. 그래서 저도 정부를 맡게 되면 이 정부를 디지털 플랫폼 정부로, 그리고 우리나라의 많은 기업들도 단순한 기술이 아니라 가치를 창출하고 네트워크 구축하는 그런 플랫폼 기업으로 발전시켜야 됩니다.

삼성전자가 현대자동차가 아마존이나 구글이나 이런 기업으로 바뀔 수 있게 정부가 도와줘야 됩니다, 여러분.

규제도 풀고 인재도 키워야 됩니다.

국민 여러분 이 양극화 해소라는 게 부자들 세금으로 뺏어서 나눠주는 양극화 해소는 불가능합니다. 그리고 무엇보다 지속 가능하지 않습니다, 여러분.

우리의 따뜻한 복지도 성장이 없으면 지속할 수 없습니다. 또 성장은 따뜻한 복지로 담을 온기를 있게 만들어 놔야 성장할 수 있는 겁니다. 이 성장과 복지가 공정하게 선순환되어야 지속 가능한 발전이 있는 것입니다. 이런 중차대한 세계적인 대초란기에 우리가 실기하지 않고 퇴보하지 않고 세계 최고의 글로벌 강국이 되기 위해서는 어떻게 해야 되겠습니까?

바로 자유민주주의와 법치를 확고히 하고 시장 경제를 존중해야 됩니다, 여러분.

시대 착오적인 운동권 이념으로 더 이상, 거기에 우리가 예속돼서는 더 이상 우리의 미래를 기대하기 어렵습니다. 이제 우리 서울 시민 여러분, 대한민국 국민 여러분 우리가 놓인 상황과 또 그동안 대한민국을 지배해 온 이 정권의 실체를 정확하게 보시고 주권자로서의 심판을 해주십시오. 여러분.

국민 여러분. 민주당에도 양식 있고 양심적인 정치인들이 있습니다. 여러분께서 이번에 부패하고 부정직하고 내로남불로 자기만 아는 그런 무도한 세력을 심판해 주시면 민주당에서도 훌륭한 정치인들이 당을 이끌 수 있습니다. 여러분께서 압도적인 지지로 저와 국민의힘에게 정부를 맡겨 주신다한들 저희가 일당독재 할 수는 없지 않습니까? 야당과 협치해야 합니다. 좋은 야당 만들어 주십시오, 여러분.

여러분의 압도적인 지지로 정부를 맡게 되면 안철수 대표의 국민의당과 신속하게 합당해서 자유민주주의와 법치, 시장경제 그리고 안철수 대표의 과학과 미래를 결합해서 국민 여러분들 주인으로 편안히 모시겠습니다. 그리고 민주당과도 멋지게 협치해서 국민 여러분께 통합을 선사해 드리고 경제 발전 이뤄 가겠습니다, 여러분.

그래야, 미래의 주인인 청년이 아름다운 꿈을 꾸고 멋진 설계를 하고 아침부터 열심히 뛸 의욕이 생기지 않겠습니까?

그리고 노동자가 행복하고 일터에서 안전한 나라 만들겠습니다. 윤석열 정부의 목표는 일자리 창출이고, 중산층을 두텁게 하는 것이고, 노동자 권익을 보장해 주는 것입니다. 나라가 위기에 처하게 되면 튼튼한 중산층이 이 위기를 받쳐줍니다, 여러분.

그렇기 때문에 기업에 투자와 성장도 균형 있게 배려해야 되는 것입니다. 바로 국민 여러분을 위해서입니다. 기업인과 근로자 노동자 갈라치기하지 않겠습니다. 제가 대통령이 되면 일자리 많이 만드는 기업인들 업고 다닐 겁니다, 제가.

기업과 기업 사이에도 강자와 약자가 있기 때문에 공정한 거래 질서가 이루어지도록 기업 편에도 정의의 법칙을 세우겠습니다. 우리 서울 시민 여러분, 대한민국 국민 여러분. 제 말씀에 여러분도 다 동의하시죠? 여러분의 생각에 저도 동의합니다. 이게 바로 상식입니다, 여러분. 운동권 이념의 억지가 아니라 이게 바로 상식입니다. 전 세계 모든 선진국, 잘 사는 나라에서 바로 이 상식에 의해서 국정이 운영되고 나라가 굴러갑니다. 어려울 게 없습니다. 우리 국민들 똑똑하고 교육열 높고 근면 성실합니다. 정부만 바보짓 하지 않으면 못 살 수 없습니다, 여러분.

경제 발전 못 할 수 없습니다.

국민 여러분, 여러분의 이 응원과 격려로 정치를 모르는 제가 이 자리까지 왔습니다. 저는 그래서 어느 세력 누구에게도 빚진 것이 없습니다. 오로지 우리 시민 여러분, 위대한 대한민국 국민 여러분께만 부채가 있습니다. 저를 불러주시고 키워주신 국민 여러분께만 부채가 있습니다.

그래서 이거저거 볼 것 없이 국민만 바라보고 국민의 이익만 쫓아가겠습니다.

국민을 속이는 민주주의를 망치는 부정부패는 지위고하, 이편 저편을 막론하고 공정한 사법 시스템으로 처리되게 할 것입니다.

그리고 이 정부에 대해서 비판적인 언론이 있더라도 언론중재법 같은 언론에 재갈 물리는 짓 하지 않겠습니다. 합리적이고 공정한 비판 늘 귀 기울이고 달게 받겠습니다. 잘못한 게 있으면 잘못했다고 국민께 솔직히 고백하겠습니다, 여러분.

국민 여러분. 저는 정치 초심자라 아무런 정치 세력이 없습니다. 지금 민주당 정권은 제가 국민들의 지지로 대통령이 되면 자기들의 180석으로 행정을 못 하게 발목을 잡겠다고 협박을 하고 있습니다. 그러나 저는 아무 걱정하지 않습니다. 주권자인 국민이 저를 지지해 주시고 응원해 주시는데 뭐가 겁날 게 있겠습니까? 여러분.

제 세력은 국민, 주권자이신 국민뿐이기 때문에 오로지 국민의 이익 하나만 바라보고 가겠습니다, 여러분.

감사합니다, 시민 여러분.

우리 아이가 행복하고 청년이 꿈꾸는 성장하고 안전한 나라 꼭 만들기 위해서 3월 9일 내일 우리 모두 한 분도 빠짐없이 반드시 투표해 주십시오. 투표하면 바꿀 수 있습니다, 여러분.

거동이 불편하신 분들도 다 모시고 한 분도 빠짐없이 투표 부탁드리겠습니다.

여러분의 정직한 대통령이 될 것을 약속드립니다. 고맙습니다, 여러분.

그리고 오늘, 이 시청 앞에 이 행사 질서 유지를 위해 고생하신 우리 젊은 경찰 관계자들에게도 격려의 박수 부탁, 부탁드리겠습니다. 그리고 오늘도 동해 산불 때문에 소방관 한 분이 과로로 순직을 하셨습니다. 우리 목숨 걸고 산불 진화에 헌신하시는 소방관과 산림청 관계자들에게도 힘찬 응원의 박수 부탁드리겠습니다, 여러분.

이제 제 목소리가 더는 안 나올 거 같습니다. 이 목소리가 마지막입니다, 여러분. 여러분의 이 함성과 이 응원 격려 잊지 않겠습니다. 사랑합니다! 여러분.

서울시민 여러분.

존경합니다.

대한민국 국민 여러분.

잊지 않겠습니다.

고맙습니다, 여러분.

2. 공식 선거운동 출정식 유세 연설

일시 : 2022년 2월 15일 화요일(청계천)
(https://www.youtube.com/watch?v=ANwMc9MRyIs)

존경하고 자랑스러운 우리 위대한 대한민국 국민 여러분, 저 윤석열 위대한 국민의 뜻을 받들어 반드시 정권교체 하겠습니다.

반드시 승리하겠습니다. 여러분.

이번 대선은 부패와 무능을 심판하는 선거입니다. 대한민국을 바로 세우는 선거입니다. 민생을 살리는 선거입니다. 대한민국을 하나로 통합하는 선거입니다. 여러분.

우리 국민들께서 보시기에 지난 5년간의 민주당 정권은 어땠습니까? 우리 국민을 고통으로 몰아넣었습니다. 철 지난 이념으로 국민을 갈라쳤습니다. 시장을 무시하고 현장을 무시했습니다. 과학을 무시했습니다. 권력을 이용해 이권을 챙기고 내로남불로 일관했습니다. 이게 말이 됩니까? 국민 여러분.

민주당 정권에서 세금은 오를 대로 올랐습니다. 월급봉투는 비었습니다. 나라빚은 1천조를 넘어갔습니다. 그런데 집값 일자리 코로나 어느 거 하나 해결된 거 봤습니까? 여러분.

국민께서 지켜온 대한민국이 무능하고 부패한 정치 세력에 계속 무너져 가는 것을 두고만 보시겠습니까? 여러분. 이 부패하고 무능한 민주당 정권을 정권교체로 반드시 심판합시다. 여러분.

저 윤석열 무너진 민생 반드시 챙기고 세우겠습니다.

코로나로 무너진 소상공인과 자영업자를 살리겠습니다.

청년과 서민을 위해 집값 확실하게 잡겠습니다.

경제는 살리고 일자리는 제대로 만들겠습니다.

어려운 분들 따뜻하게 보듬겠습니다. 저 윤석열 앞에는 오직 우리 국민 여러분들의 민생만이 있을 뿐입니다.

국민 여러분 국가는 왜 존재하는 것입니까? 국민의 생명과 안전을 지키는 일 그게 국가의 존재 이유입니다. 저 윤석열 우리 대한민국 국민 모두가 안전한 나라를 만들겠습니다. 국민 여러분이 바라는 안심 대한민국 반드시 만들겠습니다. 여러분.

걱정하지 마십시오. 지금 대한민국이 어떻습니까? 나라 안팎으로 흔들리고 있습니다. 튼튼한 안보로 대한민국을 지키겠습니다. 북핵과 미사일 북의 도발에는 단호히 대처해서 우리 국민의 생명과 안전을 지키겠습니다. 국제사회에서 존중받는 책임 있는 나라를 만들겠습니다.

나라를 위해서 헌신하고 희생하신 분들을 잘 모시고 예우하겠습니다.

저 윤석열 이 대한민국의 위상을 확실히 세워 국민 모두가 자부심을 갖는 나라를 만들겠습니다. 이렇게 해야 경제가 사는 것입니다.

존경하는 국민 여러분. 대통령의 권력은 유한하고 책임은 무한합니다. 이 명백한 사실을 단 1분 1초도 잊지 않겠습니다. 국민 위에 군림하는 청와대 시대를 마무리하고 국민과 동행하는 광화문 시대를 열겠습니다. 진영과 정파를 가리지 않고 실력 있는 전문가를 등용하겠습니다.

권한은 전문가와 실력 있는 사람에게 과감하게 위임하고 결과에 대한 책임은 온전히 제가 지겠습니다. 무엇보다 참모 뒤에 숨지 않겠습니다. 많은 국정 현안을 놓고 궁금해하시는 국민들께 직접 나서서 국민의 의견을 경청하고 소통하겠습니다. 탁상머리와 철 지난 이념에 벗어나 현장에서 답을 찾겠습니다. 여러분.

국민 여러분. 3월 9일 대선 승리로 국민의 광화문 시대를 엽시다. 여러분. 국민 여러분 여러분이 모아주신 정권교체의 에너지, 대선 승리의 에너지가 뜨겁게 느껴집니다.

정말 국민 여러분께 감사드리고 막중한 책임감을 느낍니다.

저는 정치에 발을 들인 지 얼마 되지 않은 신인입니다. 그렇지만 어느 누구에게도 부채가 없습니다. 저는 오로지 저를 불러주시고 키워주신 국민 여러분께만 부채가 있습니다. 그렇기 때문에 국민을 힘들게 하고 고통스럽게 하는 부당한 기득권에 대해 맞서 과감하게 개혁을 할 수 있습니다.

3월 9일 국민 승리의 날로 만들겠습니다.

이 대한민국이 상식이 온전히 서는 정상적인 국가로 회복해서 국민 여러분과 함께 새봄에 축배를 여러분과 들겠습니다. 자유민주주의의 가치를 바로 세워 국가의 안전을 튼튼히 하고 경제를 살리겠습니다.

국민 여러분 저를 응원하고 지지해 주십시오. 여러분. 보답하겠습니다. 자, 지금부터 국민 여러분과 함께 승리의 행진을 시작하겠습니다. 전진합시다, 전진합시다, 전진합시다, 여러분.

4

국민의힘 당내 경선 약속

1. '경북을 살리는 선대위' 출범식 연설

일시 : 2021년 12월 29일 수요일 (경북, 안동)

(https://www.youtube.com/watch?v=hc-ox_5kEDo)

존경하는 경북 도민 여러분. 그리고 우리 든든하고 멋진 우리 당원 동지 여러분. 오랜만에 이렇게 다시 경북을 찾으니 참 마음이 편안하고 따뜻해집니다.

당이 어려울 때 문재인 정권이 대한민국을 위태롭게 할 때 우리 경북 도민 여러분들께서 굳건히 이 나라와 당을 지켜주셨습니다.

저 역시도 여러분들께서 국민의힘 당 후보로 만들어주셨습니다.

제가 오늘 이 자리에서 여러분께 드릴 말씀을 좀 메모를 해서 왔는데 다른 말씀을 먼저 조금 올리겠습니다.

오늘 경북에 내려오는 동안에 저와 제 처, 제 누이동생까지 통신사찰 당했다는 통보를 받았습니다. 이 공수처라는 게 뭐 하는 사람들인지를 알 수가 없습니다. 공수처를 만들려고 국민들을 얼마나 속였습니까? 검찰 개혁해서 권력 남용을 막고 국민을 위한 공정한 검찰 만들겠다고 이 공수처 만든 거 아닙니까? 결국 국민을 속였죠. 법을 만드는 과정에서 갑자기 없던 조항이 들어갔어요. 검경이 가지고 있는 수사 사건 첩보들을 자기들한테 무조건 이관을 하고 자기들이 안 한다고 할 때 가져가라 이런 것을 박 모 의원이라는 민주당 의원이 이걸 쏙 집어넣으면서 아무 걱정하지 말라고 그러더니 이게 완전히 사찰 정보기관으로 바뀌었습니다.

사찰 정보기관을 왜 두겠습니까? 부패해서 두는 겁니다. 걸릴 게 많기 때문에 아니 떳떳하면 사정기관 통해서 권력자도 조사받고 측근도 조사받고 하는 것이지 특검을 왜 거부합니까? 죄지었으니까 거부하는 겁니다. 대장동 특검하자고 그러니까 제가 대검 중수부 과장할 때 10년 11년 전에 했던 그 사건에 무슨 고발 사주까지 껴 넣어서 하자고 그래서 저는 하라 그랬습니다. 왜냐 걸릴 게 없으니까. 그런데 이 사람들은 왜 안 합니까? 진상을 밝히고 조사를 하면 감옥에 가기 때문에 못 하는 겁니다.

오래전에 그야말로 우리가 자유민주주의라는 정신에 입각해서 우리나라 민주화운동을 많은 분들이 해올 때 거기에 끼어 가지고 이런 좌익 혁명이념 그리고 북한의 주사이론 이런 거 배워서 그 민주화운동의 대열에 낑겨서 마치 민주화 투사인 것처럼 지금까지 자기들끼리 끼리끼리 서로 도와가면서 이렇게 살아온 그 집단들이 이번 문재인 정권 들어서서 국가와 국민을 약탈하고 있습니다.

국민의 재산을 뺏고 세금을 약탈하고 자기들끼리 갈라 먹고 또 거기에 대해서 문제를 제기하는 반대표는 사찰이고 또 사이버 전사들 있잖아요. 우리가 소위 대깨문이라고 하는 사람들 동원해 가지고 인격 말살을 하고 머리를 들 수 없도록 만듭니다. 웬만한 뱃심과 용기가 없으면 이 무도한 집단에 대해서 대응하지 못하도록 아주 이렇게 시스템을 다 만들어놨어요.

그래서 이거를 민주당 원로 정치인은 20년을 간다. 50년을 간다. 하면서 나라 말아먹을 일 있습니까? 그러니 그 사이에 전문가를 쓰겠어요? 전문가가 들어오면 자기들이 해 먹는 데 지장이 있죠. 그러니 무식한 삼류 바보들을 데려다가 정치를 해서 나라 경제 망쳐놓고 외교 안보 전부 망쳐놓고 그 무능을 이제 넘어서서 이제 사찰에 과거의 권위주의 독재 정부가 하던 권위주의 독재 정부는 국민들 경제를 확실하게 살려놔서 우리나라 산업화의 기반을 만들었습니다. 이 정부는 뭐했습니까. 정말 가지가지 다 하는 이 무능과 이 불법을 아주 동시 패션으로 다 하는 이런 정말 엉터리 정권입니다.

민주당에서 후보가 저 보고 토론을 하자 하더라고요. 제가 바보입니까. 대장동 아니, 국민의 알 권리가 있다고 하더라고요. 대통령 후보가 어느 정도의 비전과 정책이 숙지 돼 있는지 국민의 알 권리가 있다고 하더라고요. 그래서 토론을 해야 된대요. 국민의 알 권리를 얘기하려면 대장동과 백현동의 진상부터 밝히고 또 민주당 후보를 둘러싸고 있는 이런 음습한 조직폭력배 이야기 잔인한 범죄 이야기 그런 것을 먼저 다 밝히십시오. 국민의 알 권리는 그게 우선입니다.

아니, 멀쩡한 후보랑 같이 나란히 앉아서 무슨 정책 농담이나 하면서 어제 다르고 오늘 다르고 제가 오늘 원전도 갔다 왔습니다마는 탈원전 아니면 안 된다고 오직 정답은 탈원전이라고 몇 년 동안 계속 떠들다가 이게 가만히 보니까 이게 분위기가 아닌 것 같으니까 다시 또 감원전이라는 말을 써요. 감원전이 무슨 말인지 저도 잘 모르겠습니다. 그래서 우리 기자님들한테 한번 직접 물어보라고 그랬습니다.

세금도 가진 사람들 부동산 다주택 보유자들 이거 갖고는 안 된다고 왕창 뜯어가지고 기본 소득에 쓰느니 이러다가 가만히 보니까 여론이 안 좋아 그러니까 다시 또 말을 바꿔 국토보유세는 한다고 그랬다 안 한다고 그랬다가 다시 안 한다는 말 안 했다고 그래요. 제가 이런 사람하고 국민 여러분 보는 데서 토론을 해야 되겠습니까? 참 어이가 없습니다. 정말 같잖습니다.

제가 우리 당의 우리 훌륭한 후보들과 16번이나 매치를 한 사람입니다. 미국 대통령 후보 토론도 세 번밖에 안 합니다. 힐러리와 트럼프 때 세 번 했고요, 바이든 때는 코로나 때문에 두 번 했습니다. 이게 물타기 하려고 그럽니까. 이런 정권 지금 언론인 사찰도 정도가 어느 정도냐면 자기편인 어느 공직자에 대한 불리한 기사 썼다고 그 기자뿐만이 아니라 그 기자의 모친까지 사찰하고 털었다는 거예요. 우리 당 의원들 한 60% 정도가 통신사찰을 당했습니다. 제가 볼 때는 대선도 필요 없고 이제 곱게 정권 내놓고 물러가는 게 이게 정답이지.

근데 더 재밌는 거는 어떻게 이런 후보를 선출해 놓냐 이 말입니다. 민주당이. 그 저거는 저는 그래서 어떻게 이런 후보를 선출해 놓냐 이 말입니다. 민주당이 어디서부터 내려오는지 알 수 없는 이런 지시와 오더에 의해서 일사불란하게 돌아가고 그거 이의 제기하고 반대하는 정치인들은 아주 무슨 사이버나 이런 걸 통해 가지고 아주 인격을 말살을 시킵니다. 아니, 우리 선대위에 이번에 들어온 금태섭 의원 보십시오, 얼마나 훌륭한 사람인가. 그거를 눈 뜨고 못 봐가지고 바꿔치기하는 그런 정당인데 이 정당이 계속 이렇게 국민을 약탈하고 이권을 해 먹게 놔둬야 되겠습니까?

오랜만에 경북 선대위가 야심 찬 출발을 국민에게 알리게 됐습니다. 70일밖에 남지 않았다. 하지만 70일 저희가 압승하기에 충분한 시간입니다. 여러분 경북이 어떤 곳입니까? 충절과 학풍의 본고장임과 동시에 이 제철 산업으로 우리의 산업화의 기적을 잃은 대한민국 번영의 전초기지가 아닙니까. 뿌리가 튼튼해야 잎사귀가 튼튼합니다. 경북은 우리 국민의 힘의 뿌리입니다. 경북 선대위가 국민의 힘의 대선 승리 정권교체의 단단한 뿌리가 꼭 돼주십시오. 뭉치면 정권교체 흩어지면 정권 연장입니다. 흩어지면 국민 약탈입니다.

여러분 지난 4년 반, 문 정권 내내 나라가 얼마나 시끄럽고 혼란했습니까? 국민들한테 여론조사 해보니까 뭐 하나 제대로 된 게 없다, 이게 중론 아닙니까. 저는 이번 선거에서 우리가 정권을 회수하지 못하면 정말 이 대한민국이 돌이킬 수 없는 이런 불행에 빠진다는 것을 그런 아주 위기의식을 가지고 있습니다.

지금 제일 문제가 물론 경제 코로나 위기 많이 있습니다마는 안보, 이 안보라고 하는 게 다른 게 아니라 우리 국가의 정체성 이게 큰 문제입니다. 대문을 열어주는 게 아닌가 하는 걱정이 되기도 하고 도대체 이게 자유민주주의를 지키려고 하는 것인지 이 나라를 사회주의로 끌고 가려고 하는 것인지 국민들이 아직도 이 정권의 성격을 제대로 이해하지 못하고 있습니다.

북한에서는 핵 개발을 계속하고 미사일을 펑펑 쏴대는데 종전 선언 하자고 그럽니다. 또 그거 하면 뭡니까? 거기서 떡이 나옵니까? 국민의 먹거리가 나옵니까? 자기 할 일이나 좀 똑바로 하지, 안 그렇습니까?

지금 이 집권 여당 후보는 잘하는 게 한 가지 있어요, 변신술. 뭐든지 하겠다고 하더니 또 뭐든지 안 할 수도 있다고 그럽니다. 현 정권을 계승하겠다고 하더니 또 소주성이니 탈원전 부동산 대북정책은 핵심 정책 줄줄이 부정합니다. 도대체가 뭔지 모르겠습니다. 참 안 됐어요. 여기 붙었다. 저기 붙었다. 하려니까 얼마나 힘들겠습니까.

제가 지난 4.7 재보선 때 총장하다 그만두고 나와서 이런 얘기

한번 했습니다. 선거는 심판이다. 민주주의 국가에서 선거라는 것은 잘못했으면 심판받는 거 소위 말해서 책임정치를 구현하는 것이 선거입니다. 잘못을 많이 한 세력은 선거는 미래를 위한 거라고 봅니다.

아니, 잘못한 사람의 약속을 어떻게 믿습니까. 여러분 민주당 공약 믿을 수 있습니까? 이 사람들이 촛불 들고 나와가지고 이 정부 만들 때 약속한 공약 지켰습니까? 아니, 실패한 정권이 말하는 미래 약속을 믿을 수 있습니까? 여러분이 누구하고 동업하려고 했다가 그 사람한테 사기당했는데 그 사람이 이제 재계약 기간이 되니까 이제 앞으로 잘하겠습니다라고 할 때 그거 믿고 재계약합니까?

간단합니다. 민주국가의 선거는 책임정치입니다. 잘못했으면 심판 받고 물러나가고 정권을 교체하는 겁니다. 맨날 어디 다니면서 엎드려서 큰절하고 눈물 흘리고 참 못 봐주겠습니다. 여러분.

제가 아마 언론을 통해서 이렇게 자주 듣는 것 말고도 제 기억에만 한 대여섯 번 대장동이 이게 자기가 설계한 거고 도장 하나로 5천억이 성남시에 들어왔다고 그러면서 아주 자기 실적이라고 자랑한 게 벌써 한두 번이 아닌데 모른다는 거예요, 이거를.

그리고 거기에 관여한 사람들은 또 줄줄이 자살을 합니다. 아니, 자살이라는 것은 수사 과정의 자살은 수사하는 사람들이 좀 세게 추궁하고 증거 수집도 막 열심히 하고 이러니까 이게 지금 진행되는 것 말고도 또 내가 무슨 걸릴 게 있나 하는 불안감에 초조하고 이러다가 그런 극단적인 선택도 하는 것이지 아니, 수사도 안 하고 봐주기라고 뭉개고 있는데 도대체 이런 선택을 왜 합니까? 누가 압박을 한 겁니까? 도대체 검찰이 압박한 겁니까, 민주당 정권 연장 세력이 압박한 겁니까? 이 사람들 왜 극단 선택을 한 겁니까? 이 사람들의 억울한 죽음에 대해서 진상을 규명하고 가족의 명예를 찾고 또 이렇게 불법적으로 약탈해간 재산을 국민에게 돌려드리려면 어떻게 해야 되겠습니까, 정권 연장해도 됩니까? 교체를 해야 되겠죠.

민생 많이 망가졌습니다. 이 민생 다시 회복하고 살리려면 어떻게 해야 되겠습니까? 이 정권 그대로 가면 더 잘 살 수 있을 것 같습니까? 자 우리 당원부터 우리 경북 도민부터 우리 대한민국 국민 모두 한 번 속지 두 번 속지 맙시다.

저희도 우리 국민의 힘도 앞으로 정말 따뜻한 보수의 가치를 가지고 보수냐 진보냐 하는 이념을 넘어서서 자유민주주의라고 하는 우리 대한민국의 헌법 가치를 가슴에 껴안고 그리고 우리와 다소 생각이 다른 사람들도 자유민주주의라는 것을 동의하면 우리가 다 품읍시다.

자유민주주의에서 말하는 자유는 승자 독식의 자유가 아닙니다. 힘센 사람 마음대로 하는 자유가 아니고 어려운 사람도 다 품어주고 함께 따뜻하게 배려해주고 그야말로 자기의 자아를 실현하는데 필요한 자유를 충분히 향유할 수 있게 해주는 그런 자유입니다. 그게 바로 자유고 우리 대한민국 헌법에 들어가 있는 자유민주주의입니다.

우리 이 가치만 같으면 우리하고 생각이 좀 다르더라도 다 품고 이게 바로 정의입니다. 이번 선거는 보수와 진보의 싸움이 아니고요. 자유민주주의라는 정의와 부정부패라는 불의와의 싸움이고 국민의 심판입니다.

우리 경북 도민 여러분. 우리 당이 그리고 제가 압도적인 지지로 승리해서 이 정권을 교체해서 민생을 살리고 이 나라의 무너진 법도와 상식을 회복해서 제대로 된 미래를 우리 자녀들에게 넘겨주자 이 말씀드리고 싶습니다.

오늘 우리 주호영 우리 조직총괄본부장님 그리고 우리 김관영 김정재 우리 경북 선대위원장님 총괄선대위원장님 세 분의 말씀 잘 들었습니다. 정말 우리가 잊지 말아야 할 그런 중요한 얘기들을 꼭꼭 집어서 해 주셨습니다. 제가 마지막으로 이 말씀드리겠습니다. 한 번 속지 두 번 속지 맙시다, 감사합니다.

2. 중앙선대위 출범식 연설문

일시 : 2021년 12월 6일 월요일

존경하는 국민 여러분, 사랑하는 당원 동지 여러분.

저는 오늘 무거운 마음으로 이 자리에 섰습니다. 코로나 중환자가 병실이 없어 온 가족이 고통받고 있습니다. 민주당 정부는 코로나 중환자 병실을 늘리는 데 써야 할 돈을, 오로지 표를 더 얻기 위해 전 국민에게 무분별하게 돈을 뿌려댔습니다. 민주당 정부에게는 국민의 귀중한 목숨보다 선거에서의 표가 그렇게 더 중요합니까?

집 없는 국민은 급등한 전세보증금과 월세 때문에 고통받고, 집 있는 국민은 과중한 세금 때문에 고통받고 있습니다. 서민의 잠자리를 추운 거리로 내팽개치고, 부패 기득권의 사익을 챙기는 민주당 정부는 도대체 누구를 위한 정부입니까?

우리는 이 지긋지긋한 부패하고 무능한 정권을 반드시 심판해야 합니다. 지겹도록 역겨운 위선 정권을 반드시 교체해야 합니다.

우리는 이번 선거에서 반드시 이겨서 향후 있을 지방선거와 총선에서 승리할 기반을 마련해야 합니다. 만에 하나라도 내년 대통령선거에서 승리하지 못한다면, 계속 있을 두 번의 선거도 뼈아픈 패배를 당할 가능성이 큽니다. 그리고 우리의 자유민주주의 대한민국은 그렇게 사라질지도 모릅니다. 우리 다음 세대에 번영의 대한민국을 물려주기 위해 우리가 가진 모든 것을 걸고 반드시 싸워 이겨야 합니다.

사랑하는 당원 동지 여러분,

지금 우리에게 가장 필요한 것은 '단합'입니다. 저는 지난 6월 정치 참여 선언에서 열 가지 중 아홉 가지 생각이 달라도, 정권교체라는 한 가지 생각만 같으면 모두 힘을 합쳐야 한다고 말씀드린 바 있습니다.

이제부터는 열 가지 중 아홉 가지가 아니라, 백 가지 중 아흔아홉 가지가 달라도 정권교체의 뜻 하나만 같다면 모두 힘을 합쳐야 합니다. 생각이 다른 사람들이 함께 힘을 모을 때, 우리는 더 강해집니다. 그래야만 이길 수 있습니다.

선거운동 방식부터 새롭게 바꾸겠습니다. 과거에는 형식적으로 당 선대위를 운영하고, 실제로는 소수로 구성된 외부의 캠프가 선거운동의 중심이었습니다. 저는 이러한 관행을 완전히 타파하고, 당 선대위 중심으로 선거를 치를 것입니다.

그동안 약해진 지역 당협을 재건하고 청년과 여성을 보강해야 합니다. 당의 혁신으로 중도와 합리적 진보로 지지 기반을 확장하여 이들을 대통령선거 승리의 핵심 주역으로 만들어야 합니다. 당의 혁신으로, 더욱 튼튼해진 당 조직으로, 더 넓혀진 지지 기반으로, 승리의 문을 향해 달려갑시다.

존경하는 국민 여러분, 사랑하는 당원 동지 여러분.

우리 국민들은 내년 대선에서 확실한 정권교체를 요구함과 아울러 어떤 새로운 나라를 만들 것이냐고 우리에게 묻고 있습니다. 제가 꿈꾸는 대한민국은 기본이 탄탄한 나라입니다. 국가를 위한 국민이 아니라 국민을 위한 국가가 되어야 합니다. 공정이 상식이 되는 나라를 만들겠습니다. 누구나 공정을 이야기하지만, 아무나 공정을 달성할 수는 없습니다. 공정은 현란한 말솜씨로 이루어지는 것이 아니라 그동안 살아온 묵직한 삶의 궤적이 말해주는 것입니다. 가장 낮은 곳부터 시작하는 윤석열표 공정으로 나라의 기본을 탄탄하게 하겠습니다.

세상이 빠르게 변하고 있고, 디지털 전환, 녹색 전환, 바이오 전환은 더 빠른 속도로 세상을 바꾸고 있습니다. 기술의 변화가 커다란 기회의 창을 열고 있습니다. 이 기회의 창을 활짝 열기 위해 필요한 것은 자유와 공정입니다. 정부는 공정한 경쟁 여건을 조성하고, 민간은 창의와 상상을 마음껏 발휘하는 경제를 만들어서 우리 경제의 잠재성장률을 높이고, 양질의 일자리를 많이 창출하겠습니다. 일한 만큼 보상을 받고, 기여한 만큼 대우를 받는 공정한 세상을 만들겠습니다. 힘든 삶의 여정을 묵묵히 감내하며 내일의 희망을 꿈꾸는 국민들을 위해 기회가 풍부한 나라를 만들겠습니다.

한편, 지금 우리의 현실을 보면 무주택 가구가 절반에 가깝고 근로자 세 명 중 한 명은 비정규직입니다. 또한, 여섯 가구 중 한 가구가 빈곤층입니다. 이 모든 분들이 우리의 가족이고 이웃입니다. 이분들이 더욱 든든하게 보호받을 수 있도록 사회안전망을 두툼하고 촘촘하게 마련하겠습니다.

존경하는 국민 여러분, 사랑하는 당원 동지 여러분. 기억나십니까? 2년 전만 해도 우리에게 정권교체는 상상하기조차 어려운 일이었습니다. 그런데 그 정권교체의 기회가 왔습니다. 나라의 번영과 미래를 열 기회가 온 것입니다.

국민 여러분이 만드신 기회입니다. 그리고 국민 여러분은 저와 우리 당에 정권교체의 엄중한 사명을 주셨습니다. 국민이 저를 불러주셨습니다. 대한민국의 혁신으로 양질의 지속가능한 일자리 창출, 경제성장률의 제고, 더욱 튼튼한 복지와 사회안전망 체계의 확립을 이루어내야 합니다. 대한민국의 혁신을 위해서는 그 소명을 받드는 우리 당부터 혁신해야 합니다.

당의 혁신으로 더 넓은 지지 기반을 확보해야 국가 혁신을 이끌 수 있습니다. 대한민국을 확 바꾸겠습니다. 저와 함께 우리 당과 대한민국을 확 바꿉시다. 내년 3월 9일 대통령선거를 위대한 우리 국민의 승리로 만듭시다.

감사합니다.

3. 후보 수락 연설문

일시 : 2021년 11월 5일 금요일

정권교체, 국민 승리의 시대를 열겠습니다.

Ⅰ.

존경하는 국민 여러분! 사랑하는 국민의힘 당원동지 여러분!

국민의힘 대통령 후보로 선출된 윤석열입니다. 기쁨보다 엄중한 책임감과 정권교체의 무거운 사명감을 느낍니다. 열렬히 성원해주신 국민 여러분, 뜨겁게 지지해주신 당원 동지들께 깊이 감사드립니다.

경선을 역동적인 무대로 만들어주신 이준석 대표님과 당 지도부, 경선을 공정하게 관리해주신 정홍원 위원장님과 선관위원님들께도 깊이 감사드립니다.

새로운 길, 처음 하는 일이었기에 부족함도 많았습니다만, 정권교체를 열망하는 국민의 큰 지지와 격려로 여기까지 올 수 있었습니다. 오늘 이 자리엔 승자도 패자도 없습니다. 우리가 내년

3월 9일 승리한다면 모두가 승리자가 될 것이며, 만약 그렇지 못한다면 우리 모두는 패배자로 기록될 것입니다. 경선에 끝까지 함께 하신 세 분의 꿈과 비전, 제가 받들겠습니다.

대선배님이신 홍준표 후보님의 경륜과 'G7 선진국 달성'의 비전을 배우겠습니다. 경제전문가 유승민 후보님의 '디지털인재 100만 양성', 일자리 공약에 우선적으로 반영하겠습니다. 대장동 1타강사 원희룡 후보님의 '국가찬스', 허락해 주신다면 제가 쓰겠습니다.

정치 선배님들과 함께 할 수 있었다는 것 자체가 제게는 무한한 영광이었습니다. 치열한 경선과정에서 혹여 마음을 상하게 했다면 너그러이 이해하고 용서해 주십시오.

이제 우리는 원팀입니다. 정권교체의 대의 앞에 분열할 자유도 없습니다. 국민의 뜨거운 열망에 부응하지 못한다면 우리 모두는 국민과 역사 앞에 씻을 수 없는 죄를 짓는 것입니다. 정권교체의 사명은 저 혼자 이룰 수는 없습니다. 우리 모두가 단결해야 합니다.

Ⅱ.

존경하는 국민 여러분! 사랑하는 당원동지 여러분!

우리 국민의힘이 다시 살아나고 있습니다. 당의 변화와 혁신을 바라는 민심은 헌정사상 처음으로 30대의 청년을 당 대표로 세워주셨습니다. 우리 당은 청년들의 지지를 받는 정당으로 거듭났습니다. 우리 사회의 공정과 상식의 회복을 바라는 민심은 정치 신인인 저를 국민의힘 대통령 후보로 선택하셨습니다.

그 여망을 모아 이제 국민 여러분께 자신 있게 말씀드립니다. '여러분과 함께 반드시 정권교체를 이루겠습니다' 저를 정치로 부른 국민들의 뜻을 늘 가슴에 새기고 있습니다. 정치권 눈치 안 보고, 공정한 기준으로 사회 구석구석 만연한 특권과 반칙을 바로잡으라는 명령입니다. 대장동 게이트에서 보듯 거대한 부패 카르텔을 뿌리 뽑고 기성 정치권의 개혁을 하라는 것입니다.

내 편 네 편 가르지 않고 국민을 통합하라는 것입니다. 이것이 저 윤석열의 존재 가치이고, 제가 나아갈 길입니다. 저는 '사람에 충성하지 않고 국민에만 충성한다'는 신념으로 살아왔습니다. 공직자는 늘 국민을 대할 때 정직해야 한다는 그 원칙을 가지고 뚝심있게 걸어왔습니다.

저의 경선 승리를 이 정권은 매우 두려워하고, 뼈아파할 것입니다. 조국의 위선, 추미애의 오만을 무너뜨린 공정의 상징이기 때문입니다. 문재인 정권의 정당성을 무너뜨리는 치명적인 아픔이기 때문입니다. 이 정권은 집요할 정도로 저를 주저앉히고자 했습니다. 저 하나만 무너뜨리면 정권이 자동 연장된다고 생각하고 2년 전부터 탈탈 털었습니다. 앞으로도 계속될 것입니다. 미련을 버리지 않을 것입니다.

어떤 정치공작도 저 윤석열을 무너뜨릴 수 없습니다. 어떤 정치공작도 국민의 정권교체에 대한 열망을 무너뜨릴 수 없습니다. 윤석열은 이제 한 개인이 아니라 공정과 정의의 회복을 바라는 국민의 염원이 되었기 때문입니다. 국민께서 저를 지켜주실 것이기 때문입니다.

Ⅲ.

이번 대선은 늘 있는 대선이 아닙니다. 나라의 존망이 걸린 절체절명의 선거입니다. 정권교체를 이루지 못하면 법치유린이 계속되고 비상식이 상식이 되어 민주당의 일탈은 날개를 달게 될 것입니다. 자기들 부패가 드러나는 걸 막기 위해 나라의 법질서를 얼마나 더 왜곡 시키겠습니까?

문재인 정권의 소득주도성장과 부동산 폭등은 '재산 약탈'입니다. 악성 포퓰리즘은 '세금 약탈'입니다. 1천조가 넘는 국가채무는 '미래 약탈'입니다. 정권교체가 없다면 국민 약탈은 노골화되고, 상시화되고, 구조화될 것입니다. 국민을 약탈하는 이권카르텔을 두고 나라 경제 살릴 수 있겠습니까?

국민 편가르기 하면서 이익 보는 세력을 두고 나라가 제대로 돌아가겠습니까? 공정과 상식이 무너진 신뢰 없는 사회에 도전과 혁신이 자랄 수 있겠습니까? 내년 3월 9일을 여러분이 알고 있던 자랑스러운 대한민국이 돌아오는 날로 만들겠습니다. 우리가 알고 있던 법치가 돌아오고 우리가 알고 있던 공정이 돌아오고, 우리가 알고 있던 상식이 돌아오는 날로 만들겠습니다.

Ⅳ.

존경하는 국민 여러분! 저와 우리 국민의힘은 공정과 상식을 회복하여 대한민국을 정상화하고, 멈추어버린 대한민국의 심장을 다시 뛰게 하겠습니다. 이를 위해 국민 여러분께 약속드립니다.

공정과 정의를 다시 세우겠습니다. 우리 사회가 공정과 상식에 입각해서 돌아가고 있다는 것에 대한 믿음, 그 신뢰라는 사회적 자본이 우리사회의 많은 문제를 해결하고 우리 사회의 성장과 번영을 이루는 토대가 됩니다. 곳곳에 둥지를 튼 권력의 새로운 적폐, 부패의 카르텔을 혁파하겠습니다.

반칙으로 결과가 왜곡되는 사회는 도전과 노력을 죽게 만드는 사회가 됩니다. 기득권의 세습을 차단하여 끊어진 계층이동의 사다리를 다시 잇겠습니다. 국민통합의 나라를 만들겠습니다.

문 정권은 이 나라를 이념으로, 국민 편가르기로 분열시켰습니다. 진보의 대한민국, 보수의 대한민국이 따로 있을 수 없습니다. 저는 낡은 이념의 옷을 벗어 던지고 자유민주주의에 동의하는 모든 국민과 함께 하겠습니다. 지역, 계층, 성별, 세대의 차이를 뛰어넘어 화합할 때 안정적 국가발전을 기약할 수 있습니다.

대한민국 성장엔진을 다시 가동하겠습니다. 시장은 만능이 아닙니다. 그렇다고 과거의 국가주도 경제로 돌아갈 수는 없습니다. 일자리를 만드는 것은 기업의 창의와 혁신입니다. 저는 불필요한 규제를 혁파하고 AI 등 4차 산업혁명을 이끄는 기업에 지원을 집중하여, 떨어진 잠재성장률을 다시 끌어 올리겠습니다. 성장과 분배는 한 몸입니다. 성장을 해야 양질의 일자리가 생기고, 복지에 쓸 곳간도 채워지는 것입니다.

복지는 국가의 책임입니다. 아무리 공정한 경쟁을 보장한다고 해도 모두가 경쟁의 승리자가 될 수는 없습니다. 우리는 공정과 상식의 이름으로 진짜 약자를 도와야 합니다. 사회적 취약계층에 대한 복지를 강화하겠습니다. 자영업자와 소상공인 지원을 강화하고, 사라진 중산층을 복원하겠습니다.

문화강국을 만들겠습니다. 드라마에서 시작된 한류는 K팝, 영화, 한식, 한글 등 다양한 형태로 전 세계에 확산되고 있습니다. 한류는 문화산업을 넘어 무엇보다 우리 국민의 예술성과 창의성을 전세계에 알리는 강력한 소프트파워입니다. 정부는 지원하되 간섭하지 않음으로써 세계 속의 문화강국으로 발돋움하도록 하겠습니다.

창의성 교육을 강화하겠습니다. 창의성은 미래의 경쟁력입니다. 우리의 소중한 아이들은 창의성을 갖고 자라야 합니다. 교육혁신으로 4차 산업혁명 시대를 철저히 대비하겠습니다.

국민이 안심할 수 있는 든든한 안보 체제를 구축하겠습니다. 저는 국제사회와의 철저한 공조를 통해 비핵화를 더 효율적으로 추진하겠습니다. 우리와 민주주의 가치를 공유하는 나라들과의 협력을 강화하고, 국익우선의 실용외교를 펼치겠습니다.

V.

존경하고 사랑하는 국민여러분!

저 윤석열, 경청하고 소통하는 대통령이 되겠습니다. 정치의 본질은 다양한 이해, 가치와 신념의 차이가 빚어낸 갈등을 해결하는 것입니다. 전체주의 국가에서는 지도자의 '독단'으로 문제를 정리하나 민주주의에서는 오직 대화와 타협만이 해결책입니다. 국민의 말씀을 경청하는 대통령이 되겠습니다.

책임지는 대통령이 되겠습니다. 이념에 사로잡혀 전문가를 무시하는 지도자는 더 이상 필요 없습니다. 진영과 정파를 가리지 않고 실력 있는 전문가를 발탁해 권한을 과감하게 위임하되, 그 결과에 대해서는 분명히 책임지는 대통령이 되겠습니다.

윤석열의 사전엔 내로남불은 없을 것입니다. 진정성 있는 대통령이 되겠습니다. 손해를 보더라도 원칙과 소신, 상식과 진정성으로 다가가겠습니다. 국민의 마음을 읽지 못하면 저에 대한 지지와 성원이 언제든지 비판과 분노로 바뀔 수 있다는 겸손한 자세로 임하겠습니다.

권한을 남용하지 않는 대통령이 되겠습니다. 대통령의 지시 하나로 국가정책이 법을 일탈하여 바뀌는 것을 보았습니다. 법 위에 군림하는 대통령의 시대를 끝내고 국민이 진짜 주인이 되는 첫걸음을 내딛겠습니다.

VI.

존경하는 국민 여러분! 코로나로 인해 얼마나 고생이 많으십니까? 정부의 잘못된 판단과 무능이 국민의 삶에 얼마나 고통을 주고 있는지 절감하고 있습니다. 국민을 코로나 위기에서 보호하고 지켜내겠습니다. 코로나 펜데믹으로 무너진 서민, 취약계층의 삶을 코로나 이전으로 회복시키겠습니다.

이 정권의 편가르기로 인한 국민의 아픔도 그에 못지않았습니다. 이 정권 4년 반 동안 얼마나 힘드시고 고통을 많이 받으셨습니까. 이번 대선은 상식의 윤석열과 비상식의 이재명과의 싸움입니다. 합리주의자와 포퓰리스트의 싸움입니다. 또 다시 편가르기와 포퓰리즘으로 대표되는 사람을 후보로 내세워 원칙 없는 승리를 추구하고자 하는 이 무도함을 심판해주십시오.

'기득권의 나라'에서 '기회의 나라'로, '약탈의 대한민국'에서 '공정의 대한민국'으로 바꾸겠습니다. 반드시 정권교체 해내겠습니다. 분열과 분노의 정치, 부패와 약탈의 정치를 끝내겠습니다. 새로운 대한민국을 반드시 만들겠습니다.

감사합니다.

4. 1:1 맞수토론 3차(원희룡)

일시 : 2021년 10월 29일 금요일(채널A, 오른소리)
(https://www.youtube.com/watch?v=HKQQScgxojg)

[윤석역 모두 발언, 1분]

제가 지난 6월 29일 정치 참여 선언을 한 지 오늘로 꼭 넉 달이 지났습니다. 불의와 위선의 정권을 교체하라는 국민의 여망을 받들고자 대권에 도전했습니다. 새로운 길이고 또 처음 해보는 일이기 때문에 어려움도 많았습니다마는 국민 여러분과 우리 당원 동지들의 지지와 격려로 여기까지 왔습니다. 이 정권은 저 하나 주저앉히면 집권 연장이 가능하다고 생각하고 오만 정치 공작으로 공격을 해 왔습니다마는 국민 여러분과 우리 당원 동지 여러분들이 함께해 주셔서 끄떡없이 여기까지 왔습니다. 불의와 위선의 정권 반드시 교체하고 꼭 승리하겠습니다. 감사합니다.

[1:1 자유 토론]

◦원희룡 : 윤석열 후보님 아까 말씀하신 것처럼 6월 그 뜨거운 여름에 인생의 어떻게 보면 새로운 길 정치에 이제 뛰어들었습니다. 그러면서도 가장 정치 중에서도 어려운 선거 그중에서도 가

장 큰 선거를 지금까지 넉 달 동안 달려오신 거죠. 아마 그 과정에서 많은 국민들을 만나면서 목소리를 들었을 것입니다. 그중에서 가장 가슴에 크게 담은 국민의 목소리 그리고 인생을 걸고 정치를 하면서 본인만이 느끼는 가장 큰 소회 어떤 것인가요?

◦윤석열 : 코로나도 있고 이 정부의 이념에 갇힌 정책 때문에 힘들어하시는 일단 자영업자들의 목소리가 제일 많이 들려왔고요. 그리고 저도 법조인이지만 헌법 책에서 봐왔던 민주주의와 또 전국의 많은 국민들을 직접 접하고 뵈면서 느낀 민주주의가 참 많은 차이가 있다는 것을 깨달았습니다. 그리고 국민들께서 가는 곳마다 열렬히 지지도 해주고 격려도 해주셨지만 아, 이게 잘못하면 이것이 분노로 바뀌었을 때 정말 어떻게 이걸 감당할 수 있겠나 하는 그런 두려움도 많이 느꼈습니다.

◦원희룡 : 저도 많은 국민들과 또 많은 분들을 만나면서 우리 국민의 힘 후보들에 대한 공통의 지적을 받고 참 반성을 많이 한 적이 있습니다. 예를 들어서 이재명 하면 기본소득 이런 것처럼 한마디로 귀에 꽂히고 국민들이 알아들을 수 있는 그런 대표 비전이 뚜렷이 안 보인다. 우리가 지금 경선을 한 지가 몇 달이 지났는데 이런 지적을 받아야 하는가 하면서 이런 생각에 참 반성을 지금 많이 하고 있습니다.

저에 대해서는 조금 이따가 말씀을 드리겠습니다마는 우리 윤석열 후보님의 귀에 꽂히는 국민들이 한마디로 알아들을 수 있는 비전 또는 대표 정책이라고 그럴까요. 그런 것들이 어떻게 할 수 있겠습니까?

◦윤석열 : 저는 공정과 자유를 통해서 우리나라를 다시 한번 도약시켜야 된다 그래서 제가 다시 도약하는 대한민국이라는 이런 캠페인을 제가 캠페인 슬로건으로 가지고 있는데요.

지금 우리 사회가 가지고 있는 많은 문제점들이 고질적이고 계속 지속적인 이런 저성장의 늪에서 빚어지는 것들이 많기 때문에 우리가 다시 도약을 해야 되고 그러기 위해서는 과거에는 국가 주도의 산업 발전과 개발을 통해서 있었지만 지금은 국가가 민간 주도로 이런 제2의 도약을 할 수 있도록 만들어야 된다. 그런 게 제 생각입니다.

그리고 기본소득 말씀을 하셨는데 그건 우리 저 원 후보님께서도 그 얼토당토않음에 대해서는 전문가시기 때문에 좀 더 얘기를 진행하면서 나누도록 하죠.

◦원희룡 : 저는 똑같은 지적을 받으면서 저의 비전을 어떻게 해야 국민들께 한마디로 전달할 수 있을까? 이런 고민을 많이 해왔고 또 저희 팀들과도 계속 머리를 맞대고 있습니다. 저는 이렇

게 저희 비전을 이야기하고 싶습니다.

국민들이 꿈을 포기해야 되는 이 현실 그 아픔에 대해서 국가가 과연 국민들에게 어떤 도움과 뒷바라지를 해줄 수 있는가 이러한 문제의식에서 출발해서 저는 부모 찬스가 아닌 국가 찬스, 개인이 꿈을 포기하지 않고 그리고 국가가 주는 돈을 받기 위해서 의존하는 것이 아니라 내가 열심히 살 수 있는 기회를 제공 받을 수 있는 그런 의미에서의 국가 찬스이죠.

그래서 앞으로 원희룡의 비전은 한마디로 얘기하면 국가 찬스다. 이렇게 우리 다른 후보들과 함께 국민의 힘이 추구하는 우리 국민들의 삶에 대한 비전을 제시하고 싶습니다. 저는 그중에 대표적인 정책이 반반 주택이라고 이름을 붙였습니다만 저 자신이 서울에 집도 없지만 내 집 마련의 꿈을 포기하고, 따라서 미래의 인생 계획에 대해서도 절망 그리고 사회에 대한 원망을 해야 하는 우리 국민들의 내 집 마련의 꿈을 포기하게 하는 것을 이 상황을 방치해서는 안 된다. 그렇게 해서 그러한 고민 끝에 국민들의 분노와 절망을 담아서 저는 반반 주택 공약도 내놓게 됐습니다.

이것은 다른 후보들처럼 땅을 부지를 확보해서 5년 뒤 10년 뒤에 집을 마련해서 원하지도 않는 지역에다가 싼값으로 주겠다. 이런 내용이 아니라 내 집 마련을 해야 하는 무주택자들이 지금 자기가 살아야 하는 지역, 살아야 하는 적정한 주거를 선택을 하면 여기에 대해서 우리가 내 집 마련할 때 친가에서나 친정에서 이렇게 도움을 주는 것처럼 2분의 1 공동 투자를 국가에서 해주자는 것입니다. 그래서 저는 앞으로 이런 면에서 우리의 국가 찬스라는 비전 그리고 무주택자에 대한 구체적인 손에 잡히는 국민들의 어떤 국가에 대한 기대를 일으킬 수 있는 그러한 정책이 필요하다고 생각을 하거든요. 어떻습니까?

◦윤석열 : 우리 원 후보님의 부모 찬스가 아닌 국가 찬스라고 하는 것은 제가 주장하는 공정 국가와 상통하는 거라고 저는 생각합니다. 다만 국가가 직접 나서서 도와주는 게 주냐 물론 국가가 직접 도와줘야 될 일도 많이 있습니다마는 저는 주택 문제도 공공개발을 통해서 정부가 땅을 수용하고 집을 공급하는 것은 그거는 좀 예외로 하고 민간 주도로 규제를 풀어서 많은 주택이 공급되게 하는 그런 거를 이제 저는 강조를 해왔고요.

그리고 이제 말씀을 나누다 보면 나오겠지만 저는 우리 사회의 어떤 사회적 자본 그러니까 우리가 지금 저는 이 모든 문제가 우리의 고질적인 저성장에서 이런 문제들이 전부 발생을 지금 하고 있는데, 지금 이 경제 성장이라고 하는 것이 우리가 흔히 얘기하는 것처럼 노동과 자본의 투입에 따라서 어떠한 산출물이 나오고 그게 늘어가는 것이 성장이 아니겠습니까? 그러나 이제 노동과 자본이 결국은 인적 자본 기술 이런 것에 의해서 산출물이 나오는데 그 근본에는 사회적 자본이라고 하는 그런 어떤 신뢰 트러스트라는 그 사회적 자본 그리고 그 신뢰라고 하는 것은 우리 사회가 공정과 상식에 입각해서 돌아간다라고 하는 것에 대한 믿음 그게 있어야만 우리가 성장에 어떤 기초를 닦을 수 있지 않느냐?

그래서 저는 오랫동안 제가 말씀드린 공정과 상식이 법어긴 사람은 무조건 처벌돼야 된다는 그런 협의가 아니고요. 이것이 결국 우리 사회의 많은 문제를 해결하고 우리 사회의 성장과 번영을 이루는 토대가 된다. 이렇게 저는 생각을 하고 있습니다. 그 부분에 대해서는 우리 원 후보님도 같은 생각을 가지고 계시리라고 생각을 하는데 어떠십니까?

◦원희룡 : 저도 공정과 상식이라는 것이 국민의 삶과 떨어져서 거기에 대해서 심판하는 잣대로서의 의미는 너무나 좁은 의미라고 생각합니다. 법이 전부가 아니지 않습니까? 법도 결국은 우리 국민의 삶에 하나의 그 공동의 삶을 유지하기 위한 하나의 공통의 잣대 아니겠습니까?

그래서 지금 말씀하시는 공정과 상식이라는 것이 지금 이 시대에 우리 국민들이 가장 아파하고 가장 힘들어하는 고통과 무거운 짐 이것을 국가가 함께 들어주고 함께 길을 갈 수 있는 그런 말이 있죠. 비가 오는데 우산을 쓰고 업어다 주는 것이 아니라 함께 비를 맞고 함께 길을 갈 수 있는 그런 면에서 저는 우리 삶의 현장 그리고 삶의 문제를 더 담아내는 그런 의미에서의 공정과 상식이 되어야 한다고 생각을 합니다.

◦윤석열 : 네, 그러니까 이제 대장동 사건처럼 이런 권력형 비리가 드러났는데도 이거를 제대로 법적인 잣대를 들이대고 처벌을 하지 않고 그냥 놔둔다고 하면 이거는 그 자체로 그냥 무너뜨리게 되는 겁니다마는 제가 말씀드린 이런 사회적 자본으로서의 공정과 상식은 우리 사회의 많은 문제를 해결할 수 있는 어떤 성장의 기초가 되는 것이기 때문에 중요하다고 말씀을 드리는 것이고요.

그래서 제가 원 후보님께 지금 드리고 싶은 말씀은 국가가 나서서 이제 주택 문제 같은 것도 그렇습니다. 그러니까 취약계층에 대해서는 정부가 도와줘야 되겠는데 기본적으로 주택 정책이라는 것도 다양한 국민들의 좀 더 나은 주택에서 살고 또 집을 장만하려고 하는 이런 욕구가 있기 때문에 이런 것이 민간에서 시장을 통해서 원활하게 충족이 될 수 있도록 국가가 이런 튼튼한 사회적 자본을 구축해놓고 민간과 시장에 의해서 이런 것이 이루어질 수 있도록 하는 것을 기본으로 하고 그다음에 어려운 분들에 대해서는 세금이라든지 이런 우리 재정자원을 바탕으로 해서

도와줘야 된다 저는 그게 두 번째다. 이렇게 말씀을 드립니다.

◦원희룡 : 그 사회적 신뢰 사회적 자본이라는 게 결국은 우리 구성원 간의 신뢰 아니겠습니다.

◦윤석열 : 공정과 상식에 대한 신뢰죠.

◦원희룡 : 낯선 사람에 대해서도 믿을 수 있고, 나한테 적용되는 부담을 지우는 것들도 이게 공평할 것이라는 믿음 그리고 아까 말씀하신 것처럼 법치가 기본으로 중요한 것은 과거의 범죄와 잘못에 대해서 처벌하지 않는 것은 미래의 범죄와 잘못을 저지른 자들에게 용기를 주는 것이기 때문에 이래서는 안 된다. 이것은 인류 어떤 보편적인 상식이라고 봅니다.

저는 그래서 사회적 신뢰와 법치도 매우 중요하다고 보고요. 아까 제가 국가 찬스와 반반 주택을 얘기하는 것은 그것보다는 조금 더 들어간 그런 고민이 있습니다. 말씀하신 것처럼 취약계층이라는 게 지금은 따로 없습니다.

중산층이 무너졌고요. 코로나 상황에서 자영업자들, 어제 이재명 후보가 불나방이니 을들끼리의 전쟁, 전세금 권리금 폭등을 일으키는 이재명다운 그러한 망언을 했습니다마는 이제 특히 집값이 폭등을 해버렸기 때문에 모든 사람이 내 집 문제에 대해서는 사실 취약계층이 되고 있는지도 모르죠. 그러니까 그런 점에서는 단순히 이것을 시장에만 맡기는 것이 아니라 국가가 좀 더 기회를 주고 국민들이 꿈을 포기하지 않고 더 열심히 살고 도전할 수 있도록 저는 도움을 줘야 된다고 생각하거든요.

그래서 아까 재원이라든가 이런 문제를 말씀을 하셨는데 저의 반반 주택은 지금 1년의 보금자리론이 21조가 나갑니다. 이런 규모부터 시작을 해서 지금 당장 조달 가능한 재원을 가지고 그리고 5년 뒤 10년 뒤가 아니라 대통령 취임하면서 곧바로 시행할 수 있는 그러한 시급한 내 집 마련 지원 대책이 필요하다 이런 차원에서 진행이 된 거고요 저는 개인이든 국가든 돈은 모이면 힘이 되고요. 이거를 푼돈으로 쪼개면 어디 썼는지 모르게 사라집니다.

◦윤석열 : 그게 기본 소득에 대한 우리 원 후보님의…

◦원희룡 : 그렇죠, 목돈으로 만들어서 이게 생산적인 힘을 가지게 하고 미래를 미리 준비하게 하는 이러한 것으로 쓰일 때랑 목돈을 푼돈으로 쪼개서 이것을 당장의 욕구에 써버릴 때랑 똑같은 돈인데 다른 거거든요.

그래서 저는 개인에 대한 기본 소득적인 접근도 그렇고, 국가 재정에 대해서도 참 보니까 지금 정부나 소위 운동권 해서 제대로 경제활동 안 해보고 시장경제 안 해보고 세금 제대로 안 내본 이 사람들은 목돈을 푼돈으로 만드는 놀라운 재주들을 갖고 있습니다. 그리고 이런 정책들을 계속 내고 있는데요. 이런 점에 대해서 목돈을 푼돈으로 만들어서 돈을 뿌리는 정책이 아니라 그 목적은 표를 사는 거겠죠.

이재명이 거기에 정말 뛰어난 사람인데요. 저는 돈을 뿌리는 게 아니라 기회를 주는 그런 면에서 진정한 의미의 국가 찬스를 가지고 국민들이 꿈을 가지고 다시 한번 더 열심히 우리 시장경제에 더 열심히 할 수 있는 동기를 가질 수 있도록 하는 그런 면에서 저의 비전과 정책의 핵심이 있습니다.

◦윤석열 : 그러니까 우리 원 후보님 생각하고 제 생각 오늘은 이제 저희가 얼마 안 있으면 토론을 마무리를 해야 되는 관계이기 때문에 세부적인 정책보다는 저희가 담론을 얘기해야 될 때가 온 것 같습니다.

그런데 이제 원 후보님께서는 시장경제가 다루지 못하는 소위 시장의 실패가 일어나고 시장경제에 부족한 부분들을 국가 찬스로 이제 그걸 보충을 해주겠다 하는 그런 말씀이고 저도 거기에는 전적으로 동의합니다.

그렇지만 저는 시장에 의해서 어떤 분배가 이루어지는 과정에서 그 분배가 좀 잘못됐다고 해서 어떤 세제라든지 복지라는 것으로 해서 그걸 조정하는 것도 중요하지만 그에 앞서서 시장 기능에 의한 분배가 공정하게 이루어질 수 있도록 그러니까 소위 말하는 세전의 분배가 공정하게 이루어질 수 있도록 정부가 시장에 대한 정책을 가짐에 있어서 자유는 주되 자유롭게 경쟁할 수 있게는 주되 공정한 경쟁이 되도록 정부가 제도를 만들고 관리를 해서 사후적으로 어떤 세제 지원이라든가 복지가 들어오기 전이라도 어느 정도의 공정한 배분이 되게 만들어 놓고 그러면 저희가 복지수급 체계로서 지원할 만한 부분이 또 많이 줄어들기 때문에 훨씬 더 어려운 분들한테 두툼하게 지원을 해줄 수 있는 거 아니냐 그런 생각을 저는 중점을 그런 쪽에 두고 있는 편입니다.

◦원희룡 : 기본적으로 동의합니다. 시장경제라는 것은 건강한 경쟁에 긴장이 있어야 활력이 있고 생산이 있고 진보가 있는 것이거든요. 대신 여기에는 반드시 승자와 패자가 있습니다. 승자가 독점과 독식으로 가는 것은 늘 이것을 시장을 경쟁을 유지하는 쪽으로 이거는 잡아줘야 되고요. 대신 시장에서 어쩔 수 없이 밀려나는 사람들이 있습니다. 밀려나고 싶어서가 아니라 경쟁 자체가 안고 있는 숙명적인 거죠.

그러니까 그런 면에서는 저는 우리 국민들이 지금 아파하는 것도 시장 내에서 또 생산 과정 내에서의 1차 분배 이게 공정하게 되는 게 우선 가장 중요하고요. 여기에서 못한 부분들은 재분배 또는 2차 분배가 되어야 되죠. 혁신에는 반드시 그늘이 있고요. 시장 경쟁에는 거기에서 불가피하게 변두리로 밀려나는 사각지대가 있습니다. 이 사람들을 최소한의 기초생활과 인간의 존엄을 유지하고 자유를 누릴 수 있는 이 국가가 이러한 지원을 안 해주면 그 국가는 품격을 못 갖추고요. 국가는 국민을 단순히 각자도생에 개미 지옥으로 밀어넣어서 여기에서 세금만 받고 그다음에 강자들의 이익을 그냥 법으로 누르는 일방적인 실수가 될 수 있거든요.

그래서 저는 시장경제의 건강한 활력은 살아나고 좋은 기업들이 쏟아져 나오면서도 그 시장 내에서 생산 노동 분배가 공정하고 나아가서는 혁신의 그늘 그리고 시장 경쟁에서 밀려나는 변두리의 이 사람들의 아픔에 대해서 인간으로서의 존엄을 가급적 높일수록 좋겠지만 우리가 최선을 다해서 그것을 보듬는 자세가 국가 지도자의 저는 가장 필수적인 소양이라고 생각합니다. 동의하시죠?

◦윤석열 : 그럼요. 다만 저는 이제 우리가 복지를 논함에 있어서도 일단 일자리가 가장 훌륭한 최고의 복지다 하는 것이기 때

문에 어려운 분들이 또 시장에서 그 경쟁에서 밀려난 분들이 다시 또 올라올 수 있게 해 주면서 또 더 이상 내가 시장에 들어갈 수 없다. 내가 노동을 할 수 없다라고 하는 분들에 대해서는 존엄과 가치라는 인간의 존엄과 가치라는 측면에서 충분히 국가가 챙기고 배려를 해야 되는데 저는 소위 말하는 사회적 자본 또 공정과 상식이라는 것으로서 시장 자체가 공정한 경쟁이 될 수 있도록 관리함으로써 우리 사회가 성장을 통해서 얻는 이득 또 거기서 복지 재원이 충분히 나오고 또 복지의 대상자가 줄어들기 때문에 국가는 어느 한쪽에 쏠려서가 아니라 이 두 개를 다 같이 관리를 해야 된다 그런 말씀을 드리고 싶습니다.

◦원희룡 : 생산과 복지가 어떻게 함께 가느냐? 당연히 생산 과정 내에서 노동 생산성이 올라가고 공정한 분배 그리고 치열한 경쟁이 되어야 전체가 우리 경제 10위의 대국에서 더 올라갈 수 있겠죠. 그런데 이 노동시장에는 진입하는 과정에서 우리 보육 교육을 통해서 청년들이 일자리 그리고 평생의 커리어, 자기가 자기 앞가름할 수 있는 그리고 자기의 자아 실현할 수 있는 그 커리어를 만들 수 있는 창조적 능력을 키워줘야 되구요. 또 노동시장은 앞으로 가면 갈수록 변화가 많기 때문에 실업과 취업을 드나드는 이 과정에서의 안전판 그리고 노동시장이 있을 때에도 일과 가정을 병립시키고 이건 여성들의 또는 육아휴직을 하는 아빠들의 문제가 되겠고 또 이 안에서는 기술이 바뀌고 세상이 바뀌

기 때문에 노동을 하면 한 번 취직하면 거기서 평생 가는 게 아니라 일과 학습을 병행하고 선택할 수 있는 이런 노동시장 내에서의 역량 강화가 있어야 되고 마지막이 노동시장에서 은퇴를 하게 되면 지금 노인들의 절대 빈곤과 절대 고독이라는 그러면서도 백세까지 살아야 되는 게 축복이 아니라 재앙이 되는 이 문제를 어떻게 해결할 것인가? 즉 노동시장 내부에 문제와 진입하는 과정 그다음 취업과 실업에서의 안전판 그리고 은퇴 후의 문제 이런 것들이 저는 다 연결되어 있기 때문에 결국 생산과 복지를 따로 놓고 보던 그동안에 어떤 국가 주도의 성장이라든지 아니면 국가가 또 일방적으로 국민들에게 어떤 경쟁 과정 바깥에서 일방적으로 시혜를 베푸는 이런 복지의 관념을 뛰어넘어야 한다.

그런 의미에서는 우리 윤석열 후보님께서 얘기하신 생산과 복지를 함께 봐야 되고 그 바탕의 사회적 자본으로서의 사회 구성원으로서의 신뢰 이걸 높여야 한다는데 저는 전적으로 공감을 합니다. 이어지는 거니까 제가 질문이라기보다는요 이 과정에서도 특히 여성 이것은 앞으로 인구 문제와도 연결돼 있고 많이 있습니다마는 우리 대한민국의 여성들이 어떤 삶을 살고 있고 또 어떤 삶을 원한다고 생각을 하십니까?

◦윤석열 : 과거에는 우리나라의 이런 발전에도 소위 어머니의 그 헌신과 희생이 우리 발전에 많은 힘이 됐죠. 그러나 지금은 여

성도 남성과 똑같은 그런 자립과 또 자기 스스로의 인생을 개척해 나가는 그런 생각들을 다 갖고 있기 때문에 우리가 전통적으로 생각하는 그런 어머니상하고 지금의 우리 여성들의 어떤 자아실현 문제는 이제는 완전히 다른 세계가 된 것 같습니다.

◦원희룡 : 네 저는 매우 전향적인 입장을 갖고 계신 것 같아서 좀 다행스럽게 생각을 합니다. 저는 우리나라의 여성들이 가장 지금 아파하는 문제는 우선 안전 아주 기초적인 공간의 안전마저도 위협받고 있는 경우가 많다라는 것과 단절의 위험입니다. 예를 들어서 경력 단절의 위험, 물론 그 남성들도 군대로 인한 커리어의 단절 이런 문제가 있겠습니다마는 이런 경력 단절의 두려움은 결국 출산과 육아하는 문제 때문에 결국 운명적으로 인생적으로 안고 있는 거거든요. 그러면 여기에 대해서 저는 보육과 자녀들의 교육에 대해서는 국가가 완전히 책임을 져줘야 되고요. 그 다음에 일과 가정이 양립할 수 있는 지금도 하고 있습니다마는 지금 아빠들도 육아휴직을 의무적으로 쓰고 또 육아휴직을 지금처럼 대기업과 공공기업 외에는 눈치를 보고 말도 못 꺼내는 이런 부분들을 시급히 개선해 줘야만 한다고 생각합니다.

그래야만 우리 여성뿐만 아니라 우리 청년 노인 장애인 또 앞으로 위기에 처할 수많은 우리 국민들에 있어서 저는 여성의 삶이 여성이라는 것 때문에 꿈을 포기해야 하고 기회가 단절되는 것을 방치하는 국가라고 한다면 저는 우리 헌법에 있는 모든 인간의 존엄과 모든 인간의 자유를 확장시키고 삶의 기회를 국가가 지원해야 한다는 국가 찬스라는 저의 기본 철학에도 안 맞다고 생각합니다. 혹시 윤 후보님께서는 특히 경력단절 여성이라든가 아니면 여성과 아빠들 여성과 남성의 공동 육아 부담이 있잖아요. 독박육아니 아니면 눈치 보게 하는 이런 육아에 대한 것들이 많습니다마는 거기에 대해서 혹시 집중적으로 문제를 해결하기 위한 복안을 어떤 걸 갖고 계신가요?

◦윤석열 : 저는 지난번에 공약을 제가 발표한 것 중에 부부 각각 1년 6개월씩 육아휴직을 줘야 한다, 사실 그게 쉬운 문제는 아닙니다. 특히 대기업이나 또 공공기관 같은 경우는 모르겠지만 중소기업 같은 경우에 실제 육아휴직을 쓰는 경우가 많지도 않고 그리고 소위 말하는 대체인력을 투입하는 것이 간단한 문제가 아니기 때문에 이게 결국은 비용도 비용이지만 또 정부가 지원해 줄 수도 있는 문제지만 결국은 이 대체인력을 어떤 풀을 만들어서 육아휴직을 쓸 수 있게 해주는 것이 결국은 요체가 아니냐 그렇게 생각을 하고 있습니다.

◦원희룡 : 동의합니다. 저는 돈이 들더라도 해야 합니다. 이건 투자고 이게 없으면 국가가 소멸돼 간다고 생각합니다. 단순히 저는 육아휴직뿐만 아니라 육아 문제가 아니라 초등학교 들어갔

을 때 아이들이 적응할 때 사춘기 때 또는 친구들로부터 학폭이 라든지 따돌림의 문제에 부닥쳤을 때 또 아이들이 진로를 모색하는 과정에서 많은 어려움 그리고 부모들의 일중독 워커홀릭으로 빼앗겨서 아이들이 있어야 할 때 부모가 옆에 못 있어줘서 인생에 크게 부모로서는 후회가 되고 아이들에게는 정말 결정적인 시기에 필요한 연결과 필요한 도움을 못 받는 이런 것 때문에 저는 오히려 자녀 돌봄이라는 그런 범위로 육아휴직 개념을 넓히는 것도 적극적으로 고려해야 한다고 생각하는데 어떻습니까?

◦윤석열 : 아주 동의합니다. 그리고 제가 먼저 우리 원 후보님께 말씀을 드리면 이제 이런 시장을 공정하게 정부가 관리함으로써 시장 자체에서도 시장 기능에 의해서도 공정한 분배가 이루어지게 하고 또 거기서 미진한 부분은 또 우리 원 후보님 말씀대로 국가가 적극 나서서 그것을 또 교정을 하고 이렇게 해서 우리 사회가 단합된 모습으로 가야 된다는 점 맞습니다. 그런데 이제 이런 것을 해내는 것이 바로 정치 아니겠습니까? 그런데 지금 한국의 정치가 국민들이 많이 외면을 합니다. 왜냐하면 이런 경제나 사회 문제를 정치가 해결을 해야 되는데 정치가 오히려 진영 논리에 갇혀서 문제를 제대로 해결하기는커녕 오히려 문제를 더 일으키는 겁니다. 쉽게 말해서 소방서에서 불이 나면 불을 꺼야 하는데 소방서에 불이 난 꼴입니다, 지금. 우리 사회에서는 지금 많은 분들이 저는 정치에 입문한 지 얼마 안 됐습니다마는 입문하

기 전에도 저는 밖에 있으면서도 국민들의 이런 목소리를 많이 들었고 그러면 정치를 바꿔야 한다, 정치 혁신 우리 원 후보님께서도 많이 말씀을 하신 걸로 제가 알고 있는데 정치 혁신이라는 게 뭐고 그 방향은 어떤 건지 좀 간단하게 한번 말씀을 해주시죠, 대화를 이어가야 되니까.

◦원희룡 : 정치는 결국 국민을 두려워하고 국민을 섬기는 그리고 국민의 삶을 이해하고 국민의 마음을 담아서 실현해내는 그런 거라고 생각을 하고요. 저는 그중에서도 특히 지금 문재인 정부에 대해서 국민들이 가장 절레절레 혀를 내두르는 게 질려버리는 게 뭐냐면요. 편가르기 갈라치기거든요. 국민 모두의 대통령이 되겠다고 해놓고는 이런 편가르기가 없습니다. 그래서 저는 과연 어떻게 통합을 이룰 것인가 이런 걸 늘 고민을 하고 있거든요. 제가 생각하는 것은 우선 세 가지가 필요하다고 생각합니다.

우선은 가장 근원적으로는 이해관계의 조정을 잘 해야 됩니다. 두 번째로는 충분한 소통이 보장이 돼야 되겠죠. 그리고 세 번째로는 그래도 의견이 다를 경우에는 잘 합의되고 잘 적용되는 규칙이 있어야 되겠죠.

근데 이 중에서도 저는 규칙과 소통의 과정을 내세우기만 하면 지금 대통령처럼 공감만 하고 무능하거나 아니면 그냥 법치를 내세우는 이런 사람들처럼 현상 유지를 전제로 한 일방적인 법 집행이 될 수가 있거든요. 그러면 이해관계를 조정하는 이 근본적인 문제를 하기 위해서는 저는 늘 호떡론을 생각합니다. 모든 갈등의 바탕에는 이해관계가 깔려 있거든요.

오빠와 여동생이 호떡을 나눠 먹어야 됩니다. 그러면 이 경우에 오빠와 여동생이 호떡을 나눠 먹기 위해서는 자를 수 있는 권한을 오빠에게 주고 그 자른 결과를 가지고 여동생이 선택하게 하면 싸움이 가장 최소화되고 결국은 둘이 합의되는 지금 말씀하신 것처럼 사회적 자본 신뢰 관계를 높일 수 있는 그런 게 나온다고 생각합니다. 저는 모든 갈등에 대해서 제가 마무리를 할게요. 정치가 상대편은 악이고 그리고 나는 권력을 잡으면 법으로 그냥 권력을 휘두르는 이런 정치가 아니라 호떡을 오빠와 여동생이 나누게끔 하는 이러한 지혜를 국가 지도자가 모든 분야에 이것을 바탕에 깔았으면 좋겠습니다.

◦윤석열 : 저는 이런 생각을 좀 해 봅니다. 좋은 말씀이시고 상당히 원론적이나 철학적으로 타당한 말씀이신데 우리 한국 정치의 그러면 문제가 뭐냐 그러면 혁신의 방향이 뭐냐라고 하면 정치는 문제 해결에 능력을 가지고 있어야 되고 사실 해결사 역할을 해야 해요. 국민이 그걸 기다리는데 지금 한국 정치가 국민들의 문제를 제대로 파악을 하고 있느냐 예를 들어서 우리 학자들

이나 과학자들이 어떤 논리나 이론을 내세울 때에도 그게 현장에 가서 점검을 하고 과학도 어디서 나온 이론을 가지고 그냥 아이들 학생들 가르치고 이러는 것이 아니라 새로운 어떤 이론을 만들어내려고 하면 실험을 해야 되지 않겠습니까?

그러니까 정치라고 하는 것이 늘 현장에 있어야 되는데 현장하고 많이 떨어져 있는 국민의 생활과 현장하고 많이 떨어져 있는 것이 저는 문제라고 생각을 하고요. 그게 이제 바로 실사구시나 실용주의에서 너무 벗어나 있다 이거죠. 그래서 우리가 정치에 있어서의 미덕은 현장에 있고 실용주의에 있다라는 것에 대해서만 공감과 합의를 갖는다면 그런 낡은 이념 또 어떤 방향성과 그 철학만 가지고 어떤 사안을 놓고 논쟁하는 거 그거 가만히 들어보면 사실은 핵심을 다 벗어난 얘기들을 하고 있습니다. 저는 국민을 귀히 여기고 이런 거 다 좋은 문제인데 당연히 정치의 중심에는 국민이 있어야 하고 또 민주정당의 중심에는 당원이 있어야 하는 것은 맞는데 결국은 문제가 일어난 현장 중심으로 정치가 방향을 잡아나간다면 국민들에게 신뢰를 받고 또 불필요한 논쟁에서 좀 벗어날 수 있지 않느냐.

그리고 또 한 가지가 지금 현대 정치 우리 한국 정치도 다 정당 중심으로 운영이 되고 있는데 결국은 이게 정당 정치에서 또 정당의 운영에서의 문제가 발생을 하면 그게 정당 내부의 문제만으로 끝나는 것이 아니라 이게 국가 전체의 문제로 정치 전체의 문제가 돼 버리기 때문에 정당 민주화 그리고 국민들이 각자 정당을 택해서 정당이 여러 개 있을 수도 있고 지금 우리는 양당제라는 것이 사실은 국민들의 다양한 의사를 대표하기가 좀 부족한 부분도 있는데 어찌 됐든 정당이라는 게 어떤 특정 세력에 의해서 이게 헤게모니가 딱 장악이 되지 않고 많은 사람들의 많은 사람들을 포용하고 많은 사람들의 의견을 대변할 수 있는 그런 민주정당이 되기 위해서는 어떤 점이 가장 중요하다고 우리 원 후보님은 보십니까?

◦원희룡 : 정당은 여러 가지 국민의 의사를 모으고 대변하고 이것을 공직 선거를 통해서 정책에 반영하는 그런 기능을 갖고 있겠죠. 그래서 저는 두 가지라고 생각합니다. 국민들의 의견을 잘 모으는 기능을 갖고 있어야 되고요. 또 하나는 공직을 선출 선거를 통해서 결국은 그것을 실현시키는 게 정당이기 때문에 이에 따른 공천권의 문제 있지 않습니까?

그래서 만약에 지금까지 정당이 온갖 난리가 나는 걸 보면 그 밑에는 전부 공천을 둘러싼 싸움들이 있습니다. 그래서 저는 공천을 당원들에게 돌려주고 국민들에게 돌려줘야 된다고 생각하고요. 예를 들어서 지방자치 같은 경우에는 이 공천권에 노예가 되는 이런 지방자치 의원들의 문제가 있습니다. 이런 경우에는 정당 공천 배제 같은 경우도 과감하게 우리는 검토해 볼 수 있다고 생각합니다.

◦윤석열 : 제가 생각하는 딱 정답을 말씀을 하셨고 그리고 하나 덧붙이면 정당이라는 게 그야말로 정치를 앞으로 잘 할 수 있는 젊은 인재도 발탁하고 또 훌륭한 사람들을 잘 키워내는 정치인재를 양성하는 그런 역할을 또 해야 된다 하고 이거는 제가 정치를 하면서 배웠다기보다 정치권 밖에 있으면서도 쭉 생각해 왔던 점을 말씀을 드리는 겁니다.

◦원희룡 : 그걸 이어받아서 제 시간이 얼마 안 남았거든요. 지금 청년 인재 또는 정치에서 인물을 육성하는 문제를 말씀하셨거든요. 저는 그 문제까지 생각하고 계시는 걸 보고 정말 반갑고 정치에 들어오신 지 몇 달 안 되셨는데 지금 아주 오래된 정치인 못지않은 정치적인 방향성을 잡고 있는 것 같아서 저는 매우 반갑게 생각합니다.

지금 이 시대에는 청년들이 꿈을 꾸기를 포기했다라는 이야기도 합니다. 지난번에 얼핏 말씀드렸더니 희망을 가질 수 있도록 해야 되지 않느냐라는 말씀도 하셨고요. 지금 기후변화라든지 미래에 다가오는 디지털 세상이라든지 우리 지금 맞벌이 1인 가구 절대 고립의 이런 사회가 변화가 오고 있는데 과연 청년들의 미래에 대해서 과연 이게 정책에 반영이 되고 있는가? 이런 문제들이 있거든요. 그래서 청년들에게 꿈과 미래에 자기 주도적인 이런 영향력을 가질 수 있는 그런 방안 청년 정책이겠죠. 그러니까 청년들이 어떻게 꿈을 가지게 할 것인가라는 것과 청년들의 참여 여기에 대한 그 비전을 말씀해 주시기 바랍니다.

◦윤석열 : 저는 그 청년의 참여를 저는 청년들이 다른 직업보다 정치라는 직업을 좀 많이 택했으면 하는 게 제 바람이고요. 그리고 지금 저도 실제 그런 얘기를 많이 합니다.

제가 개인적으로 알거나 이렇게 좀 얘기를 할 만한 청년들이 있으면 정치를 좀 많이 해라 이렇게 얘기를 하고 있는데 청년의 문제를 해결하는 그 청년 정책뿐만이 아니고 젊은 사람들의 시각으로 청년 문제 아닌 어떤 국가 전체에 적용되는 정책도 청년들이 많이 참여를 해서 기성세대의 눈만으로 우리 사회의 모순과 문제를 바라볼 것이 아니라 미래 세대가 현재 우리 사회가 가지고 있는 문제점들을 바라보게 한다면 거기서 어떠한 정책이 만들어진다면 그거는 현재의 문제만 해결되는 것이 아니라 미래에 발생할 수 있는 문제들도 다 커버가 되는 것이 아니냐 그래서 저는 제가 집권을 하게 되면 하여튼 중요한 의사결정에 청년들의 의견을 많이 반영할 뿐만이 아니고 청년들을 뜻 있는 청년들이 가급적 지방의회든 도의회든 조그만한 곳에 단체장이든 이런 데 많이 도전하게 해서 하여튼 정치 분야에 있어서 우리 청년 인재들을 좀 많이 키울 생각을 저는 가지고 있습니다.

◦원희룡 : 제가 말씀드렸기 때문에 저는 청년들이 꿈을 꾸기 위해서는 시간과 돈이 필요하다고 합니다. 그래서 청년들에게는 단순히 돈이라는 그 결과물뿐만 아니라 시간을 제공해 줄 수 있는 지원 정책이 필요하고요 그다음에 이것을 우리가 해 주겠다 이런 것보다는 청년들의 참여를 체계적으로 보장해야 한다고 생각합니다. 미래의 세상 그리고 연금 문제 재정 문제 그리고 기후 변화에 대한 부담 원자력 어떻게 할 건지 이런 부분들에 대해서 청년들한테 미래 세대한테 안 물어봤지 않습니까?

그러면 제가 대통령이 되면 청년 청와대, 청년 정부 이것을 제도화해서 청년들이 진정한 대표성을 가진 청년들 그리고 청년들의 공론을 늘 일상적으로 조직하면서 이것이 국정에 구속력을 가지고 반영될 수 있도록 하는 저는 그 통로 역할을 하겠습니다. 그런 의미에서 저는 청년 청와대 청년 정부를 만드는 대통령이 되겠습니다.

◦윤석열 : 지금 국가가 어떤 우리 대한민국의 큰 이런 아젠다들을 저희가 생각을 해보면 그런 문제를 해결하는 데 다 돈이 들어갑니다. 그런데 그것을 정치적 유불리에 따라서 그냥 집행을

하다 보면 그 국가 부채라는 것이 어떤 정당의 후보는 그거 부채라고 하는 것은 돈 뽑으면 바로 그게 또 자산이 되는 것이기 때문에 이렇게 얘기하는 분도 있지만 그건 말이 안 되는 게 그것을 정말 중요한 수익을 창출할 수 있는 자본화를 시킨다고 그러면 그거는 우리랑 자산이 되는 거고 그냥 바로 써버리게 되면 그냥 돈이 날아가 버리고 나중에 부채로 남는 건데 그 부채는 고스란히 미래 세대가 갚아야 된다 그게 가계부채는 몰라도 국가부채는 오로지 수치에 불과한 거다 이렇게 얘기를 하는데 참 어처구니가 없습니다마는 그래서 이런 국가의 정책 또 미래 세대에게 부담이 될 수 있는 그런 재정지출 정책을 결정할 때에는 미래 세대에게 설명을 하고 그 의견을 듣는 것이 정말 필요하다고 저는 봅니다. 제 시간 10초 남았습니다. 쓰시죠. 마무리.

◦원희룡 : 아까도 말씀드렸지만 목돈을 쪼개서 푼돈으로 써버리는 정책, 미래 세대의 몫을 빼어오는 정책 우리가 정권교체를 통해서 중단시키고 바꿔야 된다고 생각합니다.

◦윤석열 : 함께 하시죠.

[윤석열 마무리 발언, 각 1분]

국민 여러분. 당원 동지 여러분. 이번 대선은 부패 척결의 적임자 또 공정과 상식이라는 사회적 자본을 구축할 수 있는 그 적임자를 뽑을 것인지 아니면 부패의 몸통, 공정과 상식 신뢰라고 하는 사회적 자본을 뭉개는 사람을 뽑을 것인지를 결정하는 선거입니다. 국민 여러분들께서 올바른 대통령을 뽑아서 성실하게 땀흘려 일하는 서민들을 보호하는 그런 정의로운 나라가 되게 만들어 주실 것을 저는 확신합니다. 부패를 방관하고 부패와 타협을 하는 나라에서는 성장도 없고 미래도 없습니다. 하물며 부패의 몸통이 이끄는 나라는 국민들께서 상상하기도 끔찍하십니다. 저 윤석열 국민의 여망을 받들어 반드시 정권교체를 이루겠습니다. 감사합니다.

5. 1:1 맞수토론 2차 (유승민)

일시 : 2021년 10월 22일 금요일(YTN, JTBC, 연합뉴스TV)
(https://www.youtube.com/watch?v=XWg8NDw-f2c)

[윤석열 모두 발언, 1분]

◦윤석열 : 어제 검찰이 유동규를 기소하면서 구속영장에 적시된 배임 범죄를 뺐습니다. 결국은 이 대장동의 설계자를 봐주겠다는 것입니다. 이 정권 5년 동안에 거대한 이권 부패 카르텔이 만들어졌고 이것을 뿌리 뽑지 않는 한 어떠한 정책과 노력도 국민의 생을 국민의 민생을 바꿔 나가는데 아무 도움이 되지 못합니다. 제가 국가의 체질을 바꾸고 나라를 정상화시켜서 법과 상식이 통하는 나라로서 경제의 번영과 청년에게 미래를 열겠습니다.

감사합니다.

[1:1 맞수토론]

◦유승민 : 윤 후보님 반갑습니다. 수고 많으십니다. 제가 오늘은 1대1 토론이기 때문에 정말 정책 국정철학 이런 것만 가지고 토론을 하려고 그랬는데 어제 오늘 일어난 일을 보고 우리 윤 후보님 생각을 국민을 대신해서 좀 직접 들어봐야 되겠습니다.

제가 사흘 전에 윤 후보님께서 부산 해운대에 가셔서 5·18과 12·12만 빼면 전두환 대통령도 정치는 잘했다. 이 말씀을 하시고 이틀 전에 우리 대구경북 토론회에서 제가 그 말이 잘못됐다 이렇게 제가 비판을 드렸는데 그때 윤 후보님께서 말을 앞뒤를 자르고 자꾸 곡해를 한다 이런 식으로 사과를 안 하시고 했습니다.

그런데 이 말이 이제 파문이 커지니까 어제 청년 공약 발표를 하시면서 사과를 이제 유감을 표명하셨고 또 그게 또 이렇게 계속 번지고 이러니까 또 이어서 계속 페이스북에서 송구하다는 말씀까지 했습니다. 그래서 저는 윤 후보님께서 이 문제에 대해서 이 발언에 대해서 정말 우리 헌정질서를 파괴한 전두환 정권에 대해서 진정으로 반성하고 잘못을 인정하고 국민들 앞에 송구하다고 사과 말씀을 하신 줄 알았는데 오늘 새벽에 정말 황당한 사진을 봤습니다. 이 사진인데요. 누가 윤 후보님 댁에서 이 사과를 개한테 이렇게 주는 겁니다. 이 사진 이거 누가 찍었습니까?

◦윤석열 : 제가 듣기로 우리 집이 아니고요. 그 우리 뭡니까? 캠프의 SNS 담당하는 직원이 와서 찍었다고 저도 들었습니다.

◦유승민 : 집이 아니고요. 캠프에서 찍었습니까?

◦윤석열 : 캠프는 아니고 아마 저희 집 말고 그 집 근처에 있는

사무실에서 찍은 것 같아요.

◦유승민 : 그러면 윤 후보님 키우는 반려견을 캠프 직원이 데리고 가서 어디 데리고 가서 이 야심한 밤에 이 사진을 찍었다는 겁니까?

◦윤석열 : 그렇게 들었습니다.

◦유승민 : 그럼 사과를 준 사람도 윤 후보님이 아닙니까?

◦윤석열 : 저는 그 시간에 대구 토론을 마치고 제가 서울에 올라온 시간이 한 새벽 한 1시 반쯤 됐거든요. 그러니까 오기 전인 거로…

◦유승민 : 이 사과를 준 사람은 누구입니까?

◦윤석열 : 사과를 준 사람이 아마 그 직원으로 알고 있습니다.

◦유승민 : 캠프의 직원이요.

◦윤석열 : 제가 어차피 말씀을 하시고 저도 여기에 대해서 얘기를 좀 하겠습니다.

◦유승민 : 그러니까 제가 질문만 좀 드리고요. 그러니까 캠프 직원이 강아지를 반려견을 밖에 데리고 나가서 사과를 주는 사진을 찍고 그걸 캠프 직원이 올리고…

◦윤석열 : 아니요, 반려견을 데리고 간 거는 아마 제 처 같고요. 제 처로 생각이 되고요. 그리고 찍은 것은 우리 캠프의 직원이 찍었다고 제가 들었는데…

◦유승민 : 올린 거는, 인스타에 올린 거…

◦윤석열 : 올린 것도 아마 캠프에서 올린 것 같습니다.

◦유승민 : 그러면 윤 후보님 안 계시는 장소에서 부인하고 캠프 직원이 그렇게 했다.

◦윤석열 : 근데 제가 이거는 어떻게 보면 이 기획이라고 하면 이 기획을 제가 한 걸로 볼 수가 있는 것인데 제 앨범을 참 이 귀한 시간에 시간이 막 갑니다만 제 앨범을 이제 정치 시작할 때 캠프에서 다 가지고 왔거든요. 그런데 그 제 어릴 때 그 돌 사진을 보고 좀 설명을 해달라고 그래서 제가 그 뭐 어릴 때도 사과 좋아했고 또 아버지가 밤늦게 귀가하시면 사과를 화분에다 올려놓으면 아침에 일어나서 매일 여기에 사과가 여는구나, 그리고 이제

그 사과를 먹고 한 이런 얘기를 좀 해줬습니다. 그랬더니 이거를 인스타에 어떤 하나의 스토리로다가 좀 올리겠다 해서 그렇게 하라고 했기 때문에…

◦유승민 : 페이스북은 후보님 직접 쓰십니까?

◦윤석열 : 페이스북은 제가 직접 쓰는 것도 있고 또 우리 캠프의 대변인이 논평에서 거기에 올린…

◦유승민 : 어제 유감 표명을 한 거는 직접 쓰신 겁니까? 그러면 인스타는 직접 안 하시고?

◦윤석열 : 그건 제가 직접 안 합니다.

◦유승민 : 인스타는 안 보십니까 아예 그러면?

◦윤석열 : 가끔 볼 때도 있지만 바쁘니까 잘 못 보죠.

◦유승민 : 아니 그런데 어제 페이스북에서는 윤 후보님께서 국민들한테 이거 정말 잘못했다고 사과를 하시고 불과 한 12시간 지나서 한 10시간 지나서 인스타에서는 그것도 한 번도 아니고 두 번을 캠프 관계자가 국민을 완전히 무슨 개 취급을 하는 이런

사진을 올린단 말입니다. 이 점에 대해서 어떻게 생각하십니까?

◦윤석열 : 그러니까 제가 그 강아지한테 사과를 주는 그 장면에 나오는 강아지는 제가 9년 동안 자식처럼 생각하는 우리 가족이고 그거를 그렇게 생각하신다면 그 생각이 틀렸다는 것보다 그거는 제 불찰입니다. 그리고 그런 그 사과와 관련된 스토리를 인스타그램에 올리도록 하는 것도 일단 저 아니겠습니까?

◦유승민 : 윤 후보님의 페이스북이고 윤 후보님의 인스타예요.

◦윤석열 : 페이스북은 아니고 인스타 아니겠습니까? 인스타에다 그런 사과 스토리를 올리겠다고 하는 것을 제가 얘기해 주고 승인을 했으니까 여기에 관련된 모든 불찰과 또 책임은 제가 지는 게 맞죠.

◦유승민 : 승인이라는 게 승인하실 때 그 사과가 무슨 사과입니까

◦윤석열 : 그 사과가 어릴 때 먹던 노란 사과…

◦유승민 : 왜 하필 이런 일이 있을 때 과일인 사과하고 국민들께 사과하는 거 하고 그게 왜 이렇게 같은 날 동시에 일어납니까?

◦윤석열 : 그러니까 이게 원래는 이전에 이제 하겠다고 해서 제가 승인을 했고요. 그리고 그렇기 때문에 이런 국민들께서 이렇게 생각하실 수 있는 그런 타이밍에 올라간 것에 대해서는 그게 전부 제가 챙기지 못한 제 탓입니다. 거기에 대해서는 제가 국민들께 사과드리고 제가 이 기획자입니다.

◦유승민 : 그러면 당초에 문제가 된 전두환 대통령이 정치는 잘했다라는 그 발언에 대해서는 그러니까 5·18 12·12만 빼면 정치는 잘했다는 그 발언에 대해서는 진심으로 반성하시고 사과를 하시는 겁니까 지금?

◦윤석열 : 그렇습니다. 제가 우리 대구에서 TV 토론할 때도…

◦유승민 : 저한테는 전혀 그때는 사과 안 하셨어요.

◦윤석열 : 그때는 저는 제가 한 발언에 대해서 우리 광주의 그 당시의 그 상황을 겪었던 분들 제가 이분들을 더욱 따뜻하게 제가 보듬고 위로하고 챙기겠다는 그 말씀 자체가 저는 이제 그 사과의 뜻으로 말씀을 드렸는데 사과나 이런 송구라는 표현이 없다. 그래서 제가 서울 올라오면서 광주나 또 제가 가깝게 지내는 분들한테 물어봤습니다. 왜냐하면 이게 공인으로서 표현을 하는데 제가 다른 분들에게 어떤 상처 준 말을 했다고 하면 거기에 대

해서 어떻게 제가 사과를 하고 제 입장을 표명을 해야 되는지 여러분들 말씀을 제가 다 듣고…

◦유승민 : 윤 후보님 처음에 이 말씀을 하셨을 때는 이게 발언 취지가 진위가 왜곡됐다 자꾸 그러시면서 이거는 사람을 잘 쓰자 인재를 적재적소에 잘 쓰자 이런 이야기다라고 계속 말씀을 하셨거든요.

◦윤석열 : 아니 그거는 제 얘기의 취지는 정확하게 말씀을 드리고 다만 그 말을 듣는 상대방 우리 국민들이 거기에 대해서 저에 대해서 이렇게 생각할 수 있는 그런 부분들에 대해서 제가 말씀을 드리기 전에 먼저 제 뜻은 말씀을 드려야죠. 아니 우리 유 후보님도 제가 사과를 하려는 건 아니고 잘잘못에 대한 판단은 본인이 알아서 하시더라도 본인도 전두환 대통령이 김재익을 써서 경제를 잘 챙기고 우리가 그 덕분에 80년대를 잘 먹고 살았고 이거는 좌파 우파를 가리지 않고 다 동의하는 일이다라고 말씀을 하셨고, 언론에 다 나와 있고요. 그리고 또 3년 전 국정감사에서도 기재부 감사에서도 같은 말씀을 하셨는데 저는 이런 말씀을 드리고 싶어요.

여기에 대해서 어떻게 판단하는지는 우리 유 후보님 자유입니다마는 본인이 얘기할 때는 그거는 맞는 말이고 다른 사람이 얘기하면 저한테 뭐라고 그러셨냐 하면 지금 국민의 힘 당 대표실에 전두환 대통령 사진이 없다. 그건 우리 당에서 지워진 사람이다. 이렇게 말씀을 하셨어요. 그런데 본인은 이런 말씀을 두 번이나 하셨습니다. 그러면 그게 전형적인 내로남불 아닙니까?

◦유승민 : 예, 그 부분은…

◦윤석열 : 저는 이거는 아니 여기에 대해서 사과하고 그거를 공격…

◦유승민 : 제가 하지도 않은 말을 가지고…

◦윤석열 : 아닙니다.

◦유승민 : 아니 똑바로 속기록 다 나중에 확인해 보고요 제가 의도를 한번 말씀드리죠, 아니 부산에 가서.

◦윤석열 : 제가 이 얘기를 누구한테 비판을 받는 건 다 좋은데 적어도 유 후보님한테 이런 얘기 들을 일은 저는 아니라고 생각합니다. 그러니까 내로남불은 좀 그만하시죠.

◦유승민 : 부산에 가서는 이렇게 말씀하시고 광주에 가서는

5·18 묘비를 잡고 울컥하는 사진을 찍고 이게 지역감정 이용하는 그런 발언 아닙니까? 이게 지금 경선을 앞두고.

◦윤석열 : 아니, 유 후보님이야말로…

◦유승민 : 당 지지자들한테 그러면 왜 이틀 동안. 이틀 동안 사과를 안 하면 왜 그렇게 사과를 하세요.

◦윤석열 : 선거 때 되면 2017년 대선 때는 이런 소리 하고 또 이번에는 또 이런 소리 하고…

◦유승민 : 아니 잠깐만요 의원님 2017년 대선 때 무슨 이야기를 했다는 겁니까?

◦윤석열 : 제가 지금부터 차차 말씀을 드릴게요.

◦유승민 : 아니 무슨 이야기인지 말씀해 보십시오.

◦윤석열 : 제가 질문을 이제부터 할까요. 그럼 주도…

◦유승민 : 하십시오

◦윤석열 : 우리 유 후보님은 가만히 이렇게 정치경력을 보면 제가 이 말씀은 사실은 그전부터 좀 드리고 싶었는데 2016년에 공천을 안 주니까 탈당을 해서 국회의원이 돼서 또 복당을 해. 그 다음에 또 박근혜 대통령 탄핵을 또 추진을 해. 그러고 나서 또 탈당을 해. 다시 바른당을 만들어 그 다음에 또 바른미래당이랑 합당을 해요. 또 분당을 해 또 새보수당을 또 만들어 그래서 또 합당을 해 그렇게 쭉 그 탈당 합당 분당 이런 것들을 쭉 반복을 해오셨는데 늘 개혁보수라는 기치로 이렇게 하셨단 말이에요. 그래서 그럼 여기서 그 보수의 개혁을 이루셨습니까?

◦유승민 : 예 저는 많이 이루었다고 생각합니다.

◦윤석열 : 어떤 점인지 한번 말씀을 해 보시죠.

◦유승민 : 제가 말씀드린 개혁보수는 과거의 보수와 달리 경제와 안보 국가적인 문제 해결 능력이 있고 또 깨끗하고 개혁적이고 또 과거의 보수가 자유시장경제 자유민주주의만 외치는데 저는 헌법 가치를 굉장히 넓게 자유뿐만 아니라 공정 평등 정의 인권 환경 이런 것까지도 보수가 다 챙겨야 된다 그런 뜻이고 그런 개혁보수의 정신은 지금 이 순간에 국민의힘에도 그대로 살아있다고 생각을 합니다.

◦유승민 : 이준석 대표를 뽑은 것도 … 변화와 혁신을 하라고 뽑은 거라고 저는 생각을 합니다.

◦윤석열 : 탈당을 하시고 나서는 이 당 없어져야 한다고 그러면서 다시 어떻게 또 들어오셨습니까?

◦유승민 : 저는 당에 있을 때는 윤 후보님 같이 그런 말 한 적이 한 번도 없습니다. 탈당을 해서 자유한국당 시절에 경쟁할 때 그거는 해체돼야 할 정당이다 그랬습니다. 그런데 윤 후보님 같이 당에 들어온 지 두 달밖에 안 된 사람이 없어져야 할 정당이다 저는 당에 있으면서 한 번도 그렇게 말한 적이 없습니다.

◦윤석열 : 그렇게 곡해를 하시면 안 되고 저는 정당이라고 하는 것은 선거에 이기기 위한 목적 집단이기 때문에 선거에 이기기 위해서 치열하게 우리가 개혁하고 하지 않으면 그러면 없는 게 나은 것이다.

◦유승민 : 제가 좀 질문을 좀 드리겠습니다. 개혁보수에 대해서는 할 만큼 드렸고요. 윤 후보님께서 국민이 분노하지 않는 나라를 만들겠다. 이렇게 말씀하셨죠. 그런데 대통령 되기도 전에 지금 아직 경선도 통과되기 전에 아직 예비후보 신분이신데 벌써부터 이렇게 국민을 분노하게 만들고 있는 데 대해서는 이 자

리에서 아까 그 캠프 사람들한테 그런 핑계 댈 게 아니라 국민들께…

◦윤석열 : 저는 핑계 댄 적이 없고 제가 기획했기 때문에 제가 책임지고 질책도 제가 달게 받겠다고 말씀을 드렸습니다.

◦유승민 : 인스타는 윤 후보님 부인이 관리하십니까

◦윤석열 : 인스타는 저희 집에서 사진도 보내주고 휴대전화에 있는 사진이나 또 앨범이나 일반 사진…

◦유승민 : 전부 다 집에서 보내주십니까?

◦윤석열 : 그렇죠, 누가 갖고 있겠습니까.

◦유승민 : 아까는 또 다 줬다면서요. 캠프에서…

◦윤석열 : 아니 그러니까 그 사진을 보내주고 또 새롭게 찍은 사진이 있으면 보내주고 또 그걸 가지고 만들어내는 거는 또 캠프에서 하고 스토리 같은 건 또 제가 얘기도 해주고 그 캠프에…

◦유승민 : 그 캠프의 이런 잘못을 저지른 사람들에 대해서

오늘 보니까 우리 윤석열 후보님 인스타가 완전히 폐쇄가 됐더라고요

◦윤석열 : 제가 폐쇄시키라고 했습니다, 이런 식으로 할 거면…

◦유승민 : 윤 후보님께서 대통령은 몰라도 된다. 대통령은 무슨 전문가가 아니어도 된다. 대통령은 사람을 적재적소에 잘 쓰면 된다 이러시거든요. 저는 윤 후보님의 캠프에 지금 모여 있는 사람들이 이게 과연 대한민국의 최고의 전문가들인지 정말 윤 후보님께서 늘 말씀하시는 진짜 정말 전문가들 진짜 전문가들인지 모르겠습니다마는…

윤 후보님께서 지금 캠프를 운영하는 거 이거 하나만 보더라도 아니 이 작은 캠프를 운영하는데 본인의 SNS에서 이런 실수가 나는데 그런데 대통령이 되시면 나는 대통령은 시시콜콜하게 자세하게 다 알 필요 없다 사람만 잘 쓰면 된다 이러는데 지금 사람을 잘 쓰고 계신 게 아니잖아요. 아니 웃을 일이 아니고 윤 후보님께서 늘 대통령은 몰라도 된다. 사람만 있으면 된다 그러니까 제가 드리는 말씀이에요.

◦윤석열 : 아니 이 부분은 전부 누구에게 책임을 물을 문제가

아니고 제가 이런 사과와 관련된 스토리를 하라고 재가를 했기 때문에 제가 책임질 문제고 제가 국민에게 질타받고 그렇게 하겠습니다.

◦유승민 : 아니 윤 후보님 그 전두환 발언을 하고 난 다음에 내가 사과 그거 하라고 그랬다는 말씀입니까? 지금?

◦윤석열 : 아니죠, 보세요. 제가 그거는 그거와 관계없이…

◦유승민 : 아니 지금 계속 그러잖아요. 내가 그랬다고. 내가 그랬다면 그러면 부산 해운대 가서 전두환 대통령이 그 발언 하고 나서 와서 캠프 사람들한테 야 그거 내 돌사진도 있고 하니까 사과 써 이렇게 했다는 이야기.

◦윤석열 : 아니죠. 제가 그러니까 늘 우리 유 후보님은 이게 토론을 하러 나오시는 건지 말꼬리도 말꼬리를 잡으면 차라리 좋은데…

◦유승민 : 오늘 국민들이 얼마나 분노한 이야기인데 이게 왜 말꼬리입니까?

◦윤석열 : 이전에 지금 부산 가기 전부터 제가 그 사과에 관련

된 스토리는 제가 얘기를 해주고 또 거기에 대해서 인스타 스토리를 만들려면 만들어보라고 제가 했지 않습니까?

다만 제가 그러고 나서 이런 일이 만약에 있었다고 하면 저는 정말 먹는 사과와 또 제가 아끼는 제 가족 같은 강아지와 이런 것을 사과는 개나 줘라라는 거로 국민들이 생각하실 줄 정말 그거는 제 불찰이지만 몰랐습니다. 그래서 제가 사과를 드리는 것이고 그건 일부러 한 거는 절대 아닙니다마는…

◦유승민 : 사과를 이제 처음 하시는 거예요. 아니 사과를 처음 하시는 거예요. 캠프가 사과하더라고 캠프가. 윤 후보님이 다 책임이 있으면 윤 후보님이 사과를 하셔야지 캠프가 대리 사과할 문제가…

◦윤석열 : 그래서 이 토론이 있기 때문에 분명히 우리 유 후보님이 이거 갖고 얘기를 하실 것 같아서 제가 사과를 드리려고 이러고 나온 겁니다.

◦유승민 : 그러면 제가 말씀 좀 드리겠습니다. 12분이 저는 남았고요, 3분이나 제가 더 남았습니다. 저는 다음 대통령이 5년간 책임져야 될 문제가 굉장히 많다고 생각을 합니다. 그래서 우리 윤 후보님께 대통령이 만약, 대통령이 되면 나는 사람을 잘 쓰면

된다라는 걸 평소에 여러 번 강조를 하셨는데 저는 그렇게 생각하지 않습니다. 그거는 40년 전 50년 전 이야기고 지금 이 시대에는 대통령이 내가 5년 동안 국정과제 중에 이 시대의 문제 중에 내가 어느 문제를 가장 열심히 해결을 하겠다. 그거를 또 어떤 방향으로 어떻게 해결하겠다. 이런 생각이 분명해야지 거기에 맞춰서 대한민국에서 최고의 인재가 여기에 누구냐 이거를 찾아내는 게 그건 전부 다 대통령이 100% 할 일입니다. 그래서 제가 우리 윤 후보님께 이렇게 한번 물어보겠습니다.

다음 대통령이 책임져야 할 5년이죠. 5년 2022년부터 2027년입니다. 저는 우리 대한민국의 미래를 위해서 너무나 중요한 시간이라고 생각하는데 대통령이 꼭 해결해야 할 시대의 문제가 여러 가지 있을 수 있겠죠. 그중에 제일 중요한 문제가 뭐고 우리 윤 후보님은 그걸 어떻게 해결해야 한다고 생각을 하십니까?

◦윤석열 : 그러니까 지금까지 정책 토론을 제대로 안 하시고 딴생각만 하셨기 때문에 이런 얘기를 하시는데 저는 이미 10여 차례의 토론을 통해서 제일 중요한 것은 임기 초기에 코로나 피해 구조를 제일 먼저 해야 하고 제 임기 5년 동안에 내내 가장 중요한 아젠다로 잡는 게 청년들 또 미래 세대를 위한 일자리 창출이라고 수도 없이 말씀을 드렸습니다. 모든 국가 정책을 일자리 창출에 전부 맞출 생각이고 미래 산업이니 뭐니 다 거기에 맞춰

서 해야 된다는…

∘유승민 : 제가 많이 들었고요, 저는 그렇게 생각해요. 제가 생각이 달라서 이 질문을 드리는 겁니다.

저는 다음 대통령은 우리 경제를 성장시키는 일자리 말씀하셨는데 그것도 경제가 성장돼야 나오는 거고요. 경제 성장시키는데 저는 올인을 하는 대통령을 뽑아야 된다. 그런 대통령을 뽑기 위해서는 누구보다도 경제를 저는 잘 아는 사람이 대통령이 돼야 하고 경제에 대해서 국가적인 어떤 전략이 준비되어 있는 사람이 대통령이 돼야지 저는 취임 초부터 경제 살리기에 올인할 수 있다고 저는 생각을 합니다.

그래서 코로나 극복하고 일자리 만들고 다 좋지만 저는 경제를 살리고 나서 그다음에 이제 인구 문제 그다음에 양극화 문제를 해결할 수 있다고 생각하는데 제가 첫 토론회에서 우리 윤석열 후보님께 물은 이야기가 있습니다. 대통령 되시려고 언제부터 생각을 하셨나 이러니까 윤 후보님께서 검찰총장을 마칠 때까지는 정치에 전혀 뜻이 없었고 대통령 될 생각도 해 본 적도 없다.

그러니까 저는 지금 22년째 정치를 하는 사람인데 대통령 되겠다는 생각을 지금 불과 한 서너 달밖에 안 되시는 분하고 지금 토론을 하고 있는 겁니다. 윤석열 후보님. 평생 26년인지 27년인지 평생 검사로 살아오신 분이 이 시대의 대한민국 대통령이 되면 과연 스스로 준비된 대통령이라고 생각을 하십니까?

◦윤석열 : 제가 우리 유 후보님이 경제학 박사시고 본인도 또 경제 전문가라고 늘 말씀을 하시기 때문에 제가 한 십여 차례 이 토론을 하는 과정에서 좀 지켜봤는데요. 유 후보님이 과연 경제 전문가인지 제가 좀 아직 입증을 못 하신 것 같고…

◦유승민 : 저는 그렇게 생각… 뭐라고 하셔도 좋습니다마는 저는 윤 후보님이…

◦윤석열 : 내가 얘기를 할게요. 검사를 27년을 해도 검사답지 않고 수사도 못 하는 사람 무지하게 많습니다. 그리고 이 검찰의 업무를 잘 모르시는 모양인데 검찰 업무라고 하는 거는 기본적으로 경제와 관련된 일이 대부분입니다. 공정거래 금융 이런 경제와 관련된 일과 노동과 관련된 일들이 대부분이기 때문에 이게 그렇게 그 경제에 대해서 모른다고 할 수는 없습니다. 다만 거시정책 금융정책, 경쟁법 정책 이런 것들을 과연 어떤 식으로 할 거냐 하는 것은 그리고 전문가들도 많이 알 수밖에 없습니다. 저희가 일을 하다 보면…

◦유승민 : 제가 아까 말씀드렸듯이 전문가를 알려면 본인이…

◦윤석열 : 그러니까 유 후보님께서 제 얘기를 하기 전에 본인의 경제 역량을 토론해서 한번 보여주셨어야 되는데 저는 무슨 인신공격이나 했지 정책에 대한 어떤 이런 것을 제대로 보지를 못했어요.

◦유승민 : 네 제가 정책에 대해서 이야기를 하니까 방금 저를 인신공격을 하시네요.

◦윤석열 : 아니, 정책에 대해서 지금도 보세요. 20분의 시간에 13분 이상을 갖다가 인스타그램 얘기를.

◦유승민 : 아니 그러는 시간에 제가 정책에 대해서 물었으니까 정책에 대해서 답을 하십시오.

◦윤석열 : 아니 이게 말이 막 섞여서 좀 정확하게 다시 한번 물어보세요. 포괄적으로 얘기하시기보다.

◦유승민 : 아니 그러니까 26~27년간 검사만 하신 분이 이런 새로운 시대의 문제를 해결하는 대통령 그걸 잘하겠냐 이겁니다.

◦유승민 : 그 캠프에 계신 분들이 우리나라 대한민국의 최고 전문가라고 생각을 하십니까?

◦윤석열 : 선거 캠프에 무슨 나중에 그럼 캠프 사람들이 그대로 다 청와대에 데리고 가실 겁니까? 당선되시면?

◦유승민 : 과거에 대통령들이 그랬죠.

◦윤석열 : 저는 그렇게 안 합니다.

◦유승민 : 저도 그리 안 합니다.

◦윤석열 : 그러면 우리가 한번 얘기를 한번 해보시죠. 그런 거 말고 지난번에도 제가 또 한번 물어봤지만 그 대구하고 광주 사이에 지리산인지 어딘지 하여튼 어마어마한 100조를 투입해서 재정과…

◦유승민 : 저는 지리산이라고 한 적 없습니다.

◦윤석열 : 사람들이 지리산 밸리라고도 합니다마는 좋습니다. 그런데 제가 에너지 공급을 이 전자 반도체 공장에 에너지 공급을 어떻게 하느냐 그랬더니 아 그거는 문제가 안 된다 했는데 평

택에 지금 반도체 공장을 어떻게 에너지 공급을 하는지 아냐고 저한테 물어봤죠. 제가 지난 번에는 몰랐어요. 그래서 한번 물어봤죠. 그랬더니 송전선을 끌어오는데 이게 제대로 안 돼서 저게 12~13년이 걸렸습니다.

그리고 청주 SK 반도체 공장은 거기에 원래 있는 전기하고 부족해서 LNG 화력발전소를 건설을 했어요. 추진 중에 있습니다. 지금 그런데 저는 경제 전문가인 우리 유 후보님께서 이런 어마어마한 100조가 들어가는 더 들어갈 수도 있는 그리고 호남과 영남 사이에 양쪽 지역의 경제 번영에 기여할만한 대단히 중요한 공약이면 최소한 그 입지라든가 전력 공급이라든가 그런 부분들 또 지난번에 그러셨어요.

제가 파운더리 얘기를 하니까 팹 얘기를 하니까 다시 또 팹리스라고 하셨는데 그러니까 경제 전문가이시라고 본인은 얘기를 하시지만 이런 공약이 중요한 공약에 가장 필요한 핵심적인 사항들이 지금 뭐가 없지 않습니까? 그냥 지르고 나면 되는 겁니까?

◦유승민 : 잠깐만요. 윤 후보님께서 계속 전력이 없어서 공장을 못 지을 거다. 아니 그러면 전라도하고 경상도에 공장을 못 짓죠. 윤 후보님이 그렇게 말씀하시면 전라도 경상도 공장 못 짓는 거죠, 그렇지 않습니까? 우리나라 공장은 전부다 원자력발전소

옆이나 석탄발전소 옆에 지어야 된다는 그런 이야기입니까, 지금?

◦윤석열 : 반도체 공장이 나오려고 그러면 당연히 따라오는 게 전력 공급이고 맞습니다. 어떤 입지냐가 나와야지 그냥 막연하게 반도체 공장 돈이 얼마가 들어가고 공공 재정이 50조에다가 민간이 50조인데 뭔가 타당해야 민간이 50조를 들고 들어오지 그건 강압적으로 삼성 SK 투자하라고 지시하실 겁니까?

◦유승민 : 시간을 그렇게 다 쓰시고 지난번에 홍준표 후보님 같이 그러실 겁니까? 혼자 떠들지 마시고 제 말씀 좀 들으십시오. 지금 저보다 딱 3분을 더 쓰신 거예요. 전력을 가지고 정말 이해 안 되는 말씀을 하시는데요. 아니 공장을 전라도에 지으면 경상도에 지으면 그러면 전력을 어디서 끌어오냐 전력 걱정해서 지금 경상도 전라도에 공장을 못 짓는다 대규모 공장을 못 짓는다 그게 말이 되는 이야기입니까? 울산이고 창원이고…

◦윤석열 : 중간에다가 지으신다고 하기 때문에…

◦유승민 : 아니 중간은 그러면 국토 중간은 그러면 공장 지으면 안 됩니까? 그 말이 안 되는 이야기를 하시는 거예요.

◦윤석열 : 아니, 그러니까 전력 공급 계획이 필수적인 거니까 나와야 되는…

◦유승민 : 전력 공급 계획이야 어디든 공장을 지어도 거기에 따라오는 거지 전력 공급 계획이 없으면 그러면 공장 지을 생각도 못 합니까? 저는 윤 후보님께서 누구 말을 듣고 무슨 말씀을 저렇게 하시는지 모르겠는데 제가 반도체, 주로 비메모리 반도체 미래 도시를 남부 경제권의 경제와 일자리를 살리기 위해서 영호남을 아우르는 지역에 짓겠다 이러니까 그러면 그거 좋은 생각이다. 그 같이 좀 해보자 저는 그렇게 말씀하실 줄 알았더니 전력이 없어서 못 짓는다는 말은 제가 하나 단적인 예를 한번 들어보죠.

그러면 저기 지금 군위, 의성이라는 아주 지금 인구가 얼마 없는데 대구에 통합신공항이 갑니다. 통합신공항이 가도 전력이 엄청들 거예요. 그러면 통합신공항에 가면 그러면 군위, 의성에 통합신공항을 전력이 없어서 못 짓습니까? 반도체 미래도시를 전력이 없어서 못 짓는다니까.

◦윤석열 : 반도체 미래도시하고 공항하고…

◦유승민 : 그거야말로 트집잡기죠.

◦윤석열 : 아니, 경제 박사학위 하실 때 전공을 뭐로 하셨어요. 거시로 하셨어요, 뭐로 하셨어요?

◦윤석열 : 어떤 분야를 전공하셨는지 모르겠는데 아니 무슨 정책이 나오면 거기에 대해서 가장 필수적인 얘기들이 나와야 되는데 그냥 막연하게 던져놓고 질문하실 거 있으면 제가 답 간단하게 하고…

◦유승민 : 반도체에 대해서 제가 마지막으로 마무리를 하겠습니다. 지금 윤 후보님께서 저러시니까 국민들 헷갈리실까 봐 제가 설명을 좀 드릴게요. 우리나라 반도체는 메모리와 비메모리가 있는데요. 메모리는 거의 다 경기도에 있습니다. 수도권이 다 있는 거죠.

그러니까 지방에서는 공대를 졸업해도 컴퓨터학과 반도체학과 졸업해도 전부다 무조건 반도체 회사에 취직하려면 다 수도권으로 올라가야 합니다. 지방 경제가 갈수록 어려워지고 있고 지방에는 이제 주력 업종이 몇 개 안 남아 있습니다. 제가 대구에서 4선 국회의원을 해 봐서 지방 경제가 얼마나 어렵고 지방대학이 지금 얼마나 어렵고 지방의 젊은이들이 얼마나 어려운지를 너무나 잘 알고 있기 때문에 제가 반도체 미래도시 그것도 수도권이 잘하고 있는 메모리 분야의 이 반도체는 수도권이 그냥 하는 겁니다.

비메모리 분야 거기에 아까 삼성전자하고 SK 하이닉스가 요즘 무슨 세상에 세상이 어떤 세상인데 정치 권력이 기업들 팔을 비틀어서 투자하게끔 만듭니까? 기업들이 스스로 이게 정말 앞으로 장래성이 있다. 그래야 투자를 하는 겁니다.

그래서 비메모리 분야의 중국 대만 미국 이런 나라를 따라잡기 위해서 시스템 반도체나 아까 팹리스 이런 말씀하셨는데 팹리스라는 거는 설계를 하는 회사입니다. 파운더리라는 거 그걸 위탁생산을 하는 회사입니다.

그런 게 다 아우러져 있는 그런 반도체 미래도시를 만들면 전남대 조선대를 졸업하든 경북대 영남대 계명대를 졸업하든 부산대 동아대를 졸업하든 이 지역의 젊은이들이 취직할 때가 이 지역 가까운 데 생긴다 이 말입니다.

그래서 KTX선도 놓고 신공항도 하고 그러면 남북 경제권이 좋아지는데 그 남북 경제권을 살리는 그 프로젝트를 저는 왜 저렇게 전력 한 가지로 이렇게 시비를 거시는지 제가 이해가 안 된다는 말씀을 좀 꼭 좀 드리고 싶습니다.

◦윤석열 : 제가 하나 물어보겠습니다. 시비 거는 게 아니고 내용이 없기 때문에…

◦유승민 : 정책 토론을 하자 그래놓고 계속 인신공격을 하시는 거예요. 지금 윤 후보님이…

◦윤석열 : 좋습니다. 나도 그 지난번 19대 대선 때 이제 인구 밀집 지역에 이렇게 원전을 그 아파트처럼 이렇게 짓는 나라가 없다. 그리고 지금 현재 계획돼 있는 원전 중에 미착공 원전 또 신규 계획 원전 전면 중단하고 또 원전 수명에 대한 연장을 금지시킨다 이렇게 얘기를 하셨는데 이거 역시 최저임금 소주성처럼 또 그 칼퇴근법처럼 문재인 대통령 공약하고 아주 거의 똑같은 공약인데…

◦유승민 : 지금 사실이 아닌 이야기를 막 하시는 겁니다.

◦윤석열 : 아니요, 이 공약하셨어요.

◦유승민 : 아니 소주성을 거기에 슬쩍 넣어서 말씀하시는 거는 그건 명백한 허위라고 제가 경고를 드립니다.

◦윤석열 : 아니, 2015년 원내대표 때 소주성, 민주당의 소주성

에 대해서 상당한 공감을 말씀하셨습니다.

◦유승민 : 아닙니다. 전혀 아닙니다. 읽어보셨어요, 그거?

◦윤석열 : 다 읽어봤습니다.

◦유승민 : 민주당의 소득주도성장은 그거는 재고해야 한다. 다시 생각해 봐야 된다. 민주당이…

◦유승민 : 아니 사실을 알고 말씀하세요. 왜 이렇게 국민들 앞에서 거짓말하지 마시고…

◦유승민 : 윤 후보님이 읽어보세요, 저는 기억을 다 하고 있으니까.

◦윤석열 : 그런데 하여튼 이 탈원전이 문재인 정부의 공약 문재인 후보의 공약과 아주 거의 비슷했어요. 그런데 지금 거기다가 제가 문재인 정권 때는…

◦유승민 : 지금 계속 거짓말을 하고 계시는 거예요. 탈원전이라는 표현을 제가 쓴 적이 없습니다. 아니, 윤 후보님 분명히 분명히 해둡니다. 탈원전이라는 표현을 제가 쓴 적이 없습니다. 그런

데 왜 탈원전 소주성 이런 이야기를 왜 하느냐 이거죠.

◦윤석열 : 제가 묻지 않습니까? 건설 중인 원전을 제외한 미착공 원전과 신규 원전 계획 전면 중단 그다음에 원전 수명 연장 금지 그다음에 이렇게 말씀을 하셨습니다. 이게 탈원전 아닙니까?

◦유승민 : 탈원전이라는 탈원전은요 원전을 계속 줄여나가는 게 탈원전이죠. 다른 에너지 대체 수단도 없이 어떻게 책임 없이 문재인 대통령 같이 탈원전을 얘기합니까?

◦윤석열 : 점진적인 원전 감축도 얘기를 하셨어요. 지난 대선 때 자, 그런데 좋아요. 제가 지금 한번 물어볼게요. 그러면 지금 노후 원전 수명 연장하고 네 여기 지금 신규 원전 신한울 천지 그 다음에 대진…

◦유승민 : 시간 다 돼서요. 제가 답변을 드릴게요. 제가 답변을 드릴게요. 제가…

◦윤석열 : 동의하십니까? 이번에는 지난번에는 반대하셨는데 이번에는 동의하십니까?

◦유승민 : 제가 답변 드릴게요. 방금도 허위사실을 말씀하셨

어요. 제가 문재인 정부의 소득주도성장에 대해서는 제 말이 뭐냐 하면요. 저는 민주당이든 정의당이든 그동안 맨날 평등 복지 분배만 이야기해 오던 정당이 경제 성장을 이야기하는 것은 그거는 평가한다라고 이야기했습니다. 그렇지만 민주당이 이야기하고 있는 그 당시에 문재인 대표죠. 민주당이 이야기하고 있는 소득주도성장 이거는 잘못된 성장 정책이다. 이거는 다시 생각해봐라라고 제가 분명히 이야기를 했고요.

탈원전에 대해서도 지금 국민 분위기가 탈원전을 이제 그게 잘못된 정책이다. 이러니까 방금 윤석열 후보께서 저한테 계속 탈원전, 탈원전 이야기를 하셨어요. 이것도 분명히 허위입니다. 저는 탈원전이라는 말을 단어를 쓴 적이 없습니다. 저는 새로 원자력 발전을 지울 때 노후 원자력 발전의 경우에 아니 안전 문제에 신경을 더 써야 되는 것은 너무나 당연한 이야기 아닙니까 그리고 원전이 우리나라만큼 동해안에 그렇게 밀집돼 있는 지역도 그런 나라도 잘 없습니다.

하나라도 사고 나면 어떻습니까? 그래서 분산을 시키는 게 맞다 이런 이야기를 말씀을 드린 겁니다.

◦윤석열 : 원전을 줄여나가겠다. 단계적으로 원전을 줄이겠다는 말씀 하셨습니까? 안 하셨어요? 보도에 나온 것을 제가 상세

히 기억을 하는데…

◦유승민 : 아니 제 걸 직접 한번 읽어보십시오. 몇 분 안 걸리니까. 제가 마지막으로 하나만 묻겠습니다. 19초밖에 안 남으셨어요. 서울행정법원이 우리 윤석열 후보에 대해서 1심에서 징계가 정당했다. 2개월 정직보다 오히려 더 큰 그 이상의 징계가 가능한 그런 개인정보법 위반과 우리 윤 후보님께서 검찰에 계실 때 그렇게 자주 애용하셨던 직권남용을 했다. 그래서 이걸 검찰이 만약에 우리 윤 후보님을 기소하면 그러면 윤 후보님은 기소당한 야당 대통령 후보가 되시는 겁니다. 그 점에 대해서 어떻게 생각하십니까?

◦윤석열 : 아니 우리 유 후보님도 작년에 그 내용을 다 보셨고 작년에 뭐라고 그러셨어요. 윤석열 빨리 복귀시키고 추미애 해임하고 법원이 이렇게 제대로 판단했으니까 대통령이 결자해지하시오라고 말씀하셨죠.

[윤석역 마무리 발언, 1분]

이 정권이 5년 동안 국민을 약탈하고 염치를 모릅니다.

또 국민의 분노를 무시하고 계속 정권을 연장해서 권력과 이권을 지키겠다는 이런 뻔뻔함밖에 모르는 세력입니다. 정권 교체를 못 하면 이 나라가 어디로 가겠습니까 아까도 제가 말씀드렸지만 이런 국가의 법치와 상식이 무너지고 부패가 만연하면 어떠한 경제 전문가 정책 전문가가 있어도 전부 다 무입니다. 국민의 행복을 보장할 수 없습니다. 이거 반드시 정권 교체해서 사법시스템을 정상화해서 여기에 대한 죄가 있는 사람 없는 사람 정확하게 판단해서 국가의 기틀을 잡아야 그다음에 우리가 번영과 미래가 있을 수 있습니다. 제가 확실하게 해내겠습니다.

6. 1:1 맞수토론 1차 (홍준표)

일시 : 2021년 10월 15일 금요일 (MBC, SBS, 오른소리)
(https://www.youtube.com/watch?v=3zP962hf8Es)

[자유주제토론]

◦홍준표 : 윤 후보님. 지난번에 제주도에서 당 해체 발언을 한 거는 홧김에 한 거죠?

◦윤석열 : 제 생각을 말씀드렸습니다. 해체라고 용어가 나오든가요, 거기에?

◦홍준표 : 없어지는 게 좋다.

◦윤석열 : 정신 못 차리고 정말 치열하게 우리가 다음 선거를 대비를 못 하면 그거는 없어지는 게 낫다 이런 얘기죠.

◦홍준표 : 들어오신 지 얼마나 됐어요.

◦윤석열 : 한 삼 개월 됐나요?

◦홍준표 : 저는 26년 됐습니다. 새로 들어오신 분이 당 해체 이야기하는 그런 건 적절치가 않죠. 입당하면 추대해 줄 알았는데 경선 과정에서 문제점이 속출돼 가지고 몰리니까 홧김에 그런 말씀하신 거로 내 알고 있는데, 그렇습니까?

◦윤석열 : 추대해 줄 거라고는 생각도 안 했고 그리고 저는 나라의 주인이 국민인 것처럼 당의 주인은 당원이라고 생각합니다. 그래서 우리 당의 중진이나 지사나 이렇게 지내신 분들도 당에 오래 계셨지만 당에 헌신했다고 말씀하시기보다는 당원들의 지지 덕분에 또 많은 거를 누리셨고 거기에 대한 또 상당한 책임의식도 가지셔야 된다. 그런 말씀을 드리는 겁니다.

◦홍준표 : 지금 민주당은 이재명 후보가 이제 후보가 됐습니다. 윤석윤 후보님은 이재명 후보에 대해서 뭐가 강점이라고 생각하십니까?

◦윤석열 : 통상 사람들이 얘기하는 추진력이라고 하는데 글쎄 저는 정책이라든지 얼마나 강하게 드라이브를 거느냐가 중요한 게 아니라 방향이 중요하다고 생각하는데 방향이 일단 뭔지를 잘 모르겠고 이게 문재인 정부 시기인 건지 또 기본소득하다가는 갑자기 또 공정성장 얘기도 나오고 해서 그냥 표를 얻는 데 유리한 것이라면 다 모아놓은 것이 아닌가? 그래서 추진력이라 하면 추

진력인데 방향을 잘 모르겠습니다.

◦홍준표 : 이재명 후보에 대한 강점을 물었습니다. 뭐가 강점입니까?

◦윤석열 : 강점은 추진력이라고 할 수 있겠죠.

◦홍준표 : 추진력. 사실 대선을 제가 여섯 번째 치뤄 보는 거거든요. 대선을 여섯 번 치러보는데 이번 대선의 가장 중요한 포인트는 도덕성입니다. 지금 민주당 후보로 되어 있는 이재명 후보는 제가 정치 시작한 이래 이런 도덕성이 형편없는 사람을 본 일이 없어요. 그래 가장 도덕성이 중요하다곤 저는 보는데 그래서 오늘 이제 윤석열 후보님한테 몇 가지를 내 물어보는데 언짢더라도 답변을 좀 해주시기 바랍니다.

◦윤석열 : 하루 이틀이 아니시니까, 마음껏 여쭤보십시오.

◦홍준표 : 지금 윤 후보님 도덕성 문제를 거론을 하면 참 문제가 많죠. 본인 문제가 지금 걸려든 게 몇 가지가 있는데, 중요한 거는 고발 사주 연루 의혹이 지금 첫째로 등장하고 두 번째 윤호중 사건의 관련성 여부입니다. 그외 26건의 문제는 내 거론치 않겠습니다. 본인 문제에 대해서 한번 말씀해 보시죠.

◦윤석열 : 저는 떳떳합니다. 프레임 만들어서 공격하는 거를 가지고 홍 후보님께서 이렇게 말씀을 하시는데 제가 재작년부터 이 정부하고 대립각을 세우면서 살아있는 권력 수사를 할 때 그때도 다 나온 얘기거든요. 이게 어제오늘 얘기가 아닙니다.

◦홍준표 : 고발사주 사건도.

◦윤석열 : 고발 사주야 최근에 나온 것입니다마는 그런데 저는 제가 총장이던 시절부터 저와 가족에 대해서 수사를 시켰습니다, 이 정권이. 그리고 본인이나 가족 문제에 대해서는 검찰총장이 지휘를 할 수가 없기 때문에 아마 역대로 검찰총장이 재직 중에 자기나 가족에 대해서 검사들한테 수사를 받아 가면서 이렇게 정권하고 정권의 비리와 싸워온 사람이 과연 있겠나 저는 그래 생각하고요.

◦홍준표 : 그만큼 가족의 문제가 많았다는 것 아닙니까? 역대 검찰 총장…

◦윤석열 : 그러면 말씀을 해 보십시오.

◦홍준표 : 지금 부인의 도이치모터스 주가 조작 사건 이정필이가 도망갔죠?

◦윤석열 : 전 모르죠.

◦홍준표 : 세 사람 중에 부인하고 가장 관련됐던 사람이 지금 영장 청구를 해 놨는데 즉 실질 심사에서 도망을…

◦윤석열 : 제가 알기로는요. 2013년 경찰 내사 보고서가 도대체 참 기상천외하게 그게 어디 뉴스타파라는 데 유출이 돼 가지고 이게 나중에 이제 시끄러워졌는데 지금 1년 6개월 동안 수사를 했습니다. 그리고 아마 도망갔다는 사람들 이름은 정확히 모르겠습니다마는 그 사람들도 검찰에 가서 조사를 다 받았어요, 그냥 도망간 게 아니고.

그래서 제 처와 관련된 부분에 대해서는 제가 알기로는 전혀 문제가 안 됐고 그래서 아마 별건의 별건을 만들어서 뭐래도 한번 만들어 보려고 자꾸 다른 거를 하니까 아마 이 사람이 수사받을 건 다 받고 그러고 나서 어떻게 됐는지는 모르겠습니다마는 조사 다 받았습니다. 그리고 제가 그렇게 알고 있어요. 저는 검찰 상황…

◦홍준표 : 이렇게 돼 있습니다. 이정필이라는 사람이 도망간 이정필이라는 사람이 검찰에서 자백을 다했다고 합니다. 그리고…

◦윤석열 : … 저 집사람 소환했겠죠.

◦홍준표 : 그리고 18억을 부인의 돈을 관리했다고 합니다. 그 돈으로 주가 조작을 했다고 합니다.

◦윤석열 : 아닙니다. 그거는 전혀 터무니없는 얘기고 저희 제처가 여기서 그런 얘기하기는 좀 뭐합니다만 물어보시니까 2010년에 제가 결혼하기 전에 이 양반이 골드만삭스 출신이라고 해서 이 양반한테 위탁관리를 맡기면 좀 괜찮을 것이다. 우리 그런 거 많이 하지 않습니까? 도이치, 골드만삭스 출신이라고 하니까 실력이 있어서 그런데 한 네 달 정도 맡겼는데 손실이 났고요.

도이치 모터스만 한 것이 아니고 한 십여 가지의 주식을 전부 했는데 손실을 봐서 저희 집사람은 거기서 안 되겠다 해서 돈을 빼고 그 사람하고는 절연을 했습니다. 아무 저기 없습니다. 그리고 아마 계좌까지 2013년에 이미 경찰이 다 봤을 겁니다.

◦윤석열 : 왜냐하면 이게 이 정보가 원래 범죄정보과에 있어야 되는데 경찰청의 특수수사과에 있었다는 걸 보면 그거는 내사를 벌써 이미 2013년에 한 것이고요. 그러고 그게 저를 보내기 위해서 얼마나 이 사람들이 집요하게 했는데, 어떻게 됐다 그러면 아마 벌써 저 처리를 했을 거예요.

제가 알기로도 저희 집사람의 주식을 4개월 동안 관리했다는 게 돈을 가져가서 한 게 아닙니다. 자기가 아이디를 갖고 증권회사 직원한테 주문을 낼 수 있는 권한만 줬는데 그거 4개월 딱 하고는 사람하고는 끝났고 당시에 도이치 모터스라고 하는 것은 주가의 변동도 크지 않았고 저희 집사람 오히려 손해 보고 그냥 나왔습니다. 그것도 2010년입니다.

◦홍준표 : 여기에 신한증권 거래내역만 공개해 공개하면 간단하다고…

◦윤석열 : 그렇죠. 그거 공개하죠. 2010년에 거래 내역 공개하겠습니다.

◦홍준표 : 그리고 장모님 불법 요양 병원 … 징역 3년 선고받으셨고 은행 잔고증명서 위조사건 지금 조사를 받고 수사를 재판을 받고 있죠. 거기다가 남양주 … 사업 관련 사건 의혹도 있고 양평동 부동산 비리 이것도 지금 최근에 문제 됐고 성남 도촌동 부동산 3억 투자했고 50억을 남겼다 이게 참 많습니다.

◦윤석열 : 아니 굉장히 잘못 아시고 그건 내용을 모르시고 하시는 얘기고 지금 1심에서 실형 선고를 받았던 사건은 고등에서 보석으로 나왔는데요. 저는 법정을 안 가서 모르겠습니다마는 고

등에서는 1심 재판이 제대로 심리를 안 했다. 더 심리를 해야 된다 그래서 지금 심리 중으로 알고 있으니까 우리 홍 후보님도 1심 해서 실형 받아 보신 적 있잖아요. 그러니까 이거는 판결이 확정될 때까지 형사 사건이니까 보시죠.

제가 질문 좀 하겠습니다. 저는 과거에 우리 홍 후보님이 어떤 개별 정책에 대해서 따지고 싶은 생각은 없고 이제 무상급식 이슈를 놓고 보면 2010년에는 이건 좌파 포퓰리즘이다 이렇게 얘기를 하셨고 또 2012년에는 경남지사 선거 나오셔서는 또 전면 확대에 또 찬성을 하셨고 또 지사가 당선되고 나서는 예산 160억을 또 삭감했어요. 그러고 다시 2014년에 선거가 있으니까 또 예산을 원상 복구를 시켰어요. 또 지사 당선되고 나서 또 예산 지원을 중단하셨어요. 그러니까 왔다 갔다 한다 이 말이에요.

그러고 비정규직을 놓고 보면 이제 2017년에 대선에 나오셨을 때는 공공부문 비정규직 4만 명 전원 정규직으로 해야 된다고 하셨는데 사실 문재인 정부에서 많이 이제 정규직화시켰죠. 근데 이번에는 공공부문을 구조조정해야 되기 때문에 공무원도 줄이고 이 사람 사람들도 내보내야 된다 이렇게 하셨는데 그것도 또 입장이 그때그때 바뀌시고, 모병제의 문제도 2017년에는 이게 청년표를 얻기 위한 거의 매표 행위 같은 얘기다 말이 안 된다 하시다가 이번에는 또 찬성을 하시고 모병제 아주 주장을 하셨고…

또 여성 정책에 대해서는 장관 국회의원, 국회의원도 공천 30% 해야 된다고 그랬고 공직자 공기업의 임원 여성 한 30% 이렇게 할당을 해야 된다고 2017년에 주장을 하시다가 이번에는 또 할당제라는 거는 폐지해 나가는 게 맞다. 그러면 이제 입장 굉장히 왔다 갔다 하셨단 말이에요. 그러면 지금 이번에 내신 공약을 과연 국민들이 이게 과연 일관되게 추진될 수 있을 것으로 믿을 수 있겠습니까?

◦홍준표 : 우선 무상급식은 오해가 좀 있습니다. 시대 정신에 따라서 조금 변하니까 그 시대 정신에서 맞추어다 보니까, 그래 된 거고. 또 특히 경남지사 할 때 무상급식을 제가 중단한 게 아니고 교육청에 돈을 수백억씩 지급 보조를 하는데 감사를 안 받기 때문에 감사를 받을 때까지 중단을 한 겁니다, 1년. 그리고 우리가 지원 중단을 한 거죠. 그리고 교육청에서 감사를 받는다고 이제 서로 합의가 됐기 때문에 재개를 한 거고 그래서 무상급식에 대해서는 그런 게 있다.

공공부분 비정규직 구조조정 이야기는 문재인 정부 들어와서 너무 많이 그 공공부분뿐만 아니라 공무원 채용을 많이 해 놨어요. 그래서 이거는 고정비용을 줄이기 위해서 전체적으로 구조조정을 해야 되겠다.

그리고 세 번째 모병제는, 지금 그 대만까지도 지금 모병제로 갔습니다 2018년도. 중국하고 아주 긴박한 관계에 있는 모병제가 세계적인 대세입니다. 지금 징병제 채택하는 나라가 31개국이고 나머지는 전부 모병제입니다. 그래서 우리나라도 대만의 예를 따라서 모병제로 실시할 때가 됐다. 그 뜻이고 네 번째 이야기한 건 무엇인지 내가 여기까지만…

◦윤석열 : 여성 정책에 대해서, 여성에 대해서 한 30%…

◦홍준표 : 이것도 그때 상황이 5년 전 상황에 그리고 난 뒤에 문재인 정부 들어와서 페미니즘을 하면서 너무 이게 여성에 대해서 일방적으로 나가는 정책이 되니까 이제는 폐지할 때가 됐다. 페미니즘에서 패밀리즘으로 가고 또 페미니즘에서 그다음에 휴머니즘으로 가자 그런 정책적인 차원에서 시대의 조류에 따라서 바꾼 겁니다. 정책이 이 시대의 변화에 따서 바꾸어야죠. 그런 겁니다.

◦윤석열 : 그러면 지금 공약도 또 변화가 생기면…

◦홍준표 : 그건 대통령하고 난 뒤의 이야기죠.

◦윤석열 : 이렇게 무상급식 하나만 해도 말씀은 그렇게 하시지

만 당선되고 나면 또 바뀌고 이러니까 이렇게 하면 국민들이 공약을 믿기가 참 어렵죠.

◦홍준표 : 제가 경남지사 할 때 무상급식 과정은 제 밑에 행정부지사 다른 사람한테 물어보면 자세히 할 겁니다.

◦윤석열 : 여기 무상급식 관련해서 여러 가지 불미스러운 일도 있었고 하여튼 제가 그런 얘기는 제가 알아봤습니다마는.

◦홍준표 : 이제 제가 물어보겠습니다. 아까 도덕성 문제를 계속 물어보겠습니다. 지금 우리 당 대선 후보 사상 가장 많은 후보 리스크가 큰 인물이 윤석열 후보입니다. 가장 본인 리스크, 부인 리스크, 장모 리스크 이렇게 많은 리스크를 가진 후보를 제가 처음 봤습니다.

그래서 적어도 도덕성 문제에 관해서는 이재명 후보가 저는 역사상 여야 후보를 통틀어서 가장 도덕성이 없는 후보라고 봅니다. 거기하고 다를 바가 없다. 그런 식으로 해가지고, 어떻게 이재명 후보를 이길 수 있겠다고 보느냐? 도덕성 문제에서는 피장파장이다. 그런 말을 많이 듣습니다. 어떻게 생각하십니까.

◦윤석열 : 이 정권에… 늘 그러셨지 않습니까? 작년에도 제가

징계 청구되고 판결받고 할 때도 가처분 승소했을 때도 정말 그 야당은 가만히 있는데 우리 윤 총장 혼자 정말 외로이 열심히 투쟁한다. 검사들 너들 이런 총장 놔두고 뭐하냐? 그리고 추미애 사표가 맞다 이런 말 말씀을 하셨듯이, 그렇게 작년에 보셨지 않습니까? 이게 계속 공격을 당한 거예요.

그리고 저쪽 진영에서 계속 뭐만 있으면 고발을 하고 제가 고발을 수십 건을 당해서 지금도 현재 있고요. 그리고 그런 거를 가지고 도덕성을 말씀하시면 안 되고 참 민망한 말씀이지만 저는 특활비 이런 거 일원도 손댄 적 없습니다. 그러니까 그렇게 말씀을 하시니까 뭐든지 상대가 또는 반대 진영에서 제기하는 의혹을 갖고 도덕성 말씀을 하시면 안 되죠.

◦홍준표 : 그거는 검정의 문제죠 그것 때문에…

◦윤석열 : 이 토론으로 검증하실 수 있습니까? 저는 지금 다른 거 필요 없이 지금 이 정부가 압수수색에 아까 우리 유승민 의원 뭐 하지만 저도 집에 이따금씩 제 처 무슨 계좌 열어봤다고 해가지고, 검찰에서 열어봤다고 해서 은행에서 통보 오고 이럽니다. 저 검찰 총장하면서 그러면서 총장한 사람이에요. 그러니까…

◦홍준표 : 윤 후보가 총장 하시고 중앙지검장 하실 때 저는 수

없는 계좌 추적을 당하고 통보를 다 받아봤습니다. 검찰로부터…

◦윤석열 : 그런 말씀 마십시오. 그 말씀하시지 마세요. 그때 무슨 통화내역 이런 거 했다고 하는데…

◦홍준표 : 계좌도 다 들춰봤어요.

◦윤석열 : 무슨 계좌를 들춰 봅니까? 그렇게 말씀하지 마십시오. 제가 한 사람인데 그렇게 저는요 정치인에 대해서 그렇게 함부로 수사 못 하게 했습니다. 명확한 거 아니면…

◦홍준표 : 좋습니다. 그럼 이거 한번 물어봅시다. 지금 윤 후보 상대로 한 거는 전부 정치수사라고 그래 가정을 합시다. 부인하고 장모님도 정치 수사합니까?

◦윤석열 : 아니, 자 보십시오. 저희 장모가 지금 기소됐다고 하는 부분도 모른 게 아닙니다. 다 알고 있었는데 제가 조국 수사하기 전까지는 그거는 그럴 수 있는 거다 왜냐하면 누가 고소한 사람도 없었거든요. 그렇다고 이거는 인지할 만한 사안은 아니다 이래 가지고 가만히 있었습니다. 그렇지만 제가 조국수사를 하니까 그걸 다시 인지를 해서 기소를 했어요. 그러면 그게 상황이 뭐가 바뀌었겠습니까? 그러니까 제가…

◦홍준표 : 장모님 사건을 없는 것을 만들었다는 뜻입니까?

◦윤석열 : 아니 과거에는 불기소를 했고 검찰에서 입건을 안 했고 5년 전에, 6년 전에 그리고 또 어떤 사건은 야당에서 당시에 문제를 들고 일어났지만 이거는 가벌성이 없다. 그리고 누가 고소한 사람도 없었습니다. 그런데 그러니까 그냥 놔뒀죠. 그러다가 제가 조국 수사를 하니까 옛날 거를 끄집어내서 다시 수사를 하고 그런 일이 보통 있습니다. 있습니까? 5, 6년 전 사건을 꺼내갖고 다시 수사하는 법이 있습니까?

◦홍준표 : 아니, 법률 논쟁하기는 참 답답한데 물어보신 장모님 사건 같은 경우에는 도둑들끼리 모여서 책임 면제각서를 만들었어요.

◦윤석열 : 도둑이라고 얘기하시면 그것도 막말이 되시는 거죠.

◦홍준표 : 같이 사기를 친 사람들끼리 책임면제 각서를 하면 이게 민사상 문제고 형사상은…

◦윤석열 : 충분히 저에 대해서 인신공격할 거 다 하셨으니까 이제 대선 주자답게 정책에 대해서 얘기를 해 보십시오. 제가 이 정도면 충분히 해드렸잖습니까?

◦홍준표 : 제가 말씀드리는 거는 도덕성 문제를 지금 주로 이야기하는 겁니다. 내가 여태 윤 후보하고…

◦윤석열 : 아니 도덕성 문제는 제 도덕성 문제를 얘기를 하십시오. 아니 그러면 후보님의 처남이 어디 무슨 공사, 교도소 공사 준다고 그래서 실형 선고받고 이런 거 본인 도덕성하고 관계가 없는 거죠?

◦홍준표 : 아니 저하고는…

◦윤석열 : 저도 마찬가지죠.

◦홍준표 : 그거는 직계이지 않습니까?

◦윤석열 : 아니, 서로 생활과 경제생활을 달리하는 사람인데

◦홍준표 : 그거는 가족 공동체죠. 다시 한번 말씀드리겠습니다. 이거 하나만 말씀드리고…

◦윤석열 : 저는 말이죠. 이렇게 당을 26년 지키셨다고 하면서 4선입니까, 5선입니까? 거기다 지사도 하시고 했으면 좀 격을 갖추십시오.

◦홍준표 : 윤 후보님, 내가 여태 토론하면서 윤 후보님 궁지로 몬 적 한 번도 없어요.

◦윤석열 : 무슨 말씀을 하고 계십니까? 아니 저는 궁지라는 생각을 안 하는데 토론의 격을 좀 높이시고…

◦홍준표 : 예, 격을 높여서 지금 하려고 하는 겁니다. 왜 이런 말씀을 드리는가 하면 가장 도덕성이 없는 이재명을 만났으니까 후보들의 도덕성 문제를 지금 따지고 있는 겁니다.

◦윤석열 : 거기에다가 이거 붙이는 그거는 이재명의 대장동 사건을 상당히 격화시키고 좀 봐주겠다는 얘기시네 보니까, 거기가 수천억의…

◦홍준표 : 검찰총장까지 하셨습니다. 그런 식으로 억지로…

◦윤석열 : 정치 26년 하시고 왜 그렇게 하십니까?

◦홍준표 : 그럼 내가 하나 물어볼게. 검사 4개월 하고 검찰총장 하겠다고 하면 용납이 됩니까?

◦윤석열 : 아니 근데 검사 4개월을 해도 말이죠. 법대에서 교

수 한 20년 하고 그리고 또 저명한 변호사 생활 한 10년 했으면 총장도 하고 장관도 할 수 있는 거 아닙니까?

◦홍준표 : 초임 검사를 그리 했으면…

◦윤석열 : 아니 제가 초임 검사입니까? 제가 검찰에서 법조생활을 27년 했습니다.

◦홍준표 : 제가 이야기를 하는 거는 그게 아니고 정치하신 지 4개월 됐습니다. 4개월 되신 분이 대통령 나온다고 하니까 내가 참 어이가…

◦윤석열 : 제가 국민들이 왜 그러면 그렇게 지지를 하시고 했습니까? 그리고 기존에 정치하신 분들한테 국민들이 실망을 했기 때문에 그렇게 하신 거 아닙니까? 아니 우리 후보님들이 잘하셨으면 제가 여기 나올 이유가 없죠.

◦홍준표 : 국민이 불러서 나왔다는 겁니까?

◦윤석열 : 그렇습니다.

◦홍준표 : 국민이 들어가라고 하면 들어가야 되겠네요.

◦윤석열 : 아니, 선택에 따라서 가는 거죠. 선택에 따라서 경선하고 선택에 따라서 하는 거겠습니다.

◦홍준표 : 윤 후보님 대북정책의 기조는 뭡니까? 딱 기조.

◦윤석열 : 대북정책의 기조는 굴욕적인 걸 해서는 안 되고 우리가 당당하게 우리의 주권 사항에 대해서는 당당하게 해야 된다. 그리고 북핵 문제에 대해서는 국제 공조하에서 아직 비핵화 정책을 확실하게 우리가 견지를 해야 된다 하는 것이 저의 대북정책의 기본 원칙입니다.

◦홍준표 : 역대 각종 정부에서 이야기할 때는 대북정책의 기조를 말을 합니다. 문재인 정부는 한반도 평화 프로세스, 박근혜 정부는 신뢰 프로세스, 이명박 정부는 비핵개방 3000. 그리고 노무현 김대중 대통령은 햇볕정책 그런 식으로 딱 축약을 해서 대북정책의 기조가 뭡니까?

◦윤석열 : 그거는 전 정권들이 다 그래도 정상적인 대북정책을 폈기 때문에 나름의 그런 걸 가지면 되는데 지금 대북정책은 늘 말씀하시지 않습니까? 너무 북쪽에 굴욕적이고 하기 때문에 지금 대북정책은 주권사항에 대해서 명확하게 입장을 견지해야 된다는 것이고 지금 대북 남북 간의 가장 큰 문제는 비핵화 문제입

니다. 이 비핵화 문제가 전제가 안 되고 남북문제가 풀릴 수 있는 게 하나도 없지 않습니까?

◦홍준표 : 저는 대북정책의 기조를 남북 불간섭주의로 천명하고 서로 간섭하지 말자 그리고 체제 경쟁을 하자. 너희들은 너희들대로 공산주의 산하에서 열심히 살고 우리는 민주주의 자본주의 사회에서 열심히 살고 체제 경쟁을 하다 보면 어느 체제가 동서독이 무너지듯이 무너질 때가 오지 않겠느냐. 그러니까 통일 서두르지 말고 상호 불간섭하고 체제 경쟁하자 저는 그것으로 정리를 하고 있는데, 지금 윤 후보님 대북정책의 기조를 보면 저는 무슨 말씀을 하시는지 잘 이해가 안 돼요.

◦윤석열 : 저는 홍 후보님 말씀이 좀 이해가 안 되는 게 그거는 홍 후보님의 바램이지 북한이 서로 불간섭하자 그런다고 합니까? 미사일 펑펑 쏘고 이러는데 그게 불간섭이 됩니까? 아니, 이번 연초에도 선제적인 전술핵을 사용할 수 있다 이렇게 해가면서 지금 핵 협박을 하고 있는데, 그런 상호 불간섭주의라는 것이 우리가 주장한다고 지금 문재인 정권하고 똑같은 거 아닙니까?

희망이 정책이 돼서는 안 되는 것이죠. 정책이라고 하는 건 현실 가능한 걸 가지고 가야지 나의 희망을 외교 정책으로 해서는 아니 그게 바로 평화를 이루려고 하면 현실을 직시하고 현실에 입각해서 실현 가능한 거를 해야지 나의 바람을 갖다가 정책으로 해서야 되겠습니까?

제가 질문을 하고 좀 답을 하시면 좀 오래 하실 수 있겠네. 지금 미중간의 전략 경쟁이 아주 치열하고 중국은 소위 '전랑 외교'니 해서 '힘의 외교'라고 해서 우리나라를 많이 압박을 하고 있는데, 우리 홍 후보님께서 여기에 대한 우리나라의 대응은 어떻게 해야 된다고 보십니까? 좀 길게 설명하셔도 좋습니다.

◦홍준표 : 우선 한미일 자유의 동맹을 강화해야 되겠죠. 한미일 자유의 동맹을 강화해야 될 거고 그것은 우리나라 역사가 보면 지난 6·25 전쟁 이후에 70년 동안 한반도가 전쟁이 없었던 가장 큰 이유가 북중러 사회주의 동맹하고 한미일 자유주의 동맹이 휴전선을 사이에 두고 팽팽하게 세력 균형을 이루기 때문에 전쟁이 없어진 겁니다. 전쟁은 힘의 균형이 무너질 때 생깁니다. 지금 국민들이 잘 인식을 못 하고 계시겠지만 남북한의 전력 지수 군사력 지수가 북한이 북핵이 생기는 바람에 우리 두 배입니다. 비교가 안 됩니다.

그래서 내가 전술핵을 재배치하고 나토 핵동맹을 하자고 그렇게 주장을 하고 있는 겁니다. 그래서 이런 부분도 우리가 한미일 자유주의 동맹을 좀 더 강화하자 그리고 중국에 대해서는 자주국으로서 대한민국의 자존심을 지키는 그런 외교를 해야지 이런 식으로 중국에 대해서 아부하고 굽신거리는 외교를 취해서는 안 된다. 저는 기본적으로 그런 생각을 합니다.

◦윤석열 : 지금 서민 복지를 두 배 강화한다 이렇게 말씀을 하셨는데 지금 우리나라 GDP 대비 복지재정 규모가 한 14% 정도 되는데요. 우리 홍 후보님께서 만약에 집권을 하신다면 이거를 한 몇 프로 정도로 유지를 하실 계획을 갖고 계십니까?

◦홍준표 : %가 문제가 아니고 제가 말씀드리는 복지정책은 중산층과 서민한테 복지를 집중하자는 겁니다. 부자는 자유를 주면 돼요. 돈을 쓸 수 있는 자유, 해외 마음대로 여행할 수 있는 자유 자기 마음대로 살아도 간섭 안 맞는 자유, 부자는 자유를 주면 되고 서민들한테는 자유를 주고 그래 하는 것은 사실상 굶어 죽을 자유를 주는 겁니다. 그래서 제가 이야기하는 것은 같은 복지재정을 가지고 주로 서민들한테만 중산층과 서민들한테만 복지재정 그리고 서민 이하…

◦윤석열 : 증세 문제는 복지를 위한 증세는 어떻게 생각하세요?

◦홍준표 : 저는 경남 지사할 때 전국 자치단체가 평균 복지 예

산이 31.3%일 때 저는 37.8%까지 복지비용을 올린 일이 있습니다. 그것도 전부 서민들 상대로만… 증세로 한 게 아닙니다.

◦윤석열 : 어떻게 하셨습니까?

◦홍준표 : 그거는 국가의 고정비용을 좀 줄이면 됩니다. 구조조정하고 그리고 나가는 지출의 우선순위를 바꾸면 되는 겁니다. 증세보다는 지출을 절약을 해 가지고 그걸 서민복지로 돌려주면 되는 겁니다. 경남지사 때 그렇게 했습니다.

◦윤석열 : 그러니까 우리 유승민 후보께서는 중복지를 하려고 그러면 증세하고 중부담을 해야 된다 하는데 우리 홍 후보님은 그렇게 하는 것보다는 일단 지출 구조조정에, 또 하나 있죠. 복지 수급 체계를 좀 효율화하고 누수를 방지하는…

◦홍준표 : 그거는 아주 좋은 안입니다.

◦윤석열 : 그러면 일단 증세는 원칙적으로 고려하지 않는다. 이 문재인 정부의 복지 제도 내지는 정책의 문제가 뭐라고 생각하십니까?

◦홍준표 : 현금 복지가 큰 문제죠. 돈 뿌리는 복지가 저게 오래

가지가 않습니다. 그래서 지금 국가 재정이 파탄 지경까지 왔지 않습니까? 파탄 지경까지 왔는데 이재명 후보가 내세우는 기본소득 시리즈를 보면 국가정책을 바로 거덜내는 정책입니다. 미래세대들한테 큰 부담을 주는 정책입니다. 문재인 이재명 후보처럼 저는 포퓰리스트 그리고 부도덕한 사람이 대통령에 돼서는 절대 안 되죠.

◦윤석열 : 그러니까 이 문재인 정부도 그렇고 아마 그걸 이어받는 이재명 후보의 입장도 그렇고 결국은 저도 그 부분에 대해서는 홍 후보님과 같은 생각인데 복지 수급 체계를 효율화하고 그리고 사각지대를 없애고 촘촘하게 해야 된다는 그게 좀 부족하다 문재인 정부의 복지정책에서는 지출은 늘었지만 또 말씀하실 거 있으면 좀 하십시오. 시간을 많이 갖고 계시니까.

◦홍준표 : 지금 이제 우리가 정권을 찾아와야 되지 않습니까? 저도 지난 탄핵됐을 때 나갔을 때 비호감도 이것 때문에 굉장히 고생을 했습니다, 그 당시에는. 전부 집중적으로 저만 공격을 하고 지금 윤석열 후보도 아마 그때 제가 느꼈던 기분하고 비슷할 겁니다. 그래서 지금 비호감도가 야권 후보 중에 압도적으로 1등이에요. 이걸 어떻게 개선을 좀 하시겠습니까?

◦윤석열 : 그럼 제가 홍 후보님께서 옛날에 말씀하신 거로 답

을 해 드리겠습니다. 홍 후보님께서 2017년에 김어준의 뉴스 공장에 나가셔 가지고, 김어준이 홍 후보님한테 비호감도가 81%로 역대 정치인 중에 제일 높은데 어떻게 생각하시냐 하니까 홍 후보님이 이렇게 말씀을 하셨어요. 원래 일하는 사람이 욕도 먹는다 괜히 자기 세평 관리하고 말이야 일 안 하면 비호감도라는 게 없다 그러니까 나는 일하는 사람이기 때문에 내가 그런 거 신경 안 쓴다 그러셨거든요. 기억나십니까?

◦홍준표 : 그런데 그런 취지로 말씀하는데 그게 윤석열 후보님이 검사하실 때 이야기입니다. 검사하실 때 이야기고 정치판에 들어와서 그 좋던 검사 윤석열 이미지가 지금 다 깨져버렸거든요. 그래서 비호감이 된 거예요.

◦윤석열 : 그러니까 이렇게 정치를 하러 나오니 검찰은 제가 법만 집행하면 되는데 여기에 나오니까 경쟁하는 분들이 여당뿐만이 아니라 우리 지금 홍 후보님도 매일 인신공격을 하시잖아요. 페이스북이나 또 끝나고 나가면 또 언론하고 인터뷰하면서 계속 부도덕하고 어쩌고 하면서 계속하셨잖아요. 하루도 그냥 안 나오는 날 없이 그렇게 하시지 않았습니까? 그러고 그거는 또 다른 진영에서도 또 그렇게 할 수도 있고.

◦홍준표 : 제가 시간 많이 남아가지고, 가장 비도덕적 후보도

1위로 지금 하고 있습니다. 가장 비도덕적인 후보도 이재명이가 49.1, 윤석열 후보가 31.6%로 나옵니다. 저도 6.3%점 쯤 나오긴…

◦윤석열 : 그것도 역선택 아닙니까? 비도덕적인 것에 대한 여론도, 그것도 역선택 아니겠어요?

◦홍준표 : 여태 저한테 역선택 주장을 했지 않습니까? 자 그럼 제가 한번 물어보겠습니다. 검찰 외에 국정에 대해 전무한데 어디에 자신이 있습니까? 어느 분야에…

◦윤석열 : 원래 한 분야의 정점까지 올라가면 어떤 일을 맡더라도 일머리라는 게 있는 것이고. 또 어떤 전문가들을 모셔다가 일을 하면 되는지 다 통하는 거 아니겠습니까?

◦홍준표 : 그럼 검찰총장까지 했기 때문에 어느 분야 맡겨놔도 다 잘할 수 있다.

◦윤석열 : 저는 일하는 데는 제가 자신이 있고요. 그리고 지금은 가장 큰 문제가 이 법의 지배라는 대원칙이 지금 무너져 가지고 민심이 등을 돌리는 거기 때문에 제가 부분이 제 장점으로 잘 할 수 있다고 생각합니다.

◦홍준표 : 처음 물었던 거 다시 한번 묻겠습니다. 시간이 좀 남았으니까요. 냉정하게 평가를 해서 이재명 후보와 토론을 하면 자신 있습니까?

◦윤석열 : 자신 있습니다. 우리 홍 후보님 같이 이렇게 인신공격 안 하고 정책 가지고 얘기하면 정책이라는 게 공부해서 되는 것이 아니고 저도 검사 생활을 하면서 많은 경제 사건도 처리하고 그러면 이런저런 공부를 또 많이 하게 되고 실제로 견문도 넓히니까 얼마든지 얘기할 수 있습니다.

◦홍준표 : 사실 그렇습니다. 오늘 이야기하는 거는 제가 이재명 후보가 되었기 때문에 이재명 후보한테 가장 문제되는 게 도덕성입니다.

◦윤석열 : 도덕성은 제가 볼 때 그리고 저는 공직생활하면서 무슨 금품 문제나 이런 거에 대한 의혹 한 번 저는 받아본 적이 없는 사람입니다. 이게 이렇게 견제받으면서 공직생활을 20 몇 년 해 온 사람이 정치하시는 분이…

◦홍준표 : 도덕성은 제가 볼 때는 피장파장이다. 정말 붙어야 할 거는 정책과 경륜인데 후보님은 검찰총장밖에 안 하였어요. 26년 간 검사만 했는데, 과연 정책으로 대결이 가능하겠느냐? 그

리고 경륜으로…

◦윤석열 : 지금 여덟 번을 우리 홍 후보님하고 토론을 했는데 글쎄요 저는 그렇게 하시면서 정책이 얼마나 그렇게 탄탄하신지 아직 느끼지를 못했습니다. 좀 더 보여주십시오. 앞으로…

◦홍준표 : 원래 이게 저만 이야기하기로 돼 있지만 내 답변도 들어주겠습니다.

(이하 홍준표 발언, 윤석열 발언 시간 종료)

◦윤석열 : 제가 사법직에서 27년간 일을 하면서 지금 이 나라의 무너진 지금 민심이 위반되는 가장 큰 이유가 이 나라가 법이 무너졌기 때문입니다. 저는 국가의 정체성과 나라의 제도를 제가 가장 안정적으로 국민들께 제공해 드릴 수 있다고 자부합니다. 고맙습니다.

5

정치를 시작하며 한 약속

1. 대선 출마 선언문(2021년 6월 29일, 화요일, 입당 전)

존경하는 국민 여러분,

지난 3월 초 공직에서 물러난 후, 많은 분들을 만났습니다. 한결같이 나라의 앞날을 먼저 걱정하셨습니다. 도대체 나라가 이래도 되는 거냐고 하셨습니다.

천안함 청년 전준영은 분노하고 있었습니다. K-9 청년 이찬호는 억울해서가 아니라 잊혀지지 않기 위해서 책을 썼습니다. 살아남은 영웅들은 살아있음을 오히려 고통스러워했습니다.

국가를 지키고 국민을 지킨 우리를 왜 국가는 내팽개치는 거냐고. 마포의 자영업자는 도대체 언제까지 버텨야 하는 거냐고, 국가는 왜 희생만을 요구하는 거냐고 물었습니다. 대한민국을 만들고 지킨 영웅들입니다.

저 윤석열은 그 분들과 함께 하겠습니다. 산업화와 민주화로 지금의 대한민국을 만든 위대한 국민, 그 국민의 상식으로부터 출발하겠습니다. 그 상식을 무기로, 무너진 자유민주주의와 법치, 시대와 세대를 관통하는 공정의 가치를 기필코 다시 세우겠습니다. 정의가 무엇인지 고민하기 전에 누구나 정의로움을 일상에서 느낄 수 있게 하겠습니다. 이것이 제 가슴에 새긴 사명입니다.

4년 전 문재인 정권은 국민들의 기대와 여망으로 출범했습니다. '기회는 평등하고 과정은 공정하며 결과는 정의로운 나라' '특권과 반칙 없는 나라'를 만들겠다고 약속했습니다. 우리 모두 똑똑히 기억하고 있습니다. 그런데 그동안 어땠습니까?

경제 상식을 무시한 소득주도성장, 시장과 싸우는 주택정책, 법을 무시하고 세계 일류 기술을 사장시킨 탈원전, 매표에 가까운 포퓰리즘 정책으로 수많은 청년, 자영업자, 중소기업인, 저임금 근로자들이 고통을 받았습니다.

정부 부채 급증으로 변변한 일자리도 찾지 못한 청년 세대들이 엄청난 미래 부채를 떠안았습니다. 청년들이 겨우 일자리를 구해도 폭등하는 집값을 바라보며 한숨만 쉬고 있습니다. 청년들의 좌절은 대한민국을 인구절벽으로 몰아가고 있습니다.

국민을 내 편 네 편으로 갈라 상식과 공정, 법치를 내팽개쳐 나라의 근간을 무너뜨리고 국민을 좌절과 분노에 빠지게 하였습니다. 이 정권이 저지른 무도한 행태는 일일이 나열하기도 어렵습니다.

정권과 이해관계로 얽힌 소수의 이권 카르텔은 권력을 사유화하고, 책임의식과 윤리의식이 마비된 먹이사슬을 구축하고 있습니다.

이 정권은 권력을 사유화하는데 그치지 않고 집권을 연장하여 계속 국민을 약탈하려 합니다. 우리 헌법의 근간인 자유민주주의에서 '자유'를 빼내려 합니다. 민주주의는 자유를 지키기 위한 것이고 자유는 정부의 권력 한계를 그어주는 것입니다. 그렇기 때문에 자유가 빠진 민주주의는 진짜 민주주의가 아니고 독재요 전제입니다. 이 정권은 도대체 어떤 민주주의를 바라는 것입니까? 도저히 이들을 그대로 두고 볼 수 없습니다.

자유민주주의는 승자를 위한 것이고 그 이외의 사람은 도외시하는 것이라는 오해가 있습니다. 인간은 본래 모두 평등한 존재입니다. 그래서 누가 누구를 지배할 수 없고 모든 개인의 자유가 보장되어야 합니다. 그러나 자유민주국가에서는 나의 자유만 소중한 것이 아니라 다른 사람의 자유와 존엄한 삶 역시 마찬가지로 중요한 것입니다.

존엄한 삶에 필요한 경제적 기초와 교육의 기회가 없다면 자유는 공허한 것입니다. 승자 독식은 절대로 자유민주주의가 아닙니다. 자유를 지키기 위한 연대와 책임이 중요합니다. 그리고 이는 자유민주주의를 추구하는 국민의 권리입니다.

국제 사회는 인권과 법치, 자유민주주의 가치를 공유하는 국가들 사이에서만 핵심 첨단기술과 산업시설을 공유하는 체제로 급변하고 있습니다. 외교 안보와 경제, 국내 문제와 국제관계가 분리될 수 없는 하나가 되었습니다.

이제는 전쟁도 총으로 싸우는 것이 아니라 반도체 칩으로 싸웁니다. 국제 사회에서도 대한민국이 문명국가의 보편적 가치에 기반하고 있다는 분명한 입장을 보여야 합니다. 대한민국이 어떤 나라인지 확고한 정체성을 보여주어 적과 친구, 경쟁자와 협력자 모두에게 예측가능성을 주어야 합니다.

지금 우리는 경제 사회 시스템의 토대가 되는 기술 기반이 혁명적으로 바뀌는 시대를 맞이하고 있습니다. 과거에는 상상할 수도 없었던 초고속 정보 처리 기술이 우리의 삶을 크게 변화시키고 있습니다.

우리는 기술 혁명에 따른 사회 변화를 거부할 수 없습니다. 과거에 해 오던 방식대로 일하는 것만으로는 국제 분업 체계에서 낙오되어 저생산성 국가로 떨어질 것입니다.

우리에게 닥친 새로운 기술 혁명 시대의 도전을 극복하기 위해서는 과학 기술과 경제 사회 제도의 혁신이 필수입니다. 혁신은 자유롭고 창의적인 사고, 자율적인 분위기, 공정한 기회와 보상, 예측가능한 법치에서 나오는 것입니다. 광범위한 표현의 자유, 공정과 상식, 법치의 자양분을 먹고 창의와 혁신은 자랍니다.

국민들이 뻔히 보고 있는 앞에서, 오만하게 법과 상식을 짓밟는 정권에게 공정과 자유민주주의를 바라고 혁신을 기대한다는 것은 망상입니다.

현재 국민들이 먹고 사는 문제도 해결하지 못하고 국민들을 고통에 신음하게 만드는 정치 세력은 새로운 기술 혁명의 시대를 준비하고 대처할 능력도 의지도 없습니다. 이들의 집권이 연장된다면 대한민국의 앞날이 어떻게 될지 불 보듯 뻔합니다.

우리 국민들은 다 알고 있습니다.

더 이상 이들의 기만과 거짓 선동에 속지 않을 것입니다. 이제 우리는 이런 부패하고 무능한 세력의 집권 연장과 국민 약탈을 막아야 합니다. 여기에 동의하는 모든 국민과 세력은 힘을 합쳐야 합니다. 그래서 반드시 정권교체를 이루어내야 합니다.

여러 가지로 부족한 제게 국민 여러분께서 많은 격려와 지지를 보내주셨습니다. 저는 그 뜻이 살아있는 권력에 대해 법을 집행하면서 위축되지 말라는 격려로 생각해왔습니다.

그러나 공직 사퇴 이후에도 국민들께서 사퇴의 불가피성을 이해해주시고 끊임없는 지지와 성원을 보내주셨습니다. 저는 그 의미를 깊이 생각했습니다. 공정과 상식을 무너뜨리고 자유와 법치를 부정하는 세력이 더 이상 집권을 연장하여 국민에게 고통을 주지 않도록 정권을 교체하는데 헌신하고 앞장서라는 뜻이었습니다. 정권교체, 반드시 해내야 합니다.

정권교체를 이루지 못하면 개악과 파괴를 개혁이라 말하고, 독재와 전제를 민주주의라 말하는 선동가들과 부패한 이권 카르텔이 지금보다 더욱 판치는 나라가 되어 국민들이 오랫동안 고통을 받을 것입니다.

그야말로 '부패완판' 대한민국이 될 것입니다. 정권교체라는 국민의 열망에 부응하지 못하면 국민과 역사 앞에 씻을 수 없는 죄를 짓는 것입니다.

저 윤석열, 반드시 정권교체를 이루겠다는 절실함으로 나섰습니다. 거대 의석과 이권 카르텔의 호위를 받고 있는 이 정권은 막강합니다. 그렇기 때문에, 열 가지 중 아홉 가지 생각은 달라도, 한 가지 생각, 정권교체로 나라를 정상화시키고 국민이 진짜 주인인 나라를 만들어야 한다는 생각을 같이 하는 모든 사람들이 힘을 합쳐야 합니다.

생각이 다른 사람들이 함께 힘을 모을 때, 우리는 더 강해집니다. 그래야만 이길 수 있습니다. 그러면 빼앗긴 국민의 주권을 되찾아 올 수 있습니다.

저는 정치 일선의 경험은 없습니다. 그러나 인사권을 가진 권력자가 아니라 국민의 뜻에 따라 오로지 국민만을 바라보고 일해야 한다는 신념으로 26년의 공직 생활을 했습니다.

법과 정의, 자유민주주의 가치를 현실에 구현하는 것이 말처럼 쉬운 일이 아니라는 것을 몸소 체험하고 겪었습니다. 국민들께서 그동안 제가 공정과 법치를 실현하는 과정에서 겪은 일들을 다 보셨습니다.

정치는 국민들이 먹고 사는 현안을 해결하고 미래를 준비하는 일입니다. 우리의 현안을 해결하고 미래를 준비하는데 공정과 법치는 필수적인 기본 가치입니다. 이러한 가치를 바로 세우는 것이 국민을 위한 정치의 시작입니다.

국민 여러분, 저는 국민과 국가의 미래를 위해 모든 것을 바치고 헌신할 준비가 되었음을 감히 말씀드립니다. 정권교체를 열망하는 모든 분들과 힘을 모아 확실하게 해내겠습니다.

우리의 미래를 짊어질 청년들이 분노하지 않는 나라, 국가를 위해 희생한 분들이 분노하지 않는 나라, 산업화에 일생을 바친 분들이 분노하지 않는 나라, 민주화에 헌신하고도 묵묵히 살아가는 분들이 분노하지 않는 나라, 세금을 내는 분들이 분노하지 않는 나라를 만들겠습니다.

그리고, 청년들이 마음껏 뛰는 역동적인 나라, 자유와 창의가 넘치는 혁신의 나라, 약자가 기죽지 않는 따뜻한 나라, 국제 사회와 가치를 공유하고 책임을 다하는 나라를 반드시 만들겠습니다.

위대한 국민 여러분, 우리는 할 수 있습니다. 힘내십시오.

감사합니다.